D. J. Herda

Balcón *del*
a la Cocina

Cómo
cultivar
frutas y verduras
en macetas

editorial Sirio

Si este libro le ha interesado y desea que lo mantengamos informado de nuestras publicaciones, puede escribirnos a comunicacion@editorialsirio.com, o bien registrarse en nuestra página web: www.editorialsirio.com

Título original: From Container to Kitchen
Traducido del inglés por Víctor Hernández García
Diseño de portada: Editorial Sirio, S.A.

© de la edición original
2007 D. J. Herda y
2013 D. J. Herda

Publicado inicialmente por New Society Publishers, Ltd.,
Gabriola Island, British Columbia, Canadá

© de la presente edición
EDITORIAL SIRIO, S.A.

EDITORIAL SIRIO, S.A.	NIRVANA LIBROS S.A. DE C.V.	ED. SIRIO ARGENTINA
C/ Rosa de los Vientos, 64	Camino a Minas, 501	C/ Paracas 59
Pol. Ind. El Viso	Bodega nº 8,	1275- Capital Federal
29006-Málaga	Col. Lomas de Becerra	Buenos Aires
España	Del.: Alvaro Obregón	(Argentina)
	México D.F., 01280	

www.editorialsirio.com
sirio@editorialsirio.com

I.S.B.N.: 978-84-7808-968-0
Depósito Legal: MA-704-2014

Impreso en IMAGRAF

Introducción

Uno de los primeros libros que publiqué sobre el cultivo de plantas en macetas se titulaba *Growing Trees Indoors* (Cultivando árboles en el interior). Fue un enorme éxito: cientos de miles de ejemplares y lista de los más vendidos del *New York Times*. (¡Es broma!). En 1979, esa obra me reportó no solamente un reconocimiento universal –por poner un ejemplo, alguien de un pueblo de Wisconsin me dijo que era un libro muy bueno, con fotos y todo–, sino también una fortuna en derechos de autor –si la memoria no me falla, la suma total ascendió a unos ochocientos dólares–. Por otra parte, me enseñó una valiosa lección sobre la idea de cultivar plantas en tiestos: la gente no estaba entonces preparada.

Hoy, más de treinta años después, todo ha cambiado. Por un lado, soy exactamente treinta y tantos años más viejo. Por otro, soy mucho más listo. Y, finalmente, ahora la gente ya está preparada.

¿Por qué ese cambio de actitud? Y ¿por qué ahora es el momento de publicar un libro sobre el cultivo de plantas en macetas y no solo plantas, sino plantas *comestibles*, un maná cosechable que apoya al crecimiento sostenible? ¿Qué ha cambiado en estas tres décadas?

LLENANDO UN VACÍO

Bueno , para empezar, en la actualidad el número de personas que reside en entornos urbanos es cada vez mayor. Apartamentos, pisos, ratoneras ordenadas cuidadosamente una sobre otra... Esto significa que la cantidad de personas que pueden disfrutar de los beneficios del cultivo tradicional de hortalizas es muy inferior. No resulta fácil salir por la puerta trasera, tomar una pala y comenzar a hurgar en el jardín, cuando el «jardín» consiste en menos de un metro cúbico de cemento que separa la finca donde vives del alto edificio de apartamentos que está junto a ella.

Como es evidente, el hecho de que la mayoría de las personas ya no tengan acceso a un jardín de grandes dimensiones, a una parcela junto a su casa o a varias fanegas de terreno en el campo, no invalida su deseo innato de cultivar la tierra. Por el contrario, lo fortalece. Este deseo está implantado genéticamente en nuestras almas. Cultivar la tierra es una actividad tan antigua como la raza humana. Antes de que existieran los antiguos cazadores ya había horticultores. Antes de que existieran los agentes inmobiliarios ya había horticultores. Incluso antes de que existiera Rupert Murdoch ya había horticultores. De hecho, la única actividad humana que precedió al cultivo de la tierra fue la recolección. Los recolectores se desplazaban de una a otra región durante toda su vida (la esperanza media de vida en aquellos tiempos debía de ser de quince a veinte años) para obtener suficientes frutos y bayas, semillas y frutos secos para su sustento.

En la actualidad, la gente siente la necesidad de volver a sus orígenes prehistóricos, de retornar a sus funciones básicas genéticamente programadas —algo que resulta difícil si resides en Nueva York, Chicago o Los Ángeles, y prácticamente imposible cuando vives en una finca de tres plantas o en un edificio megalítico que se eleva cientos de metros sobre el lago Michigan.

UNA ALTERNATIVA MÁS SANA

Hoy en día, muchas personas sienten la necesidad de cultivar la tierra porque son mucho más conscientes de la salud que sus antepasados y disponen de mucha más información sobre el mundo que las rodea. Con todas esas historias que circulan periódicamente sobre frutas y verduras contaminadas (incluyendo la salmonela, que no procede exclusivamente del salmón, como afirma la creencia popular), ¿quién no se preocuparía? Con todos esos rumores sobre vegetales que contienen toxinas y metales pesados, alimentos irradiados y alterados de diferentes maneras con un valor nutricional cuestionable y demás temas afines, encontrar frutas y verduras frescas, sanas y ricas en vitaminas no solo es conveniente sino incluso esencial.

No obstante, cuando visitas la sección de frutas y hortalizas de tu supermercado local, encuentras manzanas recolectadas en Madagascar hace tres semanas, tomates que se recogieron verdes y se trataron con gas antes de transportarlos en camión desde México hace un mes, plátanos que hace cinco semanas se cosecharon antes de madurar en una plantación de Costa Rica y pimientos cuyo origen y fecha de recolección siguen siendo un misterio.

Observa a los niños manoseando las frutas expuestas en los supermercados después de haber estado jugando con los sapos e iguanas que tienen como mascotas. Mira a los adultos tosiendo y estornudando mientras se protegen la boca con las manos, antes de tomar una docena de tomates y devolverlos luego a la estantería por no considerarlos de buena calidad. Y no te olvides de los empleados levantando las cajas de cartón que están apiladas sobre el suelo para vaciar luego su contenido en bandejas marcadas con etiquetas que anuncian: «Especial – 2,20 euros/kilo».

¿Acaso dirías que esas frutas y verduras son frescas y saludables?

Reduciendo costes

La preocupación por el encarecimiento de los precios es otro motivo por el que la gente se vuelca cada vez más a cultivar sus propios alimentos. Recuerdo que no hace mucho tiempo la carne era el producto más caro que se podía encontrar en el supermercado, y los vegetarianos se consideraban personas de hábitos frugales e incluso se decía que eran muy raros.

Este nectarino de variedad enana se adapta muy bien al cultivo en macetas y se carga de frutos de buen tamaño cuando llega el verano.

Hoy en día, el precio de las frutas y hortalizas frescas rivaliza con el de la carne (y en muchos casos lo supera) debido, en parte, a los costes cada vez más altos de las cosechas y de su distribución. Y los vegetarianos, que gozan ahora de una buena imagen, parecen saber algo que el resto de las personas ignora. Todavía se los sigue considerando raros, pero esa es otra historia.

¿Cómo podemos hacer frente a la escalada de precios de los productos de primera necesidad? ¿Quién desea una segunda hipoteca sobre el piso para poder comprar frutas y hortalizas? ¿Quién está dispuesto a renunciar a su liquidez financiera en favor de unos pocos años más de bienestar físico y emocional? ¿Podría haber otra alternativa?

HA LLEGADO EL MOMENTO

Finalmente, podría decir que había llegado el momento oportuno para presentar un libro sobre el cultivo en macetas porque necesito el dinero. Si aquella obra original sobre el cultivo de árboles en el interior que escribí hace tantos años se hubiera vendido mejor, probablemente no habría tenido que escribir otra sobre el cultivo en macetas.

Pero, en realidad, no se trata de eso. Aborrezco los azúcares refinados y los almidones. Odio pagar un dineral por alimentos que podría cultivar personalmente por muy poco dinero para satisfacer mis necesidades y las de mi familia y, además, quiero compartir la experiencia que he acumulado para que otras personas puedan aprovecharla. No tenía otra opción más que la de emprender la tarea de escribir un libro sobre el cultivo de frutas y hortalizas.

También hay otras razones para que este sea el momento oportuno para presentar este libro. Por un lado, la tecnología ha avanzado hasta tal punto que hoy en día es más fácil que nunca cultivar plantas en recipientes. Los inventos modernos y los nuevos descubrimientos sobre técnicas hortícolas efectivas han conseguido que el cultivo de frutas y hortalizas en macetas sea más práctico que nunca. Por otro lado, las nuevas variedades de plantas, tanto de frutas como de verduras, denominadas cultivares (forma breve que designa a las variedades cultivadas) facilitan que el cultivo en tiestos sea ahora mucho más exitoso que en los buenos y viejos tiempos de A. de C. (antes de los cultivos en macetas).

Así nació la idea de escribir este libro. Sin embargo, las razones expuestas para cultivar frutas y hortalizas en tiestos no son las únicas. Ni mucho menos. Existen otras que presentaré a lo largo de las próximas páginas. Te enseñaré qué es lo que debes hacer para cultivar con conocimientos mínimos, en un espacio mínimo y con el máximo disfrute. Y también te demostraré que el cultivo en macetas no solo puede cambiar tu vida. Posiblemente también la salvará.

Aprenderás cuáles son las frutas y hortalizas que se desarrollan mejor en macetas, cuáles son las variedades que ofrecen mejor rendimiento que sus primas menos resistentes, cómo plantar y nutrir tus cultivos desde el momento de la siembra hasta la cosecha, cómo desarrollar tu mejor receta para el éxito y cómo transmitir el mensaje a los demás. Ha llegado el momento de que cultives tus propias frutas y verduras en tu patio o balcón.

Y con este libro aprenderás todo lo que necesitas saber.

TOMATE (*Solanum lycopersicum*)

FORMA: espaldera, cherry y pera.

VARIEDADES: para el cultivo en macetas se recomiendan las variedades que se mencionan más abajo. La mayoría de ellas son indeterminadas (espalderas o tutores), con excepción de la variedad Celebrity y Small Fry.

- *Mejorados*: Better Boy, Better Bush mejorado, Big Beef, Celebrity, Early Girl, Park's Whopper, Terrific.
- *Tipo cherry*: Juliet, Small Fry, Super Sweet 100, Sweet Million.
- *Tipo pera*: Viva Italia.
- *Tipo espaldera*: Tropic.

Elige siempre variedades que sean resistentes a las enfermedades. La fusariosis es una enfermedad común que puede destruir por completo un cultivo de tomates. Muchas variedades son resistentes a ella. Esto se indica mediante las letras VF escritas después del nombre del cultivar. La sigla VFN significa que las plantas son resistentes al *Verticillium*, al *Fusarium* y a los nematodos. La indicación VFNT añade a la lista el virus del mosaico del tabaco.

SEMILLAS O TRASPLANTE: ambos.

TAMAÑO DE LAS MACETAS: mediano a grande.

AGUA: regar de forma regular permitiendo que el suelo se seque entre las irrigaciones.

Comentarios: para los tomates existe una amplia gama de tamaños, sabores, colores, tiempos de cosecha, hábitos de crecimiento y objetivos. También hay una gran variedad de tipos autóctonos (más fiables a partir de semillas) y tipos híbridos y varietales en espalderas, arbustos (de hábito de crecimiento erecto o determinado) o patio (compacto ultradeterminado). Si a todo lo anterior le añadimos una multiplicidad de colores y tamaños, no cabe duda de que los tomates se encuentran entre las hortalizas mejor adaptadas al cultivo en macetas de todo el mundo. Además, son plantas muy fáciles de cultivar y enormemente valiosas, porque ofrecen una gran producción con el mínimo espacio. Con los cuidados adecuados, cada planta produce entre cuatro y seis kilos y medio de frutos, o incluso más.

Variedades: la cantidad de variedades de plantas de tomate que se comercializan puede parecer abrumadora, pero se pueden resumir en varios tipos principales:

- Las variedades Midget, de patio o enanos son enredaderas muy compactas que se desarrollan muy bien en cestos u otros recipientes colgados en alto. Los tomates producidos pueden ser del tipo Cherry (dos centímetros y medio de diámetro o incluso más pequeños), aunque no necesariamente.
- Los frutos de los tomates Cherry son pequeños y se suelen usar en ensaladas o en aperitivos. Esta variedad abarca desde los tomates enanos (Tiny Tim) hasta plantas cuyas ramas pueden alcanzar incluso los dos metros (Sweet 100).
- Las plantas de tomate compactas se desarrollan hasta cierto tamaño, producen los frutos y luego mueren de forma gradual. La mayoría de las variedades de tomates que maduran tempranamente son determinadas; no producirán frutos a lo largo de todo el verano. Debido a su hábito compacto, estas plantas son excelentes candidatas para el cultivo en macetas.
- Los tipos Beefsteak tienen frutos grandes. Por lo general maduran tardíamente.

Mike Hillis

Tomates (*Solanum lycopersicum*).

- Los tomates para salsa presentan frutos con forma de pera, pulpa muy carnosa y pocas semillas. Son los favoritos para hacer en conserva.
- Los de invierno son más tardíos que la mayoría y se cosechan parcialmente maduros. Si se almacenan de forma adecuada, pueden mantenerse frescos durante doce semanas o incluso más. Aunque su sabor no es igual al de los tomates de verano, muchas personas prefieren consumirlos en lugar de comprar los que se venden en las fruterías o supermercados durante el invierno.

SEMILLAS: siémbralas a una profundidad aproximada del doble de su grosor, riega y aplasta firmemente la tierra con las manos. Cubre el tiesto con un recipiente de plástico transparente o envuélvelo con material plástico y espera a que asomen los brotes. Mantén la tierra húmeda (nunca saturada de agua) y aparta la maceta de la luz solar directa para evitar el recalentamiento. Ante el primer signo de germinación, deja la maceta al aire. Cuando se haya formado el segundo grupo de hojas en los tallos, separa las plántulas dejando una distancia de cuarenta centímetros de una a otra.

Trasplante: retira todos los tallos con hojas, excepto los primeros dos niveles de la parte superior. Coloca la plántula diagonalmente en un hoyo de unos siete centímetros de profundidad, de manera que solo queden expuestos los dos niveles superiores de hojas, y luego comprime firmemente la tierra. Las raíces crecerán desde la parte del tallo que se encuentra bajo tierra, así como también de las mismas raíces de la planta, creando de ese modo una planta más fuerte, sana y resistente a la sequía.

Suelo: el pH adecuado de la tierra para los tomates es de entre 5,8 y 6,5. Esta hortaliza necesita muchos nutrientes. Utiliza una solución inicial para trasplantes y añádele a la tierra un fertilizante de bajo contenido en nitrógeno durante toda la estación para conseguir una mayor producción de frutos y un menor desarrollo de las hojas.

Insectos: si la planta se encuentra en el exterior, observa si ha sido atacada por los áfidos, la araña roja o el gusano de cuerno, también llamado oruga verde. **Soluciones:** pulverizar la planta con un jabón biológico no detergente mezclado con agua (aproximadamente una cucharada por cada cuatro litros de agua). También se pueden eliminar manualmente los gusanos de uno en uno. Si eres aprensivo, usa guantes.

Enfermedades: fusariosis. El hongo *Fusarium* ataca a las plantas más jóvenes y puede llegar a eliminarlas. Es un problema muy conocido, aunque en los últimos años se ha conseguido que las variedades modernas sean más resistentes a esta enfermedad. Su presencia se detecta porque las hojas más antiguas adquieren un color amarillento y luego se tornan de color amarillo brillante desde la parte superior hasta la misma base de la planta, afectando frecuentemente a una sola de sus ramas. En algunos casos las hojas se resecan y se doblan hacia el interior. La mayoría de las veces, las plantas infectadas se marchitan y mueren. **Soluciones:** aplicar *Trichoderma harzianum*, un aditivo inocuo que se usa para empapar el suelo y evitar así la presencia de agentes patógenos en las raíces de las semillas recientemente sembradas, en los trasplantes y en las plantas que ya se han desarrollado. Utilizar únicamente tierra esterilizada de alcalinidad media (pH 6,5 a 7,0) especial para macetas. Es aconsejable mantener las plantas bien ventiladas, ya sea de forma natural o con la ayuda de un ventilador eléctrico que haga circular el aire en torno a ellas.

BENEFICIOS PARA LA SALUD: el licopeno de los tomates ha sido la estrella del espectáculo en el ámbito de las investigaciones sobre alimentos y fitonutrientes a lo largo de la última década, o incluso algo más. Durante años este carotenoide ha sido objeto de numerosos estudios debido a sus propiedades antioxidantes y como agente de prevención contra el cáncer. La función antioxidante del licopeno ayuda a proteger las células y otras estructuras fisiológicas humanas de la oxidación, y en la investigación humana se ha asociado con la protección del ADN (nuestro material genético básico) presente en los glóbulos blancos.

Otra función antioxidante del licopeno previene contra las enfermedades cardíacas. En contraste con muchos otros fitonutrientes cuyos efectos se han investigado únicamente en animales, el licopeno de los tomates se ha estudiado durante años en los seres humanos. Los resultados demuestran que es muy eficaz en la lucha contra diferentes tipos de cáncer, entre ellos el colorrectal, el endometrial, el de próstata, el de mama, el de pulmón y el de páncreas.

Aunque el licopeno puede desempeñar un papel importante en nuestra salud, no es la única estrella que otorga al tomate una popularidad cada vez mayor por estar a la vanguardia de la defensa contra las enfermedades. Estudios recientes sugieren que los científicos están encontrando en este alimento una amplia gama de nutrientes —además del licopeno— que tienen la cualidad de mejorar la salud humana. Y cada día que pasa vamos teniendo conocimiento de nuevos descubrimientos.

LISTOS PARA LA COCINA: los frutos se pueden utilizar cuando están completamente maduros y su color es intenso. También es posible cosecharlos aún verdes, antes de la primera helada, y luego dejarlos madurar a temperatura ambiente (sin refrigerar) durante un máximo de ocho semanas, aunque yo he dejado madurar algunos frutos de este mismo modo durante cuatro meses. Los tomates necesitan entre cincuenta y cinco y ciento cinco días para madurar, dependiendo de la variedad. De manera que debes saber de antemano cuál es la que vas a plantar. Recoge los frutos cuando estén completamente maduros pero todavía firmes. Los tomates recolectados deben mantenerse apartados de la luz solar directa.

Ahorro anual: aproximadamente, y como media, cien euros por persona y año.

1

Cultivar *hortalizas* para cuidar o mejorar la salud

uchas personas han comprendido que avanzar por el carril rápido durante la primera parte de su vida puede pasarles factura. Vivimos en una sociedad que, en un momento determinado, comenzó a tornarse cada vez más urbanizada y mecanizada, y ha llegado a convertirse en un mundo cada vez más tecnócrata. En el estado actual, el coste de conservar trabajos que provocan estrés (llegar a la oficina a las nueve, escuchar a tus supervisores decirte que estás haciendo un gran trabajo y que estás ascendiendo rápidamente la escalera empresarial, volver a casa alrededor de las cinco) está demostrando ser demoledor. El estrés emocional campa a sus anchas. La violencia aumenta. Gozar de una buena salud mental empieza a ser más la excepción que la regla.

Afrontemos la realidad. Como sociedad, somos un verdadero desastre. Los padres que trabajan están nerviosos e irritables. Los padres que no trabajan están nerviosos e irritables. Los niños están nerviosos e irritables. La televisión por cable, los videojuegos y las diversiones digitales no hacen más que exacerbar el problema, y como resultado, todos estamos nerviosos e irritables.

Un número cada vez mayor de investigadores insisten en que el estrés que producen los trabajos actuales se puede combatir satisfactoriamente a través de la actividad física. Un cuerpo activo le ofrece descanso a una mente estresada, al menos en teoría. De esta afirmación nació la idea en la que se basan muchos modernos clubs de salud. Nosotros, los *Homo sapiens*, no somos más que una especie ingeniosa: dedicamos las pocas horas que tenemos libres cada semana a estar con alguien que cobra un sueldo por decirnos qué máquinas debemos utilizar para conseguir no sé qué objetivos para obtener no sé qué beneficios, ninguno de los cuales parece funcionar nunca de acuerdo con lo planeado.

Pero espera un momento. ¿Realmente necesitamos ir al gimnasio para estar en forma? Quiero decir, ¿trabajar la tierra no es un buen ejercicio físico? ¿Acaso no sudas la gota gorda mientras trasplantas las plántulas de tomates híbridos desde sus tiestos de turba a las macetas de barro que hay en tu patio o al trasladar una begonia que ya empieza a ahogarse en un recipiente de trece centímetros de diámetro a su nuevo hogar de treinta centímetros?

Es posible que no sea así. Quizás el ejercicio físico no sea el único motivo para afirmar que el cultivo de la tierra es una actividad sana. Pero podría serlo, dependiendo de la cantidad y del nivel de trabajo a los que expongas a tu personalidad de tipo A1. Pero aunque no se pueda considerar una labor abiertamente física, se trata de una actividad que ejercita ciertas partes del cerebro que, de lo contrario, podrían quedar en barbecho (lo siento, no he podido resistirme).

Y trabajar al aire libre (aunque sea para recoger un saco de tierra del asiento trasero del coche y subirlo por las escaleras hasta tu apartamento) obra maravillas para tu psique. No merece la pena que te detengas a pensar cómo puede contribuir a tu buen ánimo y bienestar el hecho de trabajar al sol y en contacto con el viento en tu patio o terraza. Simplemente hazlo y disfruta de ello.

«Además de los beneficios para la salud, hacer ejercicio en el exterior mejora tu concentración mental, tu fortaleza emocional y tu relación con el medio ambiente, algo que los científicos denominan el efecto biofilia, o la necesidad de estar *en conexión con la naturaleza o con el mundo natural*», afirma Tina Vindum, que ha creado una iniciativa para ponerse en buena forma física al aire libre basada en cultivar la tierra.[1] Vindum es entrenadora profesional y dirige el único programa acreditado de *fitness* al aire libre de los Estados Unidos. Acaba de asociarse con el fabricante de equipos eléctricos y mecánicos Husqvarna para lanzar al mercado «*Outdoor Power!*, una iniciativa diseñada para motivar a las personas a realizar proyectos al aire libre destinados a sentirse bien y ponerse en forma. Está convencida de que trabajar la tierra no solamente ayuda a la gente a permanecer en buena forma física, sino también a potenciar su desarrollo emocional.

Una visión más amplia

Y no es la única que cree en ello. Cientos de miles de personas están descubriendo que trabajar la tierra reporta beneficios para la salud que pueden ayudar a prolongar la vida.

Lo primero que hace Gene Gach cada mañana al levantarse es salir al jardín para observar las cuatro docenas de tiestos de bromelias que cultiva junto a su casa. Luego respira profundamente y admira el modesto patio trasero de su hogar de Los Ángeles. Mira con placer los rosales y un grupo de bambú chino que creció a partir de un único tallo que plantó hace varios años.

Muchas mañanas observa a los pájaros volar entre los árboles mientras gorjean ruidosamente y buscan alimento. De vez en cuando recibe la visita de un pequeño conejo al que está enseñando a comer lechuga de su mano. Varias ardillas corretean a su alrededor, esperando que también les dé de comer.

Gach es una persona generosa. Después de cuidar a sus rebaños, a menudo juega una ronda de golf con su esposa, comen juntos y después pasa un par de horas en el jardín. Trabajar la tierra le alegra la vida. «Vivir así me da una increíble sensación de paz y serenidad —responde cuando se le pregunta qué es lo que más disfruta de la naturaleza—. Cuando estoy en mi jardín, puedo sentir las semillas bajo tierra y las plantas que están creciendo; me siento conectado con todo lo que está vivo».[2]

Gach, que era agente de prensa y recaudador de fondos para empresas, se jubiló hace varios años. Puede parecer un fanático, un antiguo *hippy* salido de la historia de Haight-Ashbury, alguien que nunca dejó atrás las «fabulosas» ideas del movimiento por la paz y la idea de volver a la naturaleza y al «amplio exterior».

Pero no lo es. Tiene ochenta y siete años y es el autor de una autobiografía recientemente publicada donde expone su visión de la vida y todo lo que es lo más importante para él. «Recientemente me sometí a una prueba de estrés para conocer el estado de mi corazón y el médico que me atendió no daba crédito a los resultados –comentó–. Me dobla usted en edad, me dijo, y su presión sanguínea mientras estaba sobre la cinta era más baja que la mía cuando estoy sentado».[3]

¿Por qué motivo se mantiene Gach tan dinámico y vital? Es imposible decirlo con seguridad pero él cree que se debe a su contacto con la naturaleza –y muchos médicos y otras personas estarían de acuerdo con él.

Edward O. Wilson, naturalista y ganador del Premio Pulitzer, es una de esas personas que coinciden con Gach. Wilson, que acuñó el término «biofilia», es decir, amor a las cosas vivas, afirma que los humanos tenemos una gran afinidad con la naturaleza porque somos seres naturales. Como formamos parte de la naturaleza, preferimos observar su belleza –las flores y los prados, los árboles y los arbustos– antes que el cemento o el acero. Como parte de la naturaleza, estamos conectados con el «amplio exterior». Y va un poco más lejos al afirmar que la naturaleza nos nutre y nos revitaliza.

Un gran número de expertos considera que el efecto revitalizador de la naturaleza puede marcar la diferencia en la vida de la persona. De hecho, puede reducir la tensión sanguínea, mejorar las funciones del sistema inmunitario y combatir el estrés –todos ellos factores positivos asociados a una vida más sana, más larga y más feliz.

Para disfrutar de estos y otros beneficios, no es necesario ser un multimillonario que vive en una gran mansión y tiene un equipo de jardineros profesionales a su disposición en todo momento. En realidad, se necesita justamente lo contrario. Para volver a conectar con tus propias raíces, entrégate a tu amor por las plantas, deja caer algunas semillas en la tierra o mira a través de la ventana (o incluso una fotografía, por sorprendente que pueda parecer).

El poder de la naturaleza

Un estudio decisivo escrito por Roger S. Ulrich que se publicó el 27 de abril de 1984 en una revista científica, encontró fuertes evidencias de que la naturaleza puede curar a la persona. Ulrich, pionero en el campo de los ambientes terapéuticos de la Universidad A&M, de Texas, hizo un seguimiento de pacientes operados de la vesícula biliar. Observó que los que veían un paisaje de árboles a través de la ventana salían antes del hospital, se quejaban menos y necesitaban una menor cantidad de analgésicos que aquellos que veían una pared de ladrillos.[4]

Más recientemente, estudios presentados en el Simposio Mundial de Cultura, Salud y Arte celebrado en 1999 en Inglaterra hallaron beneficios similares derivados de la observación de la naturaleza. Uno de ellos, realizado en Uppsala (Suecia), consistió en un seguimiento de ciento sesenta pacientes cardíacos durante el periodo posoperatorio. Se dividió a los participantes en tres grupos. A los del primer grupo se les pidió que observasen la fotografía de un paisaje, a los del segundo grupo se les mostró una obra de arte abstracto y a los del tercero no se le enseñó ninguna imagen.

En los pacientes que habían mirado el paisaje se observó una menor incidencia de ansiedad y una mayor tolerancia de los dolores cotidianos. También permanecieron un día menos en el hospital que los del grupo de control del mismo estudio. Por el contrario, el estado de los pacientes que contemplaron la obra de arte abstracta se resintió y su salud general se deterioró más que la de aquellos a los que no se les había enseñado ninguna imagen. Se sentían más ansiosos e inicialmente consumieron más analgésicos que los del grupo de control,[5] lo cual puede ser una lección valiosa para nuestro Departamento de Defensa: «Promételes lo que quieras pero enséñales un Picasso».

Estudios similares han descubierto que contemplar paisajes naturales produce un marcado descenso de la presión sistólica sanguínea al cabo de cinco minutos, o incluso antes, aunque el paciente solo esté mirando un póster, según sostiene Ulrich, que destaca que la observación de la naturaleza puede colaborar también en el alivio del estrés, según se desprende de la medición de los cambios en la actividad eléctrica del cerebro, la tensión muscular, la respiración y los estados emocionales, todos ellos factores que pueden asociarse a una mejor función del sistema inmunitario. A su vez, un sistema inmunitario más fuerte puede ayudar a proteger a la persona de muchas y variadas dolencias y acortar el periodo de recuperación de enfermedades graves, sean físicas o emocionales.

Ulrich llega incluso a conjeturar que los resultados de sus estudios son mucho más que reacciones frente a estímulos placenteros producidas por sugestión. Cree que los seres humanos pueden haber sido «programados» a través de los siglos de evolución para responder positivamente ante estímulos específicos, incluyendo rostros humanos amables y sonrientes, paisajes de la naturaleza y música relajante, aunque solo en ciertas circunstancias.[6] «Está claro que la mente cuenta», afirma.

CÓMO TRABAJA LA NATURALEZA

Otros trabajos se han hecho eco de los descubrimientos de Ulrich. Según Clare Cooper Marcus, profesora emérita de la Universidad de Berkeley, en California, y una de las fundadoras del área de psicología medioambiental, la naturaleza consigue reducir el estrés porque la mente alcanza un estado similar al de la meditación trascendental. «Cuando miras fijamente alguna cosa o te agachas para sentir un aroma, eludes la función analítica de la mente»,[7] afirma. De un modo completamente natural dejas de pensar, de obsesionarte o de preocuparte. Tus sentidos están despiertos y te traen al momento actual, lo cual ha demostrado ser muy efectivo para reducir el estrés.

Trabajar en mayor armonía con la naturaleza reporta también otras ventajas, entre ellas hacer más ejercicio físico, pasar más tiempo expuesto a los rayos solares para beneficiarse de la vitamina D que nos aportan y aprovechar el efecto favorable que la luz natural ejerce sobre las depresiones estacionales o episódicas.

Un paisaje como este sendero adornado con plantas en tiestos y cajas llenas de flores colgando de una valla, puede contribuir a tranquilizar el alma y sanar el cuerpo.

Las personas que no viven en espacios naturales o las que padecen dolencias crónicas reciben aún mayores beneficios, afirma Richard Zeisel, presidente de Hearthstone Alzheimer Care, en Lexington (Massachussetts), una empresa que gestiona centros de tratamiento para pacientes que sufren esta enfermedad mental invalidante que es el Alzhéimer. «Puedes disgustar a la persona y luego darle medicación para que se relaje, o puedes optar por no contrariarla en absoluto», señala.

El enfoque que se aplica en Hearthstone, en el que los jardines son una parte integral de las instalaciones, reduce la ansiedad, la agitación, la agresividad y el aislamiento social de forma notoria, permitiendo así que los pacientes necesiten una menor cantidad de fármacos antipsicóticos. «Se trata de una cuestión práctica –afirma Zeisel–. ¿Es mejor gastar dinero en medicamentos o en flores?».[8]

ENGAÑAR A LA MADRE NATURALEZA

La terapeuta hortícola Teresa Hazan sostiene que las personas mayores que viven en sitios donde no hay paisajes atractivos ni jardines también pueden acercarse a la naturaleza. Hazan trabaja para el Sistema de Salud de Oregón y se ocupa del tratamiento de pacientes ingresados en hospitales locales. Sugiere que las residencias de ancianos incorporen jardines exteriores que puedan disfrutar todos los residentes. Sus estudios demuestran que incluso las plantas en macetas son beneficiosas para las personas: un tiesto de hierbas aromáticas, otro con tu árbol o arbusto favorito y varias macetas para flores y hortalizas. De hecho, ha descubierto que una planta puede contribuir a la curación de un paciente. Cuando comienzas a depender de los demás y tienes menos control sobre tu vida, es muy constructivo y alentador tener algo que dependa de ti. ¡Y lo mejor para ello es la naturaleza!

La novelista Jo Clayton, autora de libros de ciencia ficción y fantasía, con más de treinta títulos publicados, revela que un simple bulbo de *Amaryllis* la ayudó a salir de las profundidades de la depresión en la que se sumió cuando le diagnosticaron un cáncer terminal de huesos. «Conversamos sobre el poder del bulbo de *Amaryllis* y yo lo comparé con el poder que ella tenía en su interior», comenta Hazan.[9]

Clayton, que nunca antes había prestado demasiada atención a las plantas ni a la naturaleza, se dedicó a pasar más tiempo al aire libre y, por último, a pintar paisajes. Su compromiso con la naturaleza, según afirmó más adelante, le había dado fuerzas para enfrentarse a varios problemas familiares muy antiguos que consiguió resolver antes de morir.

UN TRIBUTO A LA NATURALEZA

Gene Gach está convencido de que el contacto con la naturaleza también ha contribuido a su buena salud. «Los médicos que me atienden no encuentran otra explicación –afirmó–. Estar en contacto con la naturaleza es algo completamente diferente a soportar las cargas y preocupaciones derivadas de la vida moderna. Tienes la sensación de estar sano y en constante regeneración, experimentas un entusiasmo absolutamente inocente por toda la vida que crece a tu alrededor y de la que sabes que formas parte. En realidad, mi único problema de salud es que a veces me cuesta conciliar el sueño. Pero las flores pueden también ser de gran ayuda. Me limito a repetir sus nombres en orden alfabético y pronto me quedo dormido: acacia, *Agapanthus*, almendra, aloe vera *Amaryllis*, anémona, *Antherium* –repite de memoria–. ¡Pruébalo! Te garantizo que funciona».[10]

El jardinero y la ciática

Eran las tres de la tarde de un día de comienzos del otoño de 2007. Le estaba dando los toques finales a un libro sobre jardines flotantes que estaba escribiendo en aquella época cuando el nervio ciático, que me había estado dando la lata durante las últimas semanas, volvió a sus andadas. El hormigueo, la falta de sensibilidad y el dolor que me bajaba por los muslos hacia las piernas me recordaba constantemente lo que esta dolencia puede hacer con el temperamento de una persona: estaba de un humor de perros.

Tras varias horas de aguantar el dolor, decidí salir al jardín, acercarme a los estanques para darme unos minutos de respiro y olvidarme momentáneamente de mi trabajo. Tres horas más tarde, después de podar unos arbustos, resolver un problema con el flujo de agua que alimenta el estanque principal, eliminar las malas hierbas y cortar el césped que crece alrededor de un antepecho cubierto de hiedra que sirve de base a un segundo estanque, entré nuevamente en casa y me senté frente al ordenador. El dolor había desaparecido.

UNA SIMPLE COINCIDENCIA

Desde aquel día, les presto una particular atención a mis actividades en cuanto vuelvo a tener problemas de ciática. Por otra parte, me he dedicado también a leer sobre esta enfermedad y sé que el ejercicio físico es el mejor alivio para un trastorno que se produce por el pinzamiento o la compresión del nervio ciático (cuyo recorrido va desde la parte superior de las nalgas hasta los pies) posiblemente entre dos vértebras de la región lumbar.

Sin embargo, y a pesar de que al hacer un poco de ejercicio realmente me siento mejor, mi sentido común me demuestra que el ejercicio que practico cuando trabajo en el jardín es más efectivo —estar al aire libre, sentir, olisquear, probar, tocar, escuchar, observar toda la vida que alberga, e incluso el mero hecho de pensar en él y en mis estanques de carpas *koi*— que dar un paseo o montar en bicicleta. Y, además, los efectos son más duraderos.

Es una actividad extraordinaria que me hace pensar en los tiempos en los que era mucho más joven, en épocas en las que no residía en la ciudad sino entre bosques y flores silvestres, cerca de los venados de cola blanca y los faisanes, tiempos de naturaleza y de vida. Dejo de escribir para salir a ocuparme del jardín y cuando vuelvo a mi escritorio, me siento revitalizado y rejuvenecido.

Como el boxeador noqueado que ha recibido demasiados ganchos en la cabeza, soy víctima de mi peor problema laboral —la escritura—, y también soy su beneficiario, ya que nunca me hubiera dado cuenta del poder revitalizante y rejuvenecedor de la naturaleza de no haber sido por la escritura, por mi enfermedad y por la investigación que he realizado para librarme de ella. Por todo esto, doy gracias al Dios de la literatura, quien quiera que sea él o ella.

Pienso en Ernst Hemingway, que usaba una antigua máquina Underwood y solo podía escribir de pie. Querría saber si él también sufría ataques de ciática y si fue ese el motivo por el que pasaba mucho tiempo al aire libre. Me pregunto sobre este tipo de cosas y estoy deseando trasplantar la higuera que ha crecido demasiado en la maceta del solárium.

Los beneficios de trabajar la tierra

Las publicaciones médicas están llenas de comentarios sobre los efectos positivos que el contacto con la tierra tiene sobre el alma y la psique humanas. Independientemente de que nos basemos en la ciencia real o en el menos científico, pero no menos real, «efecto placebo», el cultivo de la tierra y la salud van de la mano. Y el hecho de plantar hortalizas en macetas resulta una alternativa práctica y cada vez más popular para la horticultura convencional.

No todos tienen la fortuna de mirar a través de la ventana de la cocina y ver un campo de girasoles meciéndose suavemente con el viento. No todo el mundo puede contemplar un prado de hierba rodeado de calabazas y nogales. Pero cualquiera puede mirar por la ventana y ver un tiesto lleno de plantas autóctonas que requieren atención: tomates, coles ornamentales, berros comestibles o incluso una buganvilla ornamental. Esta es una razón más para considerar que el cultivo de frutas y hortalizas en tiestos es mucho más que la mera suma de sus componentes. Cuando combinas los beneficios que reporta la labor con los nutrientes que nos ofrecen las frutas y hortalizas frescas, solo puedes salir ganando. Y esa combinación podría muy bien ser la clave para una vida sana, larga y gratificante.

01:00	EN UN MINUTO

- Trabajar la tierra es un buen ejercicio físico y también mental.
- Numerosos estudios han demostrado que el contacto con la tierra contribuye a que la persona recupere la salud y permanezca sana.
- El cultivo de plantas en macetas es una actividad cada vez más popular, porque se puede plantar prácticamente cualquier cosa en cualquier lugar.

LECHUGA *(Lactuca sativa)*

FORMA: hojas, cabeza.

VARIEDADES: existen diversas variedades que se pueden plantar con éxito, entre ellas:

- *Lechugas de hoja verde*: Green Ice, Simpson Elite y Black-Seeded Simpson.
- *Lechugas de hoja roja*: Red Sails, Lolla Rosa, Cherokee y Firecracker.
- *Boston/Trocadero*: Buttercrunch, Kweik, Sylvesta y Pirat.
- *Lechugas de cabeza*: Ithaca, Summertime, Nevada y Tiber.
- *Romana*: Parris Island Cos, Red Romaine y Crisphead.

SEMILLAS O TRASPLANTE: ambos.

TAMAÑO DE LAS MACETAS: mediano.

AGUA: riegos periódicos que garanticen una humedad uniforme durante el crecimiento. Los riegos tempranos permiten que las hojas se sequen antes de que caiga la noche.

COMENTARIOS: al elegir la variedad de lechuga que deseas cultivar, recuerda que cuanto más oscuras sean las hojas, más rica en nutrientes será. La mayoría de quienes cultivan lechugas eligen las variedades que tienen las hojas separadas, sean verdes o rojizas. Este tipo de lechuga frondosa crece más rápidamente y es más duradera; se usa para ensaladas y bocadillos. Básicamente, lo único que necesita es que la plantes y la coseches.

La lechuga Trocadero, o Bibb, es una variedad de cabeza suelta y hojas de color verde oscuro que son un poco más gruesas que las de la lechuga Iceberg. Las Trocadero desarrollan un color verde amarillento, presentan un aspecto mantecoso y resultan muy atractivas en las ensaladas. Hay una variedad en miniatura de este tipo de lechuga que es muy fácil de cultivar y solo requiere un periodo breve de crecimiento. La variedad Trocadero tendrá un sabor amargo si crece con temperaturas superiores a treinta y cinco grados centígrados.

Lechuga (*Lactuca sativa*)

La lechuga romana, o Cos, es menos popular entre los horticultores, a pesar de ser muy nutritiva y relativamente fácil de cultivar. Forma cabezas largas y atractivas hojas que pueden ser onduladas. La variedad Crisphead, conocida también como Iceberg, tiene una cabeza muy compacta y hojas frescas y crujientes de color verde claro. Muchos horticultores tienen dificultades para cultivarla con temperaturas altas.

Semillas: siémbralas a una profundidad aproximada del doble de su grosor; riega y compacta firmemente la tierra con las manos. Tapa la maceta con un recipiente de plástico transparente o envuélvela con material plástico, y espera la germinación. Mantén la tierra húmeda, sin saturarla de agua, y aparta el tiesto de la luz solar directa para evitar el recalentamiento. En cuanto distingas los primeros brotes, debes destapar la maceta. Para las variedades de hoja, separa las plántulas colocándolas a una distancia de cuarenta centímetros entre una y otra, y para las variedades de cabeza, una planta cada treinta centímetros. Las hojas de las plántulas descartadas se pueden usar en ensaladas inmediatamente después de recogerlas.

TRASPLANTE: coloca las plantas en un hoyo que no sea más profundo que la longitud de la masa radicular y comprime la tierra firmemente alrededor del tallo.

SUELO: es preciso preparar bien la tierra para ofrecer un buen lecho a la semilla en el momento de sembrarla y garantizar así un rápido arraigamiento. Para obtener los mejores resultados también es necesario mantener un pH de entre 5,8 y 6,5. Una medida eficaz para controlar las malas hierbas y mantener fresca la temperatura de la tierra es cubrirla con mantillo.

INSECTOS: los más comunes son los áfidos (pulgones), el gusano del maíz, el taladrillo de la col, el gusano de las hojas y los saltamontes. **SOLUCIONES:** pulverizar los ácaros con un jabón biológico no detergente mezclado con agua (aproximadamente una cucharada por cada cuatro litros de agua). Las babosas y los caracoles también se pueden eliminar manualmente, de uno en uno.

ENFERMEDADES: cuando existe un exceso de agua se genera la presencia de hongos que afectan a las plantas pequeñas, las cuales pueden morir poco después de ser atacadas. Otras enfermedades son el moho gris, la *Rhizoctonia* y la esclerotinia. **SOLUCIONES:** usar solamente semillas tratadas de excelente calidad y evitar una excesiva humedad de la tierra y una exposición prolongada a temperaturas frías, puesto que ambos factores favorecen el desarrollo de enfermedades.

BENEFICIOS PARA LA SALUD: existen muchos tipos de lechugas y de hortalizas relacionadas con ellas, y hay una verdad indiscutible que puede aplicarse a todas: cuanto más oscuro el color de sus hojas, más nutritivas son. El betacaroteno es un elemento fundamental en la lucha contra las enfermedades que se encuentra en las verduras de colores oscuros. Es un potente antioxidante que combate ciertos tipos de cáncer, enfermedades cardíacas y cataratas.

Ese exuberante color verde oscuro también indica la presencia de ácido fólico, una vitamina que previene los defectos congénitos del tubo neural en los estadios tempranos de la gestación. Los investigadores han desvelado también muchas otras contribuciones importantes del ácido fólico para la salud. Puede desempeñar una función significativa en la prevención de las enfermedades cardíacas y la inflamación celular.

Además, la mayoría de las hortalizas que se usan en ensaladas (y no solo la lechuga) ofrecen una fuente importante de vitamina C, potasio y fibra. La achicoria, otra excelente fuente de vitamina C y un potente antioxidante, también está asociada a la prevención de las afecciones del corazón, el cáncer y las cataratas. Algunas otras hortalizas de ensalada (como, por ejemplo, la rúcula y los berros) que pertenecen a la familia de las crucíferas (junto con la col y el brócoli) le añaden todavía más munición a la batalla contra la enfermedad y dotan de un nuevo sentido a la expresión «revolución verde».

LISTAS PARA LA COCINA: la mayoría de las lechugas de tipo frondoso deberían estar a punto para la cosecha aproximadamente setenta y cinco días después de sembrarlas. Se pueden utilizar tan pronto como las plantas tengan una altura de entre diez y quince centímetros. La lechuga Trocadero, o Bibb, está madura cuando las hojas comienzan a curvarse hacia el interior para formar una cabeza suelta. La romana, o Cos, está lista para usar cuando las hojas se alargan y se superponen para formar una cabeza relativamente compacta de unos quince a veinte centímetros de altura. La mayoría de las lechugas de cabeza se pueden cosechar a los cincuenta y cinco días, dependiendo de la variedad. La planta está madura cuando las hojas se superponen para formar una cabeza similar a las que podemos encontrar en las tiendas. La recolección se realiza por la mañana, una vez que se haya evaporado el rocío. La cosecha normal evita la floración prematura de las lechugas de hoja. Una vez cosechadas, se deben guardar en la zona más fría de la nevera.

AHORRO ANUAL: aproximadamente treinta y cinco euros por persona y año, como media.

2

A la maceta

No tengo jardín ni huerto.
No los echo de menos.
Tengo tierra.
Y tengo plantas. Montones de plantas. Plantas por todos lados. Pero no un «jardín» propiamente dicho.

No tengo huerto ni jardín, pero tengo macetas. Montones y montones de macetas. Macetas caras, baratas, estándar, decoradas para disimular que son estándar, e incluso algunas hechas por mí. Tengo macetas de barro y de porcelana, de vidrio y de plástico, de metal y de resina. En pocas palabras, tengo cualquier cosa con forma de tiesto y que pueda contener agua.

La razón es muy sencilla. Me encantan las macetas. O, mejor dicho, me encanta tener plantas en macetas. Son recipientes muy prácticos para evitar que la tierra, el agua y las plantas se caigan al suelo. Pero no tengo que preocuparme por eso. De la mañana a la noche estoy rodeado de macetas que, en general, hacen un excelente trabajo como recipientes, y eso las convierte en objetos muy deseados. De hecho, si fuera por mí, tendría muchísimas más.

Uno de mis días normales comienza de la misma forma que uno de los tuyos. Después de levantarme, tomo una taza de café y coloco una o dos plantas en un tiesto. Observo el resto de las plantas para descubrir cuáles son las que ya no tienen suficiente espacio para crecer en su recipiente. Me ocupo de trasplantar las que acabo de adquirir.

Echo un vistazo a las macetas que hay en el jardín, en el patio, en la terraza, en el porche o dentro de la casa. Las cambio de lugar hasta que encuentro la mejor ubicación. Compruebo si tienen falta de agua y me dedico a regar las que están secas. Observo cuáles necesitan urgentemente que las trasplante (o cuáles tendré que trasplantar en un futuro no muy lejano) y me maravillo ante la exuberancia que me rodea.

Tomo un higo o dos. Arranco un tomate Cherry. Olisqueo las capuchinas comestibles. Aprieto una lima. Sonrío.

Y luego entro a desayunar.

Puede que este no sea uno de tus días normales y quizás mi fetichismo con las macetas tampoco sea normal. Pero podría serlo y, tal vez, debería serlo.

Cultivo todo tipo de plantas en tiestos –bueno, casi todo–. En el salón de mi casa hay varias macetas de gran tamaño que contienen majestuosos árboles ficus benjamina, plantas de caucho que crecen en forma de espiral, diversas variedades de drácena, unos pocos tipos de filodendros, un tiesto lleno de sansevieria, un platanero y varios helechos.

En el comedor hay una planta de maíz de unos veinticinco centímetros de altura a un lado de la mesa. Solía tener una *Schefflera* en el rincón más distante, pero es un sitio oscuro y, año tras año, la planta comenzó a mostrar signos de que le costaba crecer con poca luz. Hace varias semanas la trasladé a la terraza acristalada, donde se está recuperando muy bien.

Y, por supuesto, hay también otro sitio donde tengo plantas: la terraza acristalada. Allí hay una *Dracaena marginata*, plantas de maranta tricolor, varios pinos de las islas Norfolk, una flor del paraíso, un ficus benjamina, un par de plantas de tomates, una aralia, una palmera datilera, albahaca fresca, perejil rizado, lechuga de hoja, una *Beaucarnea recurvata*, un par de plantas suculentas (también llamadas crasas) llenas de flores, un naranjo japonés enano, un árbol de lima enano, varias varas de bambú y diversas variedades de cactus.

En pocas palabras, salvo alguna rara excepción, tengo plantas en todas las habitaciones de la casa.

Y en mi vivienda situada al sur de Utah, tengo también plantas en recipientes exteriores —decenas de plantas—. En las jardineras crecen unas cuantas variedades de boniato, varias hierbas aromáticas (albahaca, orégano, salvia, numerosos tipos de tomillo, romero, cebollinos y ajos), un par de madreselvas siempre verdes, un *Alyssum* en flor y unas pocas esparragueras.

En el patio hay tiestos con rosas, árboles de caucho, plantas de tomate, cebollas y cebollinos, hortalizas de hoja (lechuga, espinaca y berro comestible), hiedra inglesa, aloe vera, un surtido de helechos, plantas de cubierta vegetal (en su mayoría *Lysimachia nummularia* 'Aurea' y *Gladium Orodatum*), violetas, capuchinas, un arbusto ardiente (*Euonymus alatus*), unas cuantas variedades de hierba, margaritas españolas y plantas suculentas variadas. Podemos obtener frutas y hortalizas frescas y sanas desde la mitad del verano hasta las primeras heladas (y algunas veces durante más tiempo), mientras que las plantas ornamentales forman una profusión de color que alegra la vista cuando te sientas en las sillas del patio.

En pocas palabras, deambular entre los tiestos llenos de plantas es una forma excelente de comenzar la mañana y un modo maravilloso de sentirte alegre y vital.

Buenas cosechas en espacios pequeños

Un proceso conocido como «cultivo de metro cuadrado» ofrece noticias alentadoras para todos aquellos que disfrutan cultivando hortalizas. En efecto, es posible cultivar en espacios más pequeños de lo habitualmente recomendado y obtener excelentes resultados, siempre y cuando la planta reciba los nutrientes básicos que necesita. Imagínate un cultivo que no requiera labrar, cavar ni eliminar las malas hierbas. La mayoría de las plantas de cultivo solo necesitan un suelo de quince centímetros de profundidad —el doble para los cultivos de raíz— y las macetas constituyen un recipiente ideal para las hortalizas.

En cuanto al diámetro de los tiestos, el brócoli, las judías verdes y otras plantas de tamaño similar se desarrollan bien en una superficie de unos novecientos centímetros cuadrados (una maceta de treinta centímetros) mientras que los tomates, los calabacines y otras plantas de mayor tamaño crecen mejor en un espacio de aproximadamente dos metros ochocientos centímetros cuadrados. Por este motivo, cultivar hortalizas en macetas es uno de los usos más provechosos y eficaces que se pueden hacer del suelo.

Ni siquiera mis estanques están libres de plantas. En ellos tengo una buena cantidad de plantas acuáticas y semi-acuáticas, incluyendo totoras, lentejas de agua, jacintos de agua, berros de agua, lechugas de agua, apio de agua, cola de caballo, juncias reales, cabomba, centella asiática y pontederia. Casi todas son comestibles.

Parece exagerado, y supongo que lo es. Con todas estas plantas creciendo en mi hogar, te imaginarás que tenemos muchísimo trabajo. Sin embargo, los cuidados necesarios para todos los beneficios que obtenemos se reducen a regar un par de horas por semana, todos los días dedicar unos minutos a arrancar las plantas que se han agotado y comprobar la salud de todas en general.

Solemos pasar otra hora semanal recogiendo los frutos, recortando las hierbas y las hortalizas de hoja, arrancando los cultivos de bulbo y cosechando nuestros frutos, principalmente a finales de verano y otoño.

Invertimos otra hora semanal quitando las flores secas (así se estimula el crecimiento y más floraciones), podando y guiando las trepadoras para que crezcan como nosotros queremos y no como quieren ellas, lo que significa por todos lados.

D. J. Herda

¿Qué más hay en la maceta de las fresas? Las plantas de fresas requieren poco mantenimiento, se propagan con facilidad y proporcionan frutos cada primavera. Observa los tallos rastreros que parecen hilos y producen nuevas plantas que debemos trasladar a otras macetas.

Por último, una vez por semana pasamos una hora en una bañera llena de agua caliente.

Por un total aproximado de cuatro horas semanales de trabajo (aunque el baño no puede considerarse un trabajo) vivimos en un verdadero paraíso de delicias hortícolas. Disfrutamos enormemente cultivando todas nuestras plantas en macetas, desde las que proceden de los lugares más exóticos y lejanos del mundo hasta algunas muy comunes que crecen silvestres junto a la puerta trasera.

A decir verdad, nos encanta el «trabajo» de cultivar plantas en macetas. Cuidar plantas es parecido a cuidar mascotas, con la ventaja de que no tienes que vivir ningún drama ni lidiar con ninguna bola de pelos.

No me malinterpretes. Tenemos gatos y los adoramos (igual que adoramos la nepeta* que a ellos les encanta mordisquear), y nuestros estanques están llenos de carpas *koi* y carpas doradas. Pero nuestros «bebés» son las plantas que cultivamos en tiestos. Y el trabajo que realizamos para que estén bonitas, se desarrollen sanas, florezcan y produzcan frutos es precisamente el tipo de tarea que hoy en día mucha gente no tiene la oportunidad de disfrutar con frecuencia.

Seguramente piensas que con todas las plantas que tenemos ya deberíamos estar satisfechos. ¡Claro que sí!... De la misma forma que te imaginas que Donald Trump es feliz por ser propietario de las Torres Trump y no siente la necesidad de hacer nuevas inversiones.

La verdad es que, cuando trabajas la tierra —y especialmente cuando tienes un huerto o un jardín en macetas—, siempre encuentras nuevas plantas, nuevas especies y nuevas variedades para cultivar en un recipiente por el simple gusto de tener esa planta cerca de ti.

¿Y qué es lo que yo pienso? Algún día me gustaría tener una casa con espacio suficiente para poder cultivar arces japoneses y un arbusto de lilas, o quizás dos, y también algunos otros árboles de frutos exóticos.

Ahora tenemos unos cuantos árboles que son más altos que yo —posiblemente entre un metro ochenta y dos metros diez de altura—, pero supongo que no me sentiré en el paraíso hasta que vea la casa llena de árboles que alcancen los dos o tres pisos de altura y me sonrían desde arriba. Sería increíble tener una morera llorona o un grupo de delicados abedules blancos, o incluso un cocotero. Creo que tendré que encontrar una casa enorme para que eso sea posible —y también macetas de considerable tamaño—. Sin embargo, no puedo dejar de pensar que el esfuerzo merecería la pena.

---

*. N. de la T.: nepeta es un género de plantas labiadas, conocidas por su efecto estimulador de los receptores de feromonas de los gatos.

Por otro lado, ¿acaso los sueños no son una parte de la vida? ¿Y cultivar plantas en macetas no es simplemente una forma más de hacer realidad tus sueños?

01:00 EN UN MINUTO

- Si crece en todas partes, probablemente puedes cultivarlo en una maceta.
- Cultivar frutas y hortalizas en tiestos es una práctica especialmente eficaz que forma parte del método de los «cultivos de metro cuadrado», basado en maximizar el espacio y minimizar los residuos.
- El mantenimiento de las plantas en macetas requiere desde unos pocos minutos hasta unas cuantas horas semanales, dependiendo del número que tengas.
- Eliminar las flores que ya se han secado ayuda a que la planta se desarrolle con mayor vigor y produzca nuevas floraciones durante el periodo de crecimiento.

COL *(Brassica oleracea)*
COL CHINA *(Brassica rapa, grupo Pekinensis)*

FORMA: cabeza y erguida.
VARIEDADES: existen numerosas, entre ellas:

- *Col*: Bravo, Market Prize, Río Verde, Savoy Express, Tropic Giant (híbrido) y Green Jewels (híbrido)
- *Col china*: tipo Pak Choi –Joi Choi (híbrido).

SEMILLAS O TRASPLANTE: ambos.
TAMAÑO DE LAS MACETAS: mediano.
AGUA: riega el cultivo hasta conseguir un suministro uniforme de humedad. El recipiente se debe regar por la mañana para que las hojas se sequen antes de que anochezca. El riego debe ser suficiente para mojar el suelo hasta una profundidad de quince centímetros,

Mike Hillis

Col (*Brassica oleracea*).

como mínimo. Si los tiestos están al aire libre, es preciso mantener una humedad constante y uniforme para conseguir un cultivo de primavera de buena calidad y que madure antes de las temperaturas más altas del verano.

COMENTARIOS: la col china forma cabezas compactas que pueden ser muy alargadas y erguidas (tipo Michihili) o redondeadas y con forma de barril (tipo Napa). Las hojas son ligeramente arrugadas y más finas que las de una col normal, con nervaduras anchas y crujientes. Al elegir un tipo de col para cultivar, recuerda que las variedades de hojas más oscuras y de color rojo tienen más nutrientes que las coles con hojas de color verde claro.

SEMILLAS: coloca las semillas a una profundidad aproximada del doble de su grosor, riégalas y luego aplasta firmemente la tierra con las manos. Cubre el tiesto con un recipiente de plástico transparente o envuélvelo con material plástico y espera a que tenga lugar la germinación. Mantén la tierra húmeda, sin saturarla de agua, y no expongas la planta a la luz solar directa para evitar el recalentamiento. Al observar los primeros brotes, destapa la maceta. Si siembras variedades de cabeza, sitúa las plantas a una distancia de treinta centímetros entre sí.

TRASPLANTE: coloca las plantas en un hoyo cuya profundidad no sea mayor que la longitud de las raíces y comprime la tierra firmemente en torno al tallo.

SUELO: la col (*Brassica oleracea*, grupo *Capitata*) crece muy bien en una amplia variedad de suelos, aunque prefiere uno de marga arenosa con alto contenido en materia orgánica. El pH del suelo debe situarse entre 5,8 y 6,5.

INSECTOS: diversos tipos de gusanos (la mariposa de la col, la *trichoplusia* y la palomilla dorso de diamante o polilla de las coles), la chinche arlequín, la *Delia radicum*, los áfidos y los escarabajos perforadores de hojas representan los principales problemas. SOLUCIONES: destruir los gusanos de mayor tamaño y luego pulverizar la planta con un jabón biológico no detergente mezclado con agua (aproximadamente una cucharada por cada cuatro litros de agua) para eliminar los insectos más pequeños.

ENFERMEDADES: putrefacción negra, putrefacción de las plántulas, putrefacción del tallo, mildiú, manchas foliares por *Alternaria* y putrefacción húmeda. La col común es más sensible a la putrefacción del tallo y al mildiú que la col china. Esta última se ve más afectada por la *Alternaria*. La putrefacción negra causa los daños más graves y se manifiesta como lesiones en forma de V en la base de las hojas antes de extenderse por el sistema de conducción de agua de la planta. Esta enfermedad, que el clima húmedo y cálido favorece, se debe a una bacteria que se propaga por medio de las semillas, aunque también a través de los trasplantes. SOLUCIONES: el té de compost (consulta el capítulo 15) contiene organismos que combaten las enfermedades producidas por hongos y se debe utilizar como suplemento y como tratamiento siempre que sea posible. Otra alternativa son diversos fungicidas comerciales (de acción breve, lo que significa que no estarán presentes en la planta después de la cosecha) que se pueden adquirir a través de la red y también en las tiendas de plantas o viveros cercanos a tu casa. Una vez que la putrefacción negra comienza a desarrollarse, es imposible detenerla. Se puede prevenir adquiriendo plantas de calidad garantizada o semillas tratadas químicamente.

BENEFICIOS PARA LA SALUD: durante las últimas dos décadas los investigadores han comprendido la valiosa función que desempeñan los fitonutrientes, potentes antioxidantes que tienen la capacidad de desarmar los radicales libres antes de que puedan dañar las membranas celulares del ADN humano. Sin embargo, la ciencia ha descubierto solo recientemente que la acción de los fitonutrientes de las crucíferas, como las coles, se produce a un nivel mucho más profundo: les comunican a nuestros genes que aumenten la producción de enzimas diseñadas para colaborar en la desintoxicación de los compuestos nocivos, con lo cual se convierten en agentes limpiadores del organismo.

Los fitonutrientes de las hortalizas crucíferas favorecen la actividad de genes cuya función es activar docenas de enzimas asociadas que se ocupan de desintoxicar el organismo, cada una de las cuales se halla en perfecto equilibrio con las demás. Esta sinergia natural utiliza las habilidades de nuestras propias células para desarmar los radicales libres y las toxinas presentes en nuestro sistema y eliminarlos –incluyendo a los agentes carcinógenos–. Esta es la razón principal por la que este tipo de hortalizas reducen el riesgo de contraer cáncer con mayor eficacia que ninguna otra fruta o verdura. De hecho, diversos estudios han demostrado que las dietas ricas en crucíferas propician un riesgo menor de contraer cáncer de próstata, colorrectal y de pulmón.

En un estudio realizado con más de mil varones en el Centro de Investigación para el Cáncer Fred Hutchinson de Seattle (Washington), se observó que los que ingerían veintiocho raciones de verduras variadas por semana presentaban un riesgo un 35% inferior de contraer cáncer de próstata, mientras que aquellos que consumían solo tres o más raciones de crucíferas a la semana tenían un riesgo un 41% inferior de padecer la enfermedad.[11]

Además de contener fitonutrientes que previenen el cáncer, las coles son una fuente excelente de vitamina C, un antioxidante que protege las células de los dañinos radicales libres. Las crucíferas también han demostrado ser beneficiosas para la salud gastrointestinal y de las mujeres, y muy favorables para combatir el Alzhéimer y diversas enfermedades cardiovasculares.

Listas para la cocina: entre noventa y cien días después de la siembra, las plantas ya están completamente formadas y tienen un color intenso. Se deben guardar en el compartimento para verduras de la nevera para que conserven su frescura.

Ahorro anual: aproximadamente treinta y cuatro euros por persona y año, como media.

3

¿Por qué usar recipientes?

Existen varias razones por las cuales prefiero cultivar frutas y hortalizas en macetas antes que hacerlo de la manera convencional. En primer lugar, puedes usar estos recipientes cuando algún impedimento físico te impida cultivar directamente en la tierra. Además, la falta de espacio, de luz y de una parcela pueden ser obstáculos difíciles de superar —debo admitir que en el pasado convencí a algunos amigos, vecinos y, en especial, familiares de que me dejaran una pequeña parcela de tierra para trabajarla.

Otra razón por la que disfruto cultivando plantas en macetas es que puedo controlar de cerca su estado y su entorno, algo que no podría hacer si trabajara directamente sobre el planeta Tierra. Independientemente de que llueva y de la acidez o alcalinidad del suelo, las chinches, los hongos, los gusanos perforadores de hojas y también otros cazadores furtivos (de dos o de cuatro patas) representan un problema mucho menor cuando las plantas crecen en recipientes, particularmente, cuando estos se encuentran en el interior.

¿Vives en un clima cálido, como el del sur de California, el desierto alto o cualquier sitio a miles de kilómetros de Las Vegas? No te preocupes. Cada vez que llenas la regadera, está a punto de llover sobre tus macetas.

¿Necesitas plantar especies que se desarrollan mejor en suelos ácidos pero solo dispones de tierra alcalina? Con unas pocas correcciones del medio de cultivo tendrás exactamente el pH que tu huerto en macetas necesita para que las plantas crezcan sanas y tengan un buen rendimiento.

¿Has encontrado chinches? ¿Te visitan perros curiosos y entrometidos? ¿Tienes vecinos destructivos? Ninguno de ellos representará un problema para las plantas que tienes en macetas, puesto que puedes trasladarlas al interior o tenerlas al aire libre en un patio o en un porche vigilado donde estarán protegidas de los predadores y de otros intrusos.

De hecho, con el cultivo en macetas puedes obtener todas las ventajas del cultivo de frutas y hortalizas en tierra y evitar la mayoría de los inconvenientes de la horticultura convencional.

Un ejemplo: poco tiempo después de mi primera boda (mejor no detenernos demasiado en esto), mi exmujer y yo nos mudamos a una casa con un gran patio vallado a las afueras de Chicago. Naturalmente, lo primero que hice después de cerrar el contrato por la propiedad fue plantar varios frutales, arbustos de arándanos (me encantan) y rosales. A la semana siguiente, hicimos un viaje de ochenta kilómetros mientras caía la noche hasta una enorme casa ubicada en otro barrio, porque alguien había anunciado en el periódico que regalaba un cachorro de labrador negro.

Una semana más tarde tuvimos que volver al vivero para comprar nuevos arbustos de arándanos y las mismas variedades de árboles, que el perro había arrancado y dejado bajo el ardiente sol del verano, donde se marchitaron y murieron. Como ya he dicho, ¡eso sucedió solo una semana después de ir a buscarlo! Si no hubiera descubierto las ventajas del cultivo en macetas, nos habríamos quedado sin dinero, ¡o sin perro!

Mirando atrás, creo que lo último no hubiera sido una mala idea, aunque debo decir que el animal se las arregló para superar sus tendencias destructivas a tiempo y, además, mi hijo menor amaba a ese cachorro con locura. No me preguntes por qué.

Yo creo que cultivar hortalizas en macetas fue lo que salvó mi salud mental y la relación con mi hijo, y por otra parte, nos ahorró Dios sabe cuántos viajes más al vivero... (a estas alturas, debes de haber imaginado que no suelo renunciar muy fácilmente a mis sueños).

El cultivo en macetas también les puede proporcionar a tus plantas la luz que necesitan para crecer sanas y fuertes. Hay pocas frustraciones en este mundo que sean mayores a la que sientes cuando plantas un preciado tallo de tejido viviente que respira (bueno, es una manera de decirlo) solo para observar cómo se marchita poco a poco hasta morir debido a la escasez de luz. Una de las principales razones por las que los cultivos se arruinan es porque no reciben la cantidad adecuada de luz. Más adelante me extenderé sobre este tema.

Cuando cultivas tus plantas directamente en la tierra, a menudo descubres que el sitio elegido para tu valiosa posesión hortícola raramente recibe suficiente luz para garantizar un crecimiento óptimo. Incluso aunque la luz sea lo bastante intensa para satisfacer las necesidades de la planta, puede que no lo sea tanto para inducir la floración o para que produzca frutos que puedan llegar a cosecharse.

Pero también puede ocurrir lo contrario. Si siembras en una parcela de tierra a pleno sol una planta que requiere poca luz, o incluso sombra —como las lechugas o las espinacas—, corres el riesgo de que se queme y muera.

La ventaja de tener las plantas en macetas es que se pueden trasladar a la mejor ubicación de la casa para aprovechar la luz y favorecer así su máximo desarrollo y una salud excelente. Conozco algunas personas que cultivan sus plantas en tiestos y les dan un tratamiento especial a las que requieren mucha luz: cada mañana las trasladan al lado oriental de su vivienda con el fin de aprovechar los rayos matutinos del sol y cuando llega la tarde las desplazan hacia la parte orientada al oeste para que sigan recibiendo luz. Y no hablo de mí —no soy lo suficientemente ambicioso para hacer algo semejante.

Algunas personas dicen que esto es dedicación. Yo lo considero fanatismo. Independientemente de cómo lo denominemos, el caso es que tienes muchas más posibilidades de aprovechar la luz cuando las plantas están en tiestos que cuando las siembras en hoyos en medio del jardín que tienes detrás de tu casa.

Por fortuna, hay formas más simples y efectivas de conseguir que las plantas en macetas reciban la cantidad de luz suficiente para prosperar que jugar a «perseguir el sol», como hacen algunos de mis amigos. Te hablaré de esas opciones más adelante

Para finalizar, cultivar plantas en recipientes ofrece muchas más ventajas que hacerlo en un huerto tradicional, y muy pocas desventajas.

Al rescate

Vivo en el desierto. En realidad, vivo en una casa y la casa vive en el desierto. De todas maneras, compro plantas que me gustan y disfruto al verme rodeado por ellas en mi hogar. Con el paso de los años he descubierto que algunas no me han devuelto el favor. En particular, podría nombrar varias docenas de especímenes de begonia, hiedra sueca *(Plectranthus australis)* y pepino que he probado en vano, pues no han conseguido aclimatarse al lugar. El único motivo posible que explica su falta de reciprocidad a pesar de mis esfuerzos es que el entorno es inhóspito. Principalmente, hace demasiado calor y la humedad es insuficiente. Finalmente conseguí que estas y otras especies se desarrollaran con éxito, simplemente plantándolas en macetas en el interior. Esta forma de cultivo me permite controlar las condiciones de las plantas, incluyendo la luz, el agua, la humedad y la temperatura y, al mismo tiempo, disfrutar de su belleza. Además, las frutas y hortalizas que me proporcionan son muy sabrosas.

¿POR QUÉ UTILIZAR MACETAS?

Como es natural, en la vida no hay nada seguro. Y lo mismo se puede aplicar al cultivo en macetas. El exceso de agua –que rara vez constituye un problema para las plantas que están en el suelo– puede constituir un grave inconveniente para las que se cultivan en tiestos, en particular para las que se encuentran en el interior. Y, al contrario, la escasez de agua puede tener consecuencias nefastas para las plantas, en especial con los tiestos que están al aire libre.

Pero con un poco de sentido común, unos cuantos consejos sensatos y algo de experiencia práctica, pronto conocerás todos los secretos del cultivo en macetas. Descubrirás que plantar árboles frutales y arbustos, frutos y hortalizas e incluso cactus y plantas crasas comestibles (como, por ejemplo, el aloe vera) será tan fácil como caerse de un camión de estiércol.

¡Ah!, y el cultivo en macetas tiene todavía otra ventaja: para fomentar el desarrollo óptimo de tus plantas, puedes añadir la cantidad y el tipo de nutrientes adecuados para la mezcla de tierra que usas en los recipientes; esto te resultaría mucho más difícil si trabajaras directamente en la tierra.

El aloe vera es una de las plantas más sanas y fáciles de cultivar en macetas, ya sea en el interior o en el exterior. Y, además, es una planta maravillosa para combatir la acidez y los problemas digestivos.

Si ninguna de estas razones ha conseguido convencerte de que el cultivo en tiestos es una promesa de prosperidad y un método económico y a la vez práctico que, en comparación con el cultivo convencional, te permite cultivar plantas comestibles más sanas y atractivas, he aquí una última consideración: si plantas un árbol en tierra, allí se quedará. Si lo haces en una maceta, permanecerá en ella durante el tiempo que tú quieras —ni más ni menos—. Al cultivar plantas en tiestos, puedes cambiarlas de lugar dependiendo de la estación, desplazarlas de un sitio a otro de la casa, reponer las plantas de una habitación, escalonar la plantación para tener una cosecha continua, sacarlas al exterior en el verano y ponerlas a cubierto durante los días más fríos del invierno, agruparlas e incluso combinar varias plantas en un mismo recipiente.

Puedes escoger los colores para que hagan juego con tus muebles, añadir texturas y realzar la paleta de diseños de tu hogar y crear ambientes específicos que respondan a tus necesidades, y todo ello con un cierto grado de flexibilidad de la que carecen los horticultores convencionales. Y, además, puedes hacerlo ahorrando un montón de dinero en verduras. Este es uno de los principales atractivos del cultivo en macetas.

01:00 EN UN MINUTO

- El cultivo en macetas es muy eficaz, independientemente de dónde vivas.
- Puedes controlar el estado de tus plantas con mucha mayor facilidad que cuando están directamente en la tierra.
- El cultivo de plantas en macetas no es un método infalible, pero es lo que más se acerca a lo que ha concebido la ciencia.

GUISANTES *(Pisum sativum)*

FORMA: arbustivo y trepador.

VARIEDADES: algunas variedades sugeridas para los guisantes son: Little Marvel, Thomas Laxton, Wando, Freezonian, Frosty, Knight, Alderman (de crecimiento alto), Sparkle y Green Arrow.

SEMILLAS O TRASPLANTE: ambos.

TAMAÑO DE LAS MACETAS: mediano.

AGUA: riegos moderados a una profundidad de quince centímetros, como mínimo, dejando que la tierra se seque entre las irrigaciones.

COMENTARIOS: al elegir el tipo de guisantes que deseas cultivar, recuerda que existen variedades trepadoras que pronto pueden ocupar mucho espacio. Además, necesitan una sujeción –una estaca, una espaldera, una cortina hecha de un tejido de trama abierta o incluso una estantería–, lo cual puede no ser tan ideal. Por otro lado, las variedades arbustivas son mucho más compactas y, en consecuencia, se adaptan mejor al cultivo en macetas.

SEMILLAS: pon las semillas a una profundidad aproximada del doble de su grosor; después de regarlas, comprime la tierra firmemente. Cubre el tiesto con un recipiente de plástico transparente o envuélvelo con material plástico y espera a la germinación. Mantén la tierra húmeda, sin saturarla de agua, y la maceta apartada de la luz solar directa para evitar el recalentamiento. Coloca las plantas a una distancia de quince centímetros unas de otras para las variedades trepadoras y de treinta centímetros para las variedades arbustivas.

TRASPLANTE: coloca la planta en un hoyo que no sea más profundo que la longitud de las raíces y presiona firmemente la tierra en torno al tallo.

SUELO: los guisantes se pueden cultivar en una gran variedad de suelos, pero es esencial que tengan un buen drenaje. Se desarrollan mejor con un pH de entre 6,0 y 6,7.

Guisantes (*Pisum sativum*).

INSECTOS: observa si hay presencia de áfidos, perforadores de hojas o moscas blancas, en especial si las plantas están en el exterior. **SOLUCIONES:** pulverizar con un jabón biológico no detergente mezclado con agua (aproximadamente una cucharada por cada cuatro litros de agua).

ENFERMEDADES: la putrefacción de las raíces producida por un hongo que habita en el suelo es una constante amenaza, en especial para las plantas jóvenes. El mildiú también puede atacarlas, llegando a marchitarlas. **SOLUCIONES:** para evitar la contaminación, nunca plantes los guisantes en la misma tierra del año anterior; de esta forma se reduce la incidencia de enfermedades propagadas a través del suelo, que puede aumentar con el paso del tiempo.

Utiliza solamente un medio de cultivo o mezcla de tierra para macetas que esté esterilizado y, si fuera necesario, empapa el medio de cultivo con cuatro litros de agua mezclados con seis gotas de aceite del árbol del té, que tiene propiedades bactericidas y fungicidas. El té de compost (consulta el capítulo 15) contiene organismos que atacan los hongos, por lo que se debe usar como suplemento y tratamiento siempre que sea posible.

BENEFICIOS PARA LA SALUD: los guisantes verdes contienen numerosos nutrientes, entre ellos vitamina C, que es fundamental en la prevención del cáncer. Se ha demostrado que una gran ingesta de vitamina C puede reducir los riesgos prácticamente de cualquier tipo de cáncer, incluidos la leucemia, los linfomas, el cáncer de pulmón, el colorrectal y el pancreático, así como el asociado a las hormonas sexuales, como el de mama, el de cérvix y el ovárico. La vitamina C es la protección antioxidante más importante y efectiva para el cuerpo humano; previene el daño del ADN y ayuda al organismo a deshacerse de diversos contaminantes medioambientales y sustancias químicas tóxicas. También es beneficiosa para reforzar el sistema inmunitario e inhibir la formación de compuestos cancerígenos, como por ejemplo las nitrosaminas, sustancias químicas que el cuerpo produce después de digerir carnes procesadas que contienen nitratos.

LISTOS PARA LA COCINA: cuando las vainas de los guisantes están completamente formadas y comienzan a engordar, lo que sucede alrededor de los sesenta o setenta días después de la siembra, retíralas para favorecer que la planta continúe produciendo guisantes a lo largo de todo el periodo de crecimiento.

AHORRO ANUAL: como media, alrededor de veinticinco euros al año por persona.

4

$Vestidos$ para el éxito

De la misma forma que cuando sales una noche (o incluso algún día para ir a la oficina) eliges ese traje espectacular que te sienta tan bien y te da un aspecto absolutamente irresistible, las plantas también tienen mejor apariencia cuando están bien vestidas. Y el mejor artículo de diseño que puedes conseguir para exhibir una planta es una maceta, una caja o cualquier otro recipiente.

También puedes plantarla en un viejo tiesto de plástico desechado que encuentres en el vivero, pero por qué no resaltar su belleza con una maceta bonita, e incluso muy bonita, teniendo en cuenta que son relativamente baratas y se pueden conseguir casi en cualquier sitio —quizás también en algún rincón de tu casa.

Si llevas cultivando plantas tanto tiempo como yo, probablemente tendrás docenas de jardineras y macetas vacías. Si no las tienes, no desesperes. Puedes buscarlas en una tienda de antigüedades o en cualquier otra tienda de decoración; con toda seguridad, encontrarás alguna realmente atractiva por menos de ciento cincuenta dólares. Si eres flexible y también un poco creativo, puedes conseguir tiestos en las tiendas cercanas a tu casa por dos o tres dólares.

No obstante, antes de empezar a buscar ese recipiente que estás deseando tener, dedica unos minutos a pensar cuál será el más adecuado para tus plantas. A las plantas les gusta tener mucho «sitio para las piernas». Necesitan espacio para crecer, tanto por encima de la tierra como por debajo de ella. En general, el sistema radicular de una planta debe tener al menos la mitad de la altura de la planta en su madurez. Si puede alcanzar los treinta centímetros de altura, precisarás una maceta que tenga al menos quince centímetros de espacio para las raíces.

Toma nota de que no estoy hablando de un tiesto que tenga quince centímetros de profundidad. No puedes esperar que una maceta de este tamaño contenga tierra hasta el mismo borde y no hacer ningún estropicio cada vez que la riegas. Debes dejar al menos un centímetro y medio de profundidad adicional (preferiblemente tres centímetros) para asegurarte de que el agua no se desbordará del recipiente para acabar derramándose sobre el suelo.

También debes recordar que los cultivos de raíz, en los cuales la parte comestible crece por debajo de la superficie del suelo, requieren todavía más profundidad. En estos casos, es aconsejable tener un tiesto cuya profundidad sea igual a la longitud de las raíces de una planta madura, más otros diez centímetros. Por ejemplo, una remolacha que puede llegar a alcanzar diez centímetros de alto se debe cultivar en un recipiente que tenga el doble de profundidad, es decir, veinte centímetros.

Cuando compras una planta en el centro de jardinería o vivero de tu localidad, evita a toda costa conservarla en el mismo tiesto. En los viveros se mantienen las plantas en macetas pequeñas con un propósito especial. El espacio limitado que tienen para crecer las obliga a producir más raíces, que se concentran en una zona determinada, lo que da como resultado que la parte superior de la planta luzca fuerte y sana. Y eso es precisamente lo que nos gusta a los consumidores como tú y yo.

Estas plantas se desarrollan bien en estos pequeños recipientes solo porque los empleados las alimentan y las riegan continuamente para que prosperen y se mantengan vivas hasta el momento en que tú te las llevas a casa. Pero luego debes estar preparado para los problemas. A menos que nutras y riegues las plantas diariamente (y en algunas ocasiones todavía con mayor frecuencia), deberás trasplantar estas pequeñas criaturas a un sitio más espacioso y con más tierra para que puedan retener el agua y los nutrientes más esenciales.

Del mismo modo, si compras un nuevo tiesto para trasplantar los ejemplares que acabas de adquirir, asegúrate de que no sea simplemente dos o tres centímetros más grande que el recipiente original. Elige uno que sea lo suficientemente amplio para seguir conteniendo la planta hasta su madurez. Así no tendrás necesidad de volver a trasplantarla.

Esto es especialmente importante para los cultivos de plantas alimenticias. Se puede conseguir que una planta ornamental tenga un aspecto bastante saludable en una maceta relativamente pequeña, pero no sucede lo mismo con las frutas y hortalizas, pues requieren más espacio y también nutrientes adicionales para florecer y producir frutos.

¿Cómo puedes saber lo grande que será una planta cuando esté madura?

Cuando vayas a comprar plantas, lee las etiquetas adheridas a los tiestos. Si no encuentras la respuesta, haz una búsqueda en Internet. Si tienes paciencia, encontrarás el recipiente con el tamaño adecuado para albergar una planta madura y conseguirás mejores resultados.

Buscando los recipientes idóneos

Cuando salgas a buscar recipientes para tus plantas, el primer lugar que debes visitar es el establecimiento donde sueles comprarlas. ¿Para qué hacer tres o cuatro viajes si puedes adquirir todo lo que necesitas en un solo sitio?

Sin embargo, no te sientas obligado a comprar algo que no te gusta —o que cuesta más de lo que estás dispuesto a gastar— simplemente porque no hay otra alternativa. Con frecuencia, la forma más económica de adquirir macetas es recorrer varios centros de jardinería, tiendas de artículos para el hogar, establecimientos multi-precio,

D. J. Herda

Tres de mis macetas decoradas favoritas, adquiridas en una liquidación
de fin de temporada por menos de cinco euros la pieza.

vendedores minoristas y locales que ofrecen ofertas, e incluso a través
de Internet.

Y no te olvides de buscar las rebajas especiales de fin de temporada. Me encanta comprar macetas en otoño, precisamente porque es
el mejor momento del año para conseguir los precios más asequibles,
incluso las de diseño más caras, ya que los propietarios de las tiendas
empiezan a ponerse nerviosos ante la posibilidad de que sus existen-
cias de verano se queden en la tienda. A menudo puedes encontrar
gangas interesantes en esta época del año.

Aunque no tengas previsto utilizar la maceta de forma inmediata,
tenerla a mano es una buena forma de estar preparado para plantar
alguna nueva especie y, al mismo tiempo, ahorrar dinero.

También puedes encontrar buenas oportunidades en los merca-
dillos que los vecinos organizan en su patio o garaje, en los de la comunidad, en los rastrillos, en los estands de beneficencia y en las subastas.
La gente suele darles poco valor a las macetas usadas, pero puedo decir
por experiencia propia que cualquiera de ellas, por muy feas que sean,
puede quedar perfecta en algún rincón de tu casa.

He sido muy afortunado al pagar apenas unos pocos dólares por
macetas que normalmente costarían más de cien. Luego puedes pre-
sumir ante tus amigos y vecinos sin que ninguno de ellos sepa lo que
te han costado.

Recuerda ser flexible y mantener los ojos bien abiertos. A veces, las tiendas en las que menos esperas encontrar lo que buscas (es decir, aquellas que rara vez incluyen artículos relacionados con las plantas) reciben una remesa de macetas. En alguna ocasión he encontrado tiestos en verdulerías, tiendas de antigüedades y negocios de segunda mano. Con toda seguridad no se te ocurriría buscar macetas en este tipo de establecimientos; sin embargo, deberías tenerlos en cuenta cuando haces tus rondas.

Cómo adaptar los recipientes a tus necesidades

Existe otra forma de conseguir tiestos de buen aspecto por muy poco dinero o incluso gratis. Se trata de un truco que utilizo con frecuencia, en especial cuando quiero comprar macetas grandes, que suelen ser muy caras —cuanto más grandes, mayor es el precio—. Elige una barata de plástico, latón o cualquier otro material adecuado y métela dentro de un cesto de mimbre o cualquier otro recipiente decorativo. Por unos pocos dólares o euros puedes tener una maceta única que ofrezca a tus plantas un montón de espacio para que crezcan sanas.

Si colocas la maceta dentro de un recipiente poroso, como por ejemplo un cesto de mimbre, recuerda que debes poner un plato bajo la planta en el interior del cesto. De este modo, cuando el exceso de agua drene a través de la base del recipiente, no se derramará sobre el suelo.

De vez en cuando mira el interior del cesto para asegurarte de que el plato sobre el que reposa la maceta no está lleno de agua. A veces nos olvidamos de aquello que no está a la vista (o no lo tenemos en cuenta) y el caso es que a la mayoría de las plantas no les gusta permanecer continuamente «con los pies mojados».

Para retirar el agua acumulada en el plato que está debajo de una maceta demasiado grande, coloca una toalla alrededor del plato e inclínalo hasta que el exceso de agua la empape. Cuando hay suficiente espacio para llegar hasta el plato, una alternativa es eliminar el agua con un paño absorbente o una esponja.

Si te ves obligado a vaciar los platos con demasiada frecuencia, reduce los riegos para evitar el problema. Existe una delgada línea entre suministrarles a tus plantas la cantidad de agua que necesitan y regar demasiado o de forma insuficiente. Una vez que regules los riegos, habrás eliminado la molestia de recorrer la casa inclinando las plantas y vaciando los platos durante el resto de tu vida.

Otra forma económica de adaptar un tiesto a tu gusto y a la decoración de tu hogar es decorarla personalmente. Por ejemplo, puedes comprar una maceta de barro y pintarla usando un pulverizador o decorarla con un estarcido (en cualquier tienda artesanal o de pintura puedes comprar plantillas); cuando la pintura esté seca, cubre con laca los estarcidos para protegerlos de los elementos.

Una vez mejoré el aspecto de una maceta barata pegando láminas de madera sobre la parte exterior, colocando cada lámina en sentido vertical desde la parte superior hasta la base. El resultado fue maravilloso. Otra posibilidad es teñir o pintar la madera para que haga juego con todo lo que hay a su alrededor. Deja un pequeño espacio entre cada una de las láminas para añadirle un toque de profundidad y textura al producto acabado.

También puedes decorar una maceta vieja o fea envolviéndola con cuerda o hilo bramante. Aplica periódicamente un poco de pegamento o de silicona con un pincel para mantener la cuerda en su lugar y evitar que se desplace o se estire debido al contacto con los elementos.

Recuerda: cuando tengas que utilizar pegamento en un tiesto hecho con material poroso como es el barro, elige una cola que no sea soluble, por ejemplo silicona, pegamento instantáneo o resina de secado rápido. En caso contrario, cada vez que riegues, el tiesto eliminará la humedad a través de sus paredes y desgastará lentamente el pegamento.

Macetas de barro

Históricamente los recipientes de barro son los más antiguos. Fueron utilizados por nuestros ancestros para cocinar y comer en ellos. Ahora se fabrican decenas de miles de macetas de barro y son enormemente populares en los jardines porque su precio es muy económico.

Sin embargo, aunque las macetas de barro son buenos recipientes para la mayoría de las plantas, tienden a liberar humedad en el aire, lo que significa que absorben la humedad de la tierra que contienen y la secan más rápidamente que los tiestos de paredes menos porosas, como los de plástico o cerámica esmaltada. Si utilizas macetas de barro, deberás comprobar la humedad de la tierra con mayor frecuencia que con otros tipos de recipientes. Además, las macetas de barro que contienen tierra húmeda resultan muy pesadas, por lo que te recomiendo colocarlas en un lugar donde no tengas que desplazarlas con frecuencia, en especial cuando se trata de recipientes de gran tamaño donde se suelen plantar árboles. Una buena idea es colocar bases con ruedas debajo de los tiestos más grandes para poder cambiarlos de sitio con facilidad cuando sea imprescindible.

Otra forma elegante de decorar tiestos baratos es cubrir sus paredes con trozos de cerámica, azulejos o guijarros de variados colores. Debes cubrir la parte exterior de la maceta con un pegamento para azulejos y colocar los fragmentos a tu gusto. Antes de que se haya secado, retira el pegamento sobrante de las junturas y luego deja secar completamente la pieza antes de protegerla con un sellador adecuado. Puedes conseguir más información en la sección de azulejos de un establecimiento para el hogar o en Internet.

Si decides probar estos trucos de decoración, no te amilanes. Sé creativo. Rompe los azulejos en pequeños trozos con un martillo (utiliza gafas de protección para evitar lesiones) y combina el color y el tamaño de los fragmentos según tus propios gustos y paleta de colores.

Cuando hayas terminado el proyecto, puedes revestir la parte exterior de tu nuevo tiesto con acrílico transparente o cualquier otro sellador para evitar que la suciedad se adhiera a las paredes y afecte negativamente al acabado de la pieza.

TÚ FABRICAS LA MACETA, LAS PLANTAS CRECEN

Otra forma económica de tener una maceta de buena calidad gastando muy poco dinero es hacerla tú mismo a partir de cero. Dependiendo de tu habilidad para desempeñar este tipo de tareas, puedes usar cualquier material que sirva para contener agua, incluso madera (aunque si empleas un material poroso deberás tomar ciertas precauciones).

Si sabes manejar bien un martillo y una sierra, puedes construir una jardinera cuadrada o rectangular del tamaño que desees. Una vez que hayas completado tu proyecto, utiliza un compuesto impermeabilizante, como por ejemplo resina o pintura a prueba de agua, para revestir el interior. Deja secar completamente el compuesto y luego prueba la maceta llenándola de agua y dejándola en el exterior. Si decides dejarla dentro de casa, colócala en la bañera o en el interior de un fregadero. Si la parte exterior sigue seca veinticuatro horas más tarde, puedes confiar en que el recipiente está listo para usar.

En lugar de emplear un sellador resistente al agua, puedes revestir el tiesto con un plástico resistente. Cuando sea necesario, pega el material a las paredes del recipiente aplicando pequeños toques de silicona en diversos puntos para fijarlo en su sitio.

Una vez que hayas terminado el trabajo, perfora varios orificios de medio centímetro aproximadamente en la base del recipiente para drenar el exceso de agua. Luego coloca un plato cuyo diámetro sea algo mayor que la base de la maceta (para poder verlo) debajo de ella. Deberás vaciar el agua que se acumula en el plato de forma periódica, pues de lo contrario se desbordará y caerá sobre el suelo.

Puedes usar una técnica similar para construir jardineras a medida que se pueden colgar en el exterior de las ventanas (o incluso en el interior, si eres creativo y tienes mucho espacio en tus ventanas). Con unos pocos conocimientos básicos sobre cómo trabajar la madera, te resultará relativamente fácil hacer una jardinera para la ventana (aproximadamente un dos en una escala de dificultad que va del uno al cinco). Para las jardineras del exterior, utiliza una madera que sea resistente el agua, como el cedro o la secoya. También deberás usar

D. J. Herda

Estos dos recipientes de forma rectangular, hechos de madera de cedro de resistencia estándar, se construyeron para colocar en la pared trasera de un estanque. El interior se selló con pintura a prueba de agua y en la parte posterior se perforaron varios orificios de drenaje para impedir que el exceso de agua cayera en el estanque.

clavos o tornillos galvanizados, a menos que no te importe que la madera muestre «señales de haber llorado», algo que sucede cuando se utilizan sujeciones de metal normal.

Como es evidente, además de la madera existen muchos otros materiales con los cuales se puede construir un recipiente único, creado a partir de tu gusto personal y del ambiente en el que vives. Si buscas detenidamente en las tiendas de artículos para el hogar de tu localidad, te aseguro que encontrarás más materiales de lo que nunca hubieras imaginado, incluso algunos cuya existencia ignorabas. Puedes emplear prácticamente cualquier cosa que pueda convertirse en una vasija para tus plantas: desde plexiglás y plástico hasta metal corrugado (muy adecuado para darle un aspecto industrial supermoderno), PVC o incluso espuma en espray (del tipo que se comercializa en botes o latas).

No obstante, recuerda que una vez finalizado el trabajo debes comprobar que el agua no se filtre a través de las paredes del recipiente (en particular, si vas a colocarla en el interior) y evitar así arruinar una hermosa alfombra, una mesa o la tarima de madera del suelo.

Un hombre loco y descontrolado

Existe aún otro modo de conseguir un grupo variado de recipientes de gran tamaño donde colocar tus frutas y hortalizas. Puedes «apropiarte» de ellos. Y no estoy hablando de robar los que tienen tus vecinos. Esto sería deshonesto, ¡además de ilegal! No, me refiero a adaptar y adoptar.

¿Tienes algo en tu casa con un tamaño adecuado para contener tierra para macetas y una o dos plantas? Los siguientes son algunos objetos que encontré en mi propio hogar mientras estaba escribiendo este capítulo:

- Un par de botas de senderismo.
- Una papelera.
- Un archivador que no utilizo.
- Un cuenco grande de madera para ensaladas.
- Una caja de cartón.
- Una pantalla de lámpara.
- Una jarra de plástico para leche.
- Un cajón de escritorio.
- Una bandeja de mimbre bastante profunda.
- Un envase de zumo de frutas de tamaño grande.

Imagino lo que estás pensando. Demasiado sol e insuficiente selenio. Sin embargo, debo decir que tengo la cantidad adecuada de cada uno de ellos. No sufro ningún problema mental —al menos no más de lo normal—. Mi enfoque es el siguiente: si algo es lo suficientemente grande como para alojar una planta, servirá como maceta.

Y como es obvio, si el objeto se ha fabricado para contener líquidos (como la jarra de plástico para leche o el envase de zumo), habrás ganado tiempo. Puedes llenarlo con una mezcla de tierra para macetas, plantar lo que se te ocurra en él y luego sentarte a esperar los frutos de tu labor.

Si el objeto no sirve para contener líquidos (como la caja de cartón o las botas), tendrás que impermeabilizarlo antes de convertirlo en un tiesto. Para ello, puedes pintarlo por dentro y por fuera con resina o con una pintura resistente al agua, o hacer algo mucho más simple y económico: revestirlo con plástico.

Evita utilizar un plástico demasiado endeble, como el que se utiliza para envolver alimentos o una bolsa de basura, porque si se perfora (lo que casi siempre sucede con un plástico muy delgado), vas a maldecir el día que compraste este libro.

El plástico debe tener al menos tres milímetros de grosor; lo encontrarás en rollos de diferentes tamaños en la mayoría de los centros de artículos para el hogar, viveros y ferreterías. Si deseas algo que sea todavía más resistente, algo que dure toda la vida, utiliza un revestimiento de vinilo para estanques. Podrás comprarlo en muchas tiendas para el hogar, centros de jardinería y bricolaje o a través de Internet.

Cualquiera que sea el producto vinílico que emplees, debes cubrir el fondo del recipiente (por la parte interior) con una fina capa de silicona. Utiliza un viejo pincel, una cuchara o tus propios dedos (sin olvidarte de usar guantes) para cubrir uniformemente toda la superficie. Cuando la silicona todavía esté húmeda, corta un gran trozo de vinilo, colócalo en el interior de la maceta por encima de la silicona y presiona con fuerza hasta que el material esté firme. Deja que el recipiente se seque completamente durante uno o dos días.

A continuación, haz varios orificios de drenaje cada diez centímetros para que pueda salir el agua sobrante de los riegos. En cuanto hayas concluido, puedes llenar la maceta. Comienza con una gruesa capa de piedras o grava y luego añade una mezcla de tierra para macetas hasta llegar casi al borde superior. Y no te olvides de comprimir la tierra con firmeza para empujar el revestimiento de vinilo contra las paredes interiores del recipiente. Por último, corta el vinilo sobrante de forma que el material llegue aproximadamente a un centímetro y medio por debajo del borde del recipiente y pégalo con una pequeña gota de silicona.

¿Los resultados? Una maceta nueva (¡vale, reciclada!), lista para ocupar su lugar en tu «jardín».

Si quieres ubicar tus macetas recientemente recicladas en el interior de tu casa, asegúrate de colocar un plato o una bandeja debajo para que el exceso de agua no se derrame sobre el suelo.

LA FORMA QUE ADOPTARÁ EL FUTURO

Independientemente de que decidas comprar, construir o reciclar tus macetas, nunca deben faltar recipientes en tu jardín. Podrás elegir entre una enorme selección de formas y tamaños —cilíndricas, cónicas, redondas y cuadradas, y también de otras formas indeterminadas (¿con forma de zapato?).

La forma que elijas para tus tiestos no tendrá ningún impacto negativo para las plantas que vas a colocar en ellos, siempre que recuerdes dejar un amplio espacio para las raíces y asegurarte de que el drenaje es adecuado. El cuello o borde superior del recipiente debe tener la anchura necesaria como para alojar una planta (y también debe ser lo suficientemente ancho para que puedas trasplantarla más adelante, lo cual será imprescindible si tu idea es plantar una especie perenne que puede alcanzar un gran tamaño). Un cuello ancho facilita también que riegues sin riesgo de derramar el agua y ofrece más oportunidades de intercambio de oxígeno, pues permite que la planta absorba dióxido de carbono al mismo tiempo que elimine oxígeno durante el día y haga exactamente lo opuesto por las noches. Esto es fundamental para fomentar el crecimiento sano de la planta.

El peor error que cometí en mi vida fue elegir una maceta de diseño con forma de huevo que me costó muy cara. La parte central era muy ancha, y el cuello bastante estrecho. Planté un árbol perenne y cuando la maceta le resultó pequeña decidí trasplantarlo a un recipiente más grande.

Imagina mi desbordante alegría cuando advertí que la masa radicular de la planta era tres veces mayor que la abertura del recipiente. Como no quería arruinar todas esas delicadas raíces que sustentaban la vida de la planta tirando del tallo para sacarla del recipiente (que también hubiera resultado dañado), terminé por utilizar una sierra para cortar la vasija en dos. Me sorprendió ver que las raíces habían ocupado cada uno de los centímetros cúbicos de tierra. Como es evidente, ¡nunca habría podido sacar la planta de otro modo!

Sin embargo, no todo estaba perdido. Cuando terminé de replantar el árbol en un recipiente más convencional, pegué de nuevo las dos mitades de la maceta con forma de huevo utilizando un pegamento de secado rápido. Después de lijarla suavemente y darle una capa de pintura, parecía nueva.

Ahora solo la utilizo para las plantas anuales, de modo que al final de la etapa de crecimiento puedo sacarlas sin problemas.

Aprendí la lección.

01:00   EN UN MINUTO

- Recuerda dejar mucho «espacio para las piernas» de tus plantas.
- Visita varias tiendas hasta encontrar las macetas de mejor precio.
- Si no consigues lo que buscas por el precio que estás dispuesto a pagar, decora una vieja maceta o fabrícala con tus propias manos.
- Presta atención a las formas de tus macetas: los recipientes de poca profundidad son ideales para hierbas aromáticas y plantas de lento desarrollo, como las fresas; los cortos y anchos son convenientes para las plantas altas; los de cuello estrecho son un problema a la hora de trasplantar las plantas a una nueva ubicación.
- Independientemente de que tu estado de ánimo sea caprichoso o austero, puedes reciclar cualquier tipo de recipiente y convertirlo en una maceta idónea y, a la vez, llamativa.

JUDÍAS VERDES *(Phaseolus vulgaris)*

Forma: arbustivo, trepador o semi-rrastrero (con un modo de crecimiento a mitad de camino entre los dos primeros).

Variedades: en Norteamérica, las variedades disponibles para el cultivo en macetas son las siguientes:

- *Tipo arbustivo:* Bush Blue Lake 274, Derby, Provider, Cherokee Wax, Roma II, Tendercrop y Venture resistente.
- *Tipo trepador:* Blue Lake, Kentucky Blue, Kentucky Wonder, Kentucky Wonder 191 y Kwintus (Early Riser).
- *Tipo semirrastrero:* Mountaineer White.

SEMILLAS O TRASPLANTE: ambos.

TAMAÑO DE LAS MACETAS: mediano.

AGUA: riega con moderación hasta una profundidad aproximada de quince centímetros. Los riegos moderados fomentan el desarrollo poco profundo de las raíces. El periodo crítico para la humedad es durante la producción y desarrollo de las vainas. Los riegos matutinos son más adecuados porque las hojas se secan antes de caer la noche, lo cual reduce el riesgo de enfermedades producidas por hongos.

COMENTARIOS: las judías se desarrollan mejor bajo la luz solar directa o con una intensa luz indirecta, y con riegos y tratamientos de fertilización uniformes durante todo el ciclo de crecimiento. Las judías trepadoras necesitan una espaldera o algún otro tipo de soporte, razón por la cual no son idóneas para el cultivo en el interior, principalmente porque algunas variedades pueden crecer hasta hacerse demasiado «largas». Las judías que crecen en forma de arbusto son mucho más compactas y, en general, más adecuadas para cultivar en macetas. Una vez que las vainas comienzan a formarse, la planta sigue produciendo a lo largo de gran parte de la estación.

SEMILLAS: coloca las semillas a una profundidad aproximada del doble de su grosor, riega y compacta firmemente la tierra con los dedos. Cubre la maceta con un recipiente de plástico transparente o envuélvela con un material plástico y espera hasta que la planta germine. Mantén la tierra húmeda, pero sin saturarla de agua, y aparta la maceta de la luz solar directa para evitar el recalentamiento. En cuanto observes los primeros brotes, destapa la maceta. Espera hasta que se formen tres conjuntos de axilas foliares y sepáralas dejando aproximadamente una planta cada quince centímetros.

Mike Hillis

Judías verdes (*Phaseolus vulgaris*).

Trasplante: coloca la planta en un hoyo que no sea más profundo que la longitud original de la masa radicular y compacta la tierra firmemente en torno al tallo.

Suelo: las judías verdes requieren cantidades moderadas de fertilizante y un pH de entre 5,8 y 6,5 para conseguir niveles óptimos de fertilidad.

Insectos: los insectos que pueden causar problemas son los escarabajos mexicanos de las judías, los áfidos, los trips, los gusanos del maíz y un tipo de chinche conocida como pudenta. **Soluciones:** pulverizar con un jabón biológico no detergente mezclado con agua (aproximadamente una cucharada por cada cuatro litros de agua).

Enfermedades: las más comunes incluyen la putrefacción de las raíces, la roya y el moho gris. **Soluciones:** elegir variedades resistentes y mantener la humedad del agua en niveles mínimos. Para combatir una enfermedad que ya se ha desarrollado, probar un fungicida a base de rábano picante (consulta el capítulo 15).

Beneficios para la salud: las judías son una fuente excelente de vitaminas C y K, y de manganeso. También son ricas en vitamina A (debido a su concentración de carotenoides, incluido el beta-caroteno), fibra, potasio, hierro y folatos. Y por si esto no fuera suficiente, constituyen una magnífica fuente de magnesio, tiamina, riboflavina, cobre, calcio, fósforo, proteínas, ácidos grasos omega 3 y niacina. En pocas palabras, son como una tienda de alimentación sana dentro de una maceta.

La vitamina K de las judías verdes es esencial para mantener los huesos fuertes. La vitamina K_1 ayuda a prevenir la formación de osteoclastos, que degradan las células óseas. Además, las bacterias beneficiosas que viven en nuestros intestinos convierten parte de la vitamina K_1 en K_2, activando así el osteocalcín, la principal proteína no colágena que contienen nuestros huesos. El osteocalcín contribuye a que los huesos absorban las moléculas de calcio, creando una estructura esquelética más fuerte y duradera.

Además, los nutrientes de las judías verdes combaten la arteriosclerosis y la enfermedad muscular cardíaca diabética. Las vitaminas A y C que contienen ayudan a reducir el número de radicales libres del organismo. La vitamina C, antioxidante hidrosoluble, actúa en combinación con ellas para prevenir la oxidación del colesterol. Si el colesterol se oxida, tiene más facilidad para adherirse a las paredes de los vasos sanguíneos, produciendo bloqueos que pueden dar lugar a un ataque cardíaco o cerebral.[12]

Las judías verdes ayudan también a reducir la inflamación de las células, promueven la salud general del colon y son una fuente rica en hierro.

LISTAS PARA LA COCINA: se pueden cosechar en cuanto las vainas estén maduras, aunque también se las puede dejar en la planta para que se sequen, lo que sucede mucho después de que toda la planta se haya secado. La maduración se completa en torno a los cincuenta o sesenta días de la siembra.

AHORRO ANUAL: aproximadamente veintiocho euros por persona y año, como media.

5

Cultiva tus *plantas* en los recipientes adecuados

U na de las mayores ventajas que reporta el cultivo de plantas en recipientes es que puedes atender las necesidades específicas de cada una de ellas de manera rápida y sencilla. Puedes modificar la mezcla de la tierra y cambiar su pH, alterar el contenido de nutrientes y regular los niveles de iluminación según lo requiera cada planta. Y, por otra parte, no tienes que ocuparte de cavar (con el consecuente dolor de espalda) ni tampoco del laborioso trabajo de eliminar las malas hierbas. Como es lógico, deberás regar las plantas de forma periódica, pero esta es una tarea ineludible incluso en la mayoría de los huertos tradicionales.

En general, las hortalizas que se cultivan en macetas suelen ser especies anuales, de manera que tendrás que replantarlas al menos una vez por estación para conseguir una buena cosecha que dure desde la primavera hasta el verano. Por otra parte, muchos cultivos frutales son árboles y arbustos y, por tanto, también de naturaleza perenne. Incluso las fresas son una especie perenne. Esto significa que cada año volverán a desarrollar su atractivo follaje y a ofrecerte una hermosa cosecha de sabrosos y nutritivos frutos.

Pero antes de que se te haga la boca agua pensando en tu primera cosecha, tendrás que seguir las reglas. Y una de las primeras reglas básicas para el cultivo en macetas es seleccionar los mejores recipientes para tus plantas. Eso significa que debes elegir el tamaño y la forma idóneos para las dimensiones de las plantas que vas a cultivar.

EL TAMAÑO DE LOS RECIPIENTES SE DEBE ADECUAR A LAS PLANTAS

Algunas plantas, como por ejemplo los tomates, pueden crecer mucho (tanto hacia arriba como hacia abajo), por lo que necesitan un recipiente que sea lo suficientemente amplio. Otras, como los pimientos, se desarrollan de forma mucho más compacta y pueden crecer en tiestos más pequeños.

Determinados cultivos de raíz, como los rabanitos, las zanahorias y las remolachas, requieren recipientes más profundos que cualquier otra planta para prosperar. Si un cultivo de raíz no tiene espacio suficiente, no se formará bien, se atrofiará o simplemente no habrá cosecha.

Algunos cultivos de frutales, como por ejemplo los melocotoneros y ciruelos enanos, se deben plantar en tiestos de gran tamaño, pues necesitan muchos nutrientes. Si la planta no cuenta con la cantidad de nutrientes que requiere para desarrollarse sana y fuerte, se limitará a mantenerse viva y la cosecha será muy escasa.

Esto no significa que no puedas cultivar plantas grandes en macetas pequeñas y viceversa, pero resultará mucho más difícil (y los resultados serán inferiores a lo esperado) que cuando se utiliza un recipiente del tamaño idóneo.

Por otro lado, una planta de grandes dimensiones en un tiesto pequeño absorberá toda el agua y los nutrientes en poco tiempo y te encontrarás corriendo constantemente en busca de la regadera y el fertilizante, solo para mantener la planta viva pero cojeando.

Por su parte, una planta pequeña no quedará bonita en un recipiente demasiado grande y, además, esta opción no responde a un uso eficiente del espacio.

Por tanto, merece la pena que te familiarices lo máximo posible con los hábitos de crecimiento de tus plantas antes de adjudicarles una maceta.

Plantas en macetas para pasar el invierno

La cualidad principal de las plantas que se cultivan en macetas al aire libre durante todo el año es su resistencia, es decir, la tolerancia a las altas temperaturas veraniegas y a las bajas temperaturas invernales. Si tus plantas no soportan el calor ni el sol abrasador del verano, deberás mantenerlas en el interior o trasladarlas a un sitio más sombrío durante las horas más calurosas del día. Si no toleran las temperaturas medias del invierno, tienes dos opciones: guardarlas en el interior durante esta estación o aislar los recipientes con goma espuma, fibra de vidrio, poliestireno u otro producto similar.

Recuerda que cuando las macetas están directamente sobre el suelo, su temperatura puede ser mucho más fría que la del propio suelo. De hecho, la tierra de la maceta está a la temperatura ambiente o del aire. Si en el exterior hay unos doce grados bajo cero, puedes apostar a que la tierra de tu maceta ha alcanzado la misma temperatura. Aunque los brotes de la planta (crecimiento aéreo) podrían adaptarse a estas temperaturas tan bajas, puede que no suceda lo mismo con las raíces, que son su parte más vulnerable.

En ocasiones es posible desafiar a la madre naturaleza eligiendo variedades que pueden desarrollarse con éxito en climas más fríos. Durante el invierno puedes guardar las plantas en lugares protegidos, por ejemplo en un garaje, un sótano sin calefacción o cualquier otro sitio donde la temperatura no baje de cero grados centígrados.

Las plantas anuales, perennes y tropicales son muy delicadas y no se adaptan bien a las bajas temperaturas, por lo cual deben guardarse en el interior y en una estancia muy bien iluminada durante todo el periodo invernal.

Recuerda también que los recipientes de terracota y otros materiales porosos tenderán a agrietarse durante las heladas, de modo que si vives en un clima frío y deseas que tus preciadas plantas vivan más de una o dos estaciones, elige materiales como fibra de vidrio, plástico o madera, o traslada los tiestos al interior para evitar los estragos que producen las heladas y el descongelamiento posterior.

ALGUNAS CONSIDERACIONES A LA HORA DE ELEGIR LOS RECIPIENTES

El tamaño de las macetas no es la única consideración que deberás tener en cuenta a la hora de combinar tus plantas con los recipientes y viceversa. Las siguientes son algunas otras cuestiones que también deberás tener en cuenta:

ESCALA DE LOS RECIPIENTES: cuando digo escala me refiero a la relación del recipiente con su entorno, así como también con las plantas que colocas en él. Para obtener un efecto visual agradable, las plantas deben estar en proporción con las dimensiones del recipiente. Imagínate una planta madura de tomates en un tiesto del tamaño de una lata de sopa de champiñones. La escala sería completamente errónea y el aspecto resultaría ridículo. Y a la inversa, una planta de guisantes en una maceta de sesenta centímetros sería algo completamente absurdo.

Para presentar una apariencia más agradable, la planta debería tener un tamaño que fuera aproximadamente un tercio o la mitad del recipiente que la contiene.

Una planta que ocupa un espacio de diez centímetros cúbicos debe estar en un tiesto que, como mínimo, tenga el doble (es decir, veinte centímetros cúbicos o, como máximo, el triple de ese tamaño). Recuerda tener en cuenta todo lo que hay alrededor de la planta cuando está en el interior de la casa. No coloques una maceta

D. J. Herda

Las macetas se comercializan en todo tipo de tamaños y formas y con diversos niveles de fantasía. Asegúrate de elegir una que se adapte a los hábitos de crecimiento de la planta para la que está destinada.

solitaria de veinticinco centímetros en uno de los rincones de un solárium de dos pisos, pues parecerá algo absolutamente ridículo. Es preferible elegir algún rincón de la casa para ubicar una maceta solitaria o un grupo de tiestos pequeños, o trasladarlos a la terraza o al patio.

EL COLOR DE LAS MACETAS: el color de los recipientes debe armonizar con todo lo que hay a su alrededor. Elige un tono natural que combine bien con la decoración de tu casa. Las macetas de colores brillantes, como el azul, el rojo y el amarillo, se aprecian mejor si están rodeadas por otros recipientes de colores menos intensos. Cualquier persona apreciará primero el tiesto más llamativo y luego gradualmente se fijará en los demás. Recuerda, eso sí, que la planta debe ser el foco de atención: no la obligues a competir con la maceta.

Para que los tiestos sean lo más discretos posible, elige recipientes de terracota natural sin esmaltar o de tonos mates terrosos.

GRUPOS DE MACETAS: presta atención a la cantidad de recipientes que tienes en cualquier zona determinada de la casa. En general, una maceta aislada no luce e incluso puede pasar desapercibida. Si agrupas tres o más plantas, le darás un toque más natural a ese rincón de la casa. Es interesante destacar que, para el ojo humano, a simple vista un número impar parece más natural que un número par, al que el cerebro concibe como artificial o forzado.

Evita agrupar macetas de diversas formas y tamaños y de colores estridentes para que el conjunto no resulte tan llamativo. Por ejemplo, una gran maceta de terracota rodeada por dos tiestos pequeños y parecidos sería ideal para la mayoría de los rincones, patios o entradas de una casa.

Combina macetas de acuerdo con su tamaño, como lo harías con cualquier otro elemento decorativo, colocando las más grandes por detrás y las pequeñas por delante y a los costados.

FORMA Y ESTILO DE LAS MACETAS: elige siempre el recipiente que haga juego con el estilo general de la decoración de tu casa o del jardín donde lo vas a colocar. ¿Has decorado tu hogar con un estilo campestre informal? Elige un tiesto que combine bien con él. ¿Piensas colocar la maceta en una habitación adornada con elementos orientales? Lo más adecuado sería una al estilo del Lejano Oriente. ¿Tu hogar está decorado de un modo clásico y formal? Entonces, lo mejor será un recipiente parecido a una urna griega o uno con adornos de motivos similares.

Si buscas un recipiente que recuerde una escultura, descarta los de cuello estrecho que, como ya mencioné, son poco prácticos, pues dificultan los trasplantes.

DRENAJE DEL RECIPIENTE: todas las macetas deben tener un drenaje adecuado; de lo contrario, las raíces estarán siempre sumergidas en agua y no les llegará oxígeno. Como consecuencia, la planta se ahogará.

Si has decidido usar un recipiente decorativo que no tiene orificios de drenaje y, por ejemplo, quieres colocarlo encima de una alfombra o un suelo de madera, ubica la planta en un tiesto bien ventilado que sea ligeramente más pequeño que el recipiente decorativo; luego introduce varios guijarros dentro de este último y coloca sobre los guijarros el recipiente más pequeño. Más adelante, cada vez que riegues la planta, el exceso de agua caerá en el interior del recipiente grande. No obstante, no olvides vaciar periódicamente el agua acumulada en él para evitar que el tiesto que está en su interior permanezca sobre el agua estancada, pues esta terminará por ahogar la planta a través de las raíces.

MATERIAL DEL RECIPIENTE: el material no solo afecta a la apariencia estética de la planta sino también a su crecimiento. Las macetas comunes de terracota, arcilla o cemento (todos ellos materiales porosos) permiten que la tierra se seque más rápidamente y, por tanto, los riegos deben ser más frecuentes que cuando se usan recipientes no porosos fabricados en plástico, metal o resina, o con un revestimiento cerámico, que requieren menos irrigaciones.

Cualquiera que sea el tamaño y el estilo de los tiestos que elijas, recuerda que deben combinar con su entorno. Las macetas y las plantas han de formar un conjunto estético y el recipiente estar en armonía con el ambiente que lo rodea, sea en el interior o en el exterior. Ah, solo una cosa más. Si tienes gatos, prepárate. Estos animales adoran las plantas en macetas, las consideran el cajón de excrementos más natural del mundo.

Para evitar que los gatos remuevan la tierra (o algo peor) de tus macetas, cubre la superficie de la tierra con papel de aluminio arrugado (que los detendrá durante un tiempo), piedras grandes (con un tamaño suficiente para que no consigan apartarlas cuando quieran orinar) o piñas (que quedan más bonitas y se pueden dejar en la maceta durante todo el año).

01:00   EN UN MINUTO

- El tamaño del recipiente se debe adaptar al de las plantas en plena madurez para ofrecerles las mejores condiciones de crecimiento y obtener el efecto estético más agradable.
- Guarda en el interior las macetas hechas de materiales porosos (terracota, cemento, etc.) para protegerlas de las frías temperaturas invernales y de posibles grietas.
- A la hora de elegir el mejor recipiente para tus plantas, debes considerar el color, el estilo, la forma y la construcción.
- Coloca las macetas en grupos para que el cuidado de las plantas sea más eficaz y luzcan más bonitas.

PEPINO *(Cucumis sativus)*

Forma: trepador, arbustivo.

Variedades: los pepinos Burpless son largos y delgados, y su piel es tierna. Las variedades arbustivas tienen muy buen rendimiento en un espacio limitado y son una buena alternativa para cultivar en macetas.

En el mercado existen nuevas variedades de plantas que se anuncian como exclusivamente femeninas, o ginoicas, que tienden a producir frutos más tempranos y concentrados y que ofrecen un mejor rendimiento por tener mayor proporción de flores femeninas que masculinas, o únicamente femeninas. Estas flores son las que luego se convierten en frutos.

Las variedades más conocidas son:

- *Para consumir frescos*: Salad Bush (híbrido), Straight Eight, Sweet Slice, Sweet Success (híbrido), Burpless (híbrido) y Poinsett 76.
- *Para consumir encurtidos*: Fancipak (híbrido), Calypso, Carolina, County Fair, Homemade Pickles y Regal.

Semillas o trasplante: ambos.

Tamaño de las macetas: mediano a grande.

Agua: riega con frecuencia el recipiente para mantener una humedad uniforme durante todo el periodo de crecimiento. Los riegos tempranos permiten que las hojas se sequen antes de que caiga la noche.

Comentarios: la planta produce frutos solo cuando los insectos transportan el polen hasta una flor de pepino femenina –por este motivo las abejas son esenciales para este propósito–, de manera que se deben cultivar al aire libre, al menos hasta que las plantas produzcan frutos. Las primeras diez o veinte flores de una planta son masculinas y no fructifican. Su sabor amargo se puede realzar debido a

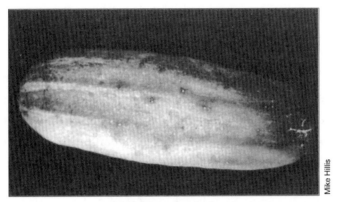

Pepino (*Cucumis sativus*).

temperaturas bajas o por almacenar los pepinos demasiado cerca de otras hortalizas en maduración. Como las plantas de pepino son muy tiernas, pueden morir a causa de una ligera helada; por lo tanto, colócalas en el interior durante la noche, cuando las temperaturas sean bajas.

SEMILLAS: siembra las semillas a una profundidad aproximada del doble de su grosor, riega y compacta firmemente la tierra con las manos. Cubre el tiesto con un recipiente de plástico transparente o envuélvelo con un material plástico, y espera a que aparezcan los brotes. Mantén la tierra húmeda, sin saturarla de agua, y aparta la maceta de la luz solar directa para evitar el recalentamiento. Ante el primer signo de germinación, destapa la maceta. Separa las plantas colocándolas a una distancia de unos cuatro centímetros entre una y otra.

TRASPLANTE: coloca las plantas en un hoyo que no sea más profundo que la longitud de la masa radicular y presiona firmemente la tierra con los dedos en torno al tallo.

SUELO: los pepinos crecen mejor en un suelo de marga arenosa o arcilla margosa bien drenado y rico en materia orgánica. Un lecho con un buen drenaje y ligeramente elevado puede ayudar a controlar ciertas enfermedades. El pH del suelo debe situarse entre 5,8 y 6,5.

INSECTOS: las principales plagas que los afectan son los escarabajos del pepino, los gusanos barrenadores, los áfidos, los ácaros, las mariposas blancas y los taladros de la calabaza. SOLUCIONES: pulverizar la planta con un jabón biológico no detergente mezclado con agua (aproximadamente una cucharada por cada cuatro litros de agua). Eliminar manualmente los insectos de mayor tamaño.

ENFERMEDADES: las enfermedades de los pepinos incluyen el mildiú, el oidio de las cucurbitáceas, la antracnosis, el virus del mosaico, el tizón gomoso o chancro del tallo, el marchitamiento bacteriano, las manchas en diana y la necrosis producida por el hongo *Rhizoctonia solani*.

Prácticamente ninguna de estas enfermedades constituye un problema en primavera, excepto el marchitamiento debido a la presencia de bacterias, que favorece la aparición del mildiú hacia el final de esta estación. El resto suele ser una complicación principalmente durante el otoño. SOLUCIONES: utilizar únicamente semillas de buena calidad que se hayan tratado con un fungicida. Evitar un suelo excesivamente húmedo y una prolongada exposición a temperaturas frías, dos condiciones favorables para el desarrollo de enfermedades producidas por hongos.

BENEFICIOS PARA LA SALUD: el silicio que contienen los pepinos es un componente muy importante que contribuye a la salud del tejido conectivo, es decir, los músculos, los tendones, los ligamentos, los cartílagos y los huesos. El zumo del pepino es una buena fuente de silicio para mejorar la apariencia y la salud cutánea, y su alto contenido en agua lo convierte en un hidratante natural, algo de gran importancia para la piel. Los pepinos se utilizan también de forma tópica para tratar diversos problemas de piel, incluidas las bolsas bajo los ojos y las quemaduras de sol. Esta hortaliza contiene dos compuestos que previenen la retención de líquidos: el ácido ascórbico y el ácido cafeico, y esto explica por qué los pepinos aplicados tópicamente contribuyen a reducir la inflamación de los ojos, las quemaduras y las dermatitis.

Cubrir nuestras necesidades diarias de fibra no resulta fácil. El consumo de pepinos, muy ricos en fibra, es una gran ayuda. Inclúyelos en las ensaladas para lograr una fuente rápida de vitaminas, fibra y líquidos. Además, puedes obtener los beneficios añadidos del silicio, el potasio y el magnesio.

Y si estas no te parecen razones suficientes para consumir pepinos, cabe agregar que son muy beneficiosos para reducir la tensión arterial alta.

Listos para la cocina: los pepinos se suelen cosechar entre los cincuenta y los setenta días tras su siembra, dependiendo de la variedad. Debes recoger los frutos a menudo para que no crezcan demasiado; así evitarás que estén muy pulposos y amargos. Cuantos más frutos recojas, más producirá la planta. Coséchalos cuando alcancen un tamaño aproximado de cinco centímetros de largo y antes de que se tornen amarillos, lo que sucede al cabo de unos quince días. Retira los frutos colocando los pepinos paralelos a los tallos y arrancándolos de un tirón para no dañar la planta. Guárdalos en la nevera a una temperatura de entre siete y diez grados centígrados y con una humedad relativa del 95%.

Ahorro anual: aproximadamente treinta y tres euros por persona y año, como media.

5

Iluminando el *camino*

En las páginas de cientos (o quizás incluso miles) de libros, folletos y publicaciones sobre el cultivo de plantas en el interior encontrarás innumerables afirmaciones que son falsas. Lo garantizo.

Algunas de dichas afirmaciones resultarán ser relativamente inofensivas —en un libro que terminé de leer hace poco se afirmaba que es imposible cultivar pinos en el interior a partir de sus semillas... ¡Al contrario! Otras son completamente ridículas —en un libro muy popular se decía que las plantas deben recibir una «buena iluminación pero nunca estar bajo la luz solar directa». Todavía sigo preguntándome cómo han podido sobrevivir las plantas al aire libre durante millones de años con la «desventaja» de estar a pleno sol—. Otros consejos para la jardinería o la horticultura pueden ser francamente perjudiciales —para eliminar plagas, pulverizar ligeramente con una solución de agua y vinagre... ¡Oh, oh!

Lo que estoy tratando de explicar es que, independientemente de lo sensato que parezca, el consejo se debe atemperar mediante tu propia experiencia y las circunstancias que imperen en tu propio hogar. He escrito este libro para compartir contigo no solo mis experiencias sino también las de otros expertos en el campo de la horticultura.

Por fortuna, existen algunas verdades universales sobre el cultivo de frutas y hortalizas en macetas. Una de las más importantes es que las plantas necesitan luz.

ILUMINACIÓN

El propietario de una tienda de plantas de Chicago, especialista en «atención a domicilio», en cierta ocasión me comentó que hasta tres cuartas partes de las plantas enfermas podrían estar sanas si los dueños comprendieran la importancia que tiene la luz para la vida de una planta. Es frecuente encontrar personas que sobrestiman la cantidad de luz natural disponible en determinadas zonas o habitaciones de su casa. Lo que ellos describen como «luz brillante indirecta» a menudo resulta ser una luz demasiado poco intensa como para que las plantas logren sobrevivir, a excepción del reino de los filodendros y unas pocas variedades de helechos.

¿Cómo puede saber este hombre cuánta luz hay en una habitación? Cada vez que visita una casa, lleva consigo un medidor de luz fotográfico para evaluar todas las zonas de luz disponible utilizando la unidad pie candela (los científicos emplean una unidad llamada pie candela para medir la cantidad de luz que se irradia desde una determinada fuente. Técnicamente, un pie candela equivale a la cantidad de luz que recibe un objeto de una vela que está a una distancia de un pie, es decir, a unos treinta centímetros. ¿Lo has entendido?). La mayoría de las personas se sorprenden al descubrir que en una habitación que ellas consideraban «muy luminosa», en realidad hay muy poca luz.

Pocos comprenden que lo que es luminoso para las personas no necesariamente lo es para las plantas. Recuerda: muchas plantas crecen de forma natural a pleno sol en su entorno original. Eso significa que reciben mucha más luz solar directa, especialmente en verano, de lo que los seres humanos podrían soportar, durante catorce o quince horas al día. Piensa lo que te podría suceder si te tumbaras a tomar el sol en verano durante unas pocas horas —¡más aún si fueran semanas o meses!—. No cabe duda de que las personas tienden a sobrestimar el grado de luminosidad del interior de sus casas.

Solo puedes aspirar a hacer un cálculo aproximado del nivel de luminosidad que hay en tu casa, a menos que seas un fotógrafo acostumbrado a hacer lecturas de luz utilizando un medidor y traduciéndolas luego a términos relativamente fáciles de entender. Pero teniendo en cuenta algunas cosas, el proceso se parece más a un arte que a una adivinanza.

CONOCER LA ORIENTACIÓN DE LAS HABITACIONES DE TU CASA

Cuando converso con mis colegas horticultores, siempre me sorprende lo poco que saben sobre la orientación de las diferentes zonas de sus viviendas y el efecto que esta tiene para las plantas. Me explico: la mayoría de las calles de los vecindarios norteamericanos (como también de otros lugares en todo el mundo) están organizadas en cuadrículas y orientadas en dirección norte y sur, este y oeste. Esto significa que la mayor parte de las ventanas de nuestros hogares tienen una ubicación específica. Solemos decir que están orientadas hacia alguno de los cuatro puntos cardinales (en oposición a una orientación noreste o sudoeste, etc.).

¿Qué orientación tienen tus ventanas? Mira hacia el horizonte a través de una de ellas, de tu balcón o de tu patio. Si estás mirando al sur, la ventana está orientada al sur; si miras al oeste, esa será su orientación, y así sucesivamente.

Las ventanas que dan al sur son las que reciben más luz durante todo el año y, por lo tanto, las habitaciones con esta orientación son muy luminosas. Las ventanas que miran al este y al oeste reciben la luz del sol durante medio día y las estancias gozan de una luz moderada o de mediana intensidad (alrededor de la mitad que las orientadas al sur). Sin embargo, una habitación orientada al oeste (que recibe luz por la tarde) tiene una iluminación más intensa que la que produce la luz de la mañana. Las ventanas orientadas al norte reciben la menor cantidad de luz solar directa, o nada en absoluto, por lo que las habitaciones que miran hacia ese punto cardinal son oscuras.

Un paraíso lleno de luz

Una vez conocí a una mujer que vivía en Wisconsin, que no es precisamente el lugar del universo donde crecen más plataneros. A pesar de ello, tenía uno en su vestíbulo. Cuando se enteró de que escribía libros sobre horticultura y jardinería, me invitó a visitarla para ver el racimo de plátanos que había en uno de los tallos de su árbol.

Me quedaría corto si dijera que me sorprendí. Para ser sincero, debería decir que estaba verde de envidia. El hecho es que después de ver aquel espécimen de siete metros de altura que parecía un centinela a la entrada del salón, lo primero que pensé fue que me encantaría tener uno en mi casa.

Me pregunté cómo podía sobrevivir un árbol de ese tamaño en un tiesto que apenas tenía sesenta centímetros de diámetro. Y no solo sobrevivía, ¡además producía frutos exóticos!

Obtuve la respuesta después de evaluar la luz varias veces con el medidor. Las paredes laterales eran de vidrio transparente y en el techo había claraboyas a través de las cuales el árbol recibía solamente un poco menos de luz solar directa de la que hubiera recibido en los trópicos. El humidificador que esta señora había instalado en toda la casa debido al asma que sufría le proporcionaba al árbol la humedad necesaria para prosperar.

Ignoro si llegó a cosechar los frutos de su platanero, pues poco después me mudé a otro vecindario. No obstante, lo que sí sé es que varios años más tarde intenté cultivar un platanero en un vestíbulo que yo consideraba muy luminoso pero que no contaba con tragaluz... y fracasé estrepitosamente.

Esto no hace más que demostrar que puedes sacar un platanero del trópico para cultivarlo en un recipiente en Wisconsin, pero no puedes sacar el trópico de un tiesto que está en Wisconsin y cultivar un platanero en cualquier sitio.

O algo por el estilo.

Las diferentes especies de plantas necesitan distintas cantidades de luz, de manera que puedes ubicarlas en diversos rincones de la casa, o en el exterior, para que su exposición a la luz les reporte el máximo beneficio.

¿En qué lugar de tu hogar hay mayor concentración de luz? Como ya mencioné, la estancia más iluminada es la que está orientada al sur. Sin embargo, la luz que llega a una ventana orientada hacia ese punto cardinal es más intensa junto al cristal. Si colocas una planta a unos noventa centímetros del cristal, ¡la luz que reciben las hojas se divide por la mitad! Esto significa que una planta que se encuentra todavía más lejos de una ventana con orientación sur en realidad recibe mucha menos luz que cuando está completamente expuesta a los rayos solares que llegan desde ese punto cardinal —acaso el equivalente a una orientación al oeste, ¡o incluso al este!—. Si una planta que necesita el máximo de luz está completamente orientada hacia el sur pero se encuentra demasiado alejada de la ventana, la escasa iluminación terminará por afectar a su desarrollo o incluso puede suceder que no llegue a sobrevivir.

De forma similar, una planta que necesita la iluminación moderada de una orientación al este o al oeste no recibirá suficiente luz si se halla a más de un metro de una ventana que mira en cualquiera de estas dos direcciones. Y pobre de la planta que esté situada muy lejos de una ventana orientada hacia el norte, pues prácticamente ¡no recibirá nada de luz! Solo las especies que prefieren la sombra son capaces de subsistir en estas condiciones.

¿Recuerdas cuando te hablé de la unidad pie candela? Pues bien, para que te hagas una idea sobre cuánto pueden variar las concentraciones de luz en una serie de situaciones normales en el interior de una casa o local, échale un vistazo a este gráfico de iluminación para las actividades cotidianas en el interior:

Hogar	Iluminación general:	cinco pies candela
	Leer o escribir:	veinte pies candela
	Planchar o coser:	cuarenta pies candela
	Escritorio:	cuarenta pies candela

Hoteles	Comedor:	de cinco a diez pies candela
	Vestíbulo:	veinte pies candela
Oficinas	Sala de conferencias:	treinta pies candela
	Zonas de ordenadores:	cincuenta pies candela
Tiendas	Zonas de circulación:	veinte pies candela
	Zonas de comercialización:	cincuenta pies candela
	Zonas de exposición:	entre cien y doscientos pies candela

Ahora, por comparación, observa el siguiente gráfico, que muestra la cantidad media de luz disponible en el exterior a lo largo de varios días:

En el exterior	Día nublado de invierno:	dos mil pies candela
	Día soleado de verano:	diez mil pies candela

Estos gráficos nos indican que, incluso en los días más nublados, lóbregos y deprimentes del invierno, la luz que hay en el exterior es mucho mayor que la que reciben nuestras plantas de interior con la iluminación media de nuestra casa.

¿De qué modo sufre una planta cuando le llega muy poca luz? ¿Padece fatiga visual? ¿Se deprime? ¿Se pone de mal humor? ¿Muere?

La verdad es que una planta rara vez revela signos de estar recibiendo poca luz –al menos, al principio–. Algunas plantas pueden sobrevivir durante largos periodos de tiempo aprovechando las reservas de nutrientes que almacenan en sus raíces. No necesitan la luz del sol para producir el alimento que precisan para el proceso de fotosíntesis. Al menos, durante cierto tiempo.

Piensa en una persona con sobrepeso que lleva una dieta de quinientas calorías diarias. Con un régimen hipocalórico se podría esperar que adelgazara entre dos y cinco kilos cada tres días, ¿verdad?

Sin embargo, no es así. Cuando el organismo recibe poca cantidad de alimentos (o ninguno) durante un breve periodo de tiempo, convierte las pequeñas concentraciones de grasa almacenada en energía, y el cuerpo sigue adelante. Habrá que esperar varios días, semanas o incluso meses para que la grasa almacenada finalmente se agote y la persona en cuestión comience a perder peso.

Con las plantas sucede algo muy similar. Mientras disponen de un suministro adicional de nutrientes, siguen funcionando normalmente, pero si reciben tan poca luz que no pueden producir alimento suficiente para almacenar, finalmente se tornarán largas y delgaduchas, y perderán frondosidad. Las hojas crecerán más de lo normal en un intento de capturar más luz en la superficie foliar pero serán más escasas. El tallo se estirará hacia cualquier fuente luminosa que encuentre a su alrededor y las hojas más bajas comenzarán a amarillear hasta que, por último, la planta se secará por completo.

En el caso de plantas con flores, las hojas pueden recibir luz suficiente para mantener un crecimiento foliar adecuado (color verde); no obstante, esa cantidad de luz no alcanza para producir flores o frutos. El proceso completo puede durar un año o más, o bien desarrollarse en cuestión de semanas. Al final, una planta que no recibe suficiente luz termina por morir.

Parece evidente que la solución consiste en ofrecerle a la planta más luz para que pueda comenzar a recuperar su vigor. Sin embargo, es preciso tener cuidado a la hora de modificar la iluminación de las plantas que han tenido una exposición a la luz restringida durante cierto tiempo. Nunca se debe pasar bruscamente de un extremo al otro. Si pones una lechuga bajo la luz solar directa después de haber recibido mínimas cantidades de luz durante varios meses, sufrirá tanto o más que si siguiera creciendo en un sitio con poca iluminación. La clave para aumentar la exposición de una planta a la luz es proporcionarle más luz de forma gradual para que tenga tiempo de adaptarse a los nuevos estímulos.

Además de la exposición y la proximidad a una fuente lumínica, existen algunos otros factores que también ayudan a determinar cuánta luz recibe una planta. El polvo acumulado sobre el cristal de una ventana, por ejemplo, reduce en gran medida la cantidad de luz que entra en una habitación. Para que una planta reciba la mayor cantidad posible de luz (especialmente si está orientada al norte, donde la luz es un premio), asegúrate de que el cristal esté limpio por dentro y por fuera.

De manera similar, las persianas, las cortinas y otros elementos que cubren las ventanas reducen la cantidad de luz que entra en una habitación. Es importante tener este dato en cuenta antes de ubicar tus plantas cerca de una ventana o de una luz lateral.

AUMENTAR LA ILUMINACIÓN

Existen varias formas de aumentar la cantidad de luz en el interior de la casa, incluso aunque vivas en una cueva. Gracias al conocido ingenio norteamericano (y al gran *boom* de las plantas de interior que comenzó hace varias décadas), el mercado se ha inundado de diversos tipos de luces incandescentes y fluorescentes. Por el módico precio de dos euros puedes reemplazar la bombilla de la lámpara del salón por una especial de 40 vatios (o de mayor potencia) que se agrega a la luz natural que reciben tus plantas. Como premio, recibirás beneficios secundarios —un refuerzo de vitamina D, predominante en la luz solar natural, tan necesaria para tener un sistema inmunitario fuerte y para la salud humana en general.

Si el dinero no es problema (y ¿por qué habría de serlo?; todos somos ricos e independientes, ¿verdad?), puedes instalar un elaborado sistema de iluminación con raíles en el techo. El sistema puede incorporar diversas bombillas de espectro total para plantas, que se deslizan sobre los raíles para proyectar la luz exactamente hacia el lugar que tú desees y cuando lo desees.

Si me reencarnara como millonario, diseñaría un sistema con una serie de raíles con luces que se trasladarían de una a otra habitación; funcionaría de un modo semejante a los desvíos ferroviarios que permiten el paso de los vagones de una vía a otra. De esta forma podría colocar mis plantas donde me diera la gana, incluso en el rincón más oscuro y deslucido de mi casa. Con solo pulsar un interruptor, las luces motorizadas se desplazarían hasta los lugares donde más las necesitara. Luego me sentaría simplemente a mirar cómo crece todo a mi alrededor.

D. J. Herda

Una solución posible es echar mano de lámparas como las que se utilizan en los estudios fotográficos (como muestra la foto)y usarlas con bombillas diseñadas para luz diurna (o condiciones de luz equivalentes). Se pueden colocar prácticamente en cualquier lugar para ofrecer más luz a tus plantas y, por otra parte, son bonitas y también bastante económicas.

Como es evidente, tendré la paciencia de esperar a que llegue ese día. Hasta entonces, es una verdadera suerte que existan otros sistemas más asequibles, algunos de los cuales son apenas uno o dos dólares más caros que una bombilla normal.

En una visita reciente a unos grandes almacenes donde suelo encontrar buenos descuentos, compré una lámpara especial incandescente para plantas de marca General Electric por apenas tres dólares y un enchufe con base de porcelana (es más recomendable que uno de plástico puesto que las luces de este tipo pueden producir mucho calor) por cuatro dólares con cincuenta centavos. La bombilla tenía 150 vatios de potencia. En total gasté menos de diez dólares.

Las luces para lámparas no son la única solución para un rincón oscuro. Si encuentras un sitio que parece estar suplicando que le asignes una planta pero no hay ningún enchufe cerca y no quieres invertir dinero en instalar uno, puedes aprovechar un truco que aprendí hace muchos años. Consigue dos plantas idénticas, por ejemplo dos árboles de lima enanos, que requieren mucha luz. Coloca uno de ellos en una zona oscura y el otro en un sitio iluminado orientado al sur, que es más idóneo para sus requisitos de crecimiento. Después de una semana cambia las plantas de lugar. Sigue haciéndolo periódicamente y conseguirás que ambas plantas se desarrollen sanas y felices y produzcan frutos (al menos hasta cierto punto) prácticamente de forma indefinida. Y, por supuesto, habrás cumplido tu objetivo de colocar la planta que deseabas en ese rincón oscuro.

Si deseas ahorrarte la molestia de mover un peso equivalente a dos bañeras grandes, como pueden ser el de un par de begonias en maceta, compra (o fabrica) bases de madera que sean ligeramente más grandes que la base de las macetas y colócales ruedas. Puedes adquirirlas en las ferreterías o en los centros de bricolaje. Si las macetas tienen orificios de drenaje, puedes colocar recipientes sobre las bases o poner las macetas encima de platos. Cuando llegue el día indicado para trasladar los tiestos, solo tendrás que empujarlos hasta sus nuevas ubicaciones. Cualquier persona razonablemente hábil podrá montar las ruedas en las bases sin tardar más de media hora y con un costo mínimo.

Todo va sobre ruedas

Aunque tardé un poco, por fin conseguí colocar bases móviles debajo de casi todas las macetas que tengo dentro de casa. Utilicé ruedas lisas para poder deslizarlas sobre la madera, los azulejos, las moquetas, las alfombras o cualquier otra superficie conocida sin dejar marcas ni causar ningún daño. Es evidente que no hice lo mismo con las plantas del exterior porque... bueno, precisamente porque estaban en el exterior.

Sin embargo, todo eso cambió hace varios meses. En aquella ocasión pretendí mover un tiesto muy grande, situado fuera de casa, en el que había plantado rosas. El recipiente había estado en el mismo lugar durante un par de años y ni siquiera se movió cuando quise cambiarlo de sitio. Empecé a empujar cada vez con más fuerza, doblando la cintura y manteniendo un equilibrio precario sobre una sola pierna.

Finalmente, cuando conseguí moverlo me di cuenta de que las raíces habían atravesado los orificios de drenaje y se habían introducido en la tierra.

No volví a pensar más en ese incidente hasta que esa misma noche comencé a sentir una punzada de dolor en la espalda. Durante las siguientes dos semanas tuve que guardar cama prácticamente incapacitado.

Huelga decir que ahora también tengo bases con ruedas debajo de los tiestos más grandes que hay en el exterior. ¡Un precio muy bajo por tener una espalda sana!

Reflejar la luz

Otra forma de multiplicar la eficacia de la luz existente, ya sea natural o artificial, es reflejarla desde el lugar donde se encuentra hasta el sitio donde la necesitas. En una habitación normal las paredes, los muebles, las cortinas y las moquetas o alfombras absorben la luz que las plantas no asimilan.

Pero si la luz no absorbida se refleja en las paredes y retorna a los recipientes, tus plantas tendrán una segunda oportunidad de atrapar esos rayos tan importantes para su vida. De hecho, la luz que llega a la habitación tendrá una doble función.

La forma más efectiva de reflejar la luz es también la más cara. Siempre puedes contratar a alguien para que instale espejos de pared a pared en tu casa.

Si eres habilidoso, existe otra opción viable. Compra azulejos con efecto espejo e instálalos tú mismo. Con este sistema puedes convertir en espejo la parte de la pared que elijas y de ese modo gastarás mucho menos dinero de lo que te costaría contratar profesionales para que instalen los espejos de pared a pared.

Y una solución todavía más económica (y mucho más creativa) es usar cola de empapelar para pegar y colgar tiras de un papel que tenga una de sus caras de aluminio o incluso el mismo papel de aluminio que se usa normalmente en la cocina (con el lado brillante hacia fuera). Es preciso tener cuidado al trabajar con este material, pues se rompe con facilidad.

Cuando hayas colgado las tiras de papel de aluminio, coloca por delante un enrejado de listones de madera pintado de colores que hagan juego o contrasten con las paredes de la habitación (el color blanco reflejará más luz). Según cómo instales el enrejado, el papel de aluminio se asemejará a pequeños cuadrados o diamantes que no solo reflejarán la luz, sino que también crearán una ilusión de profundidad en la estancia. Habrás creado así una maravillosa pared reflectante y, además, ¡un detalle de diseño que podría llegar a ser deslumbrante!

Si no te sientes capaz de hacer toda esa faena de pegar, serrar y martillear, puedes echar mano de otro recurso, si te conformas con utilizar superficies reflectantes más pequeñas. En una tienda de manualidades o de materiales para bellas artes, compra varias bandas o tiras y monta un bastidor del tamaño que necesites. Las bandas se unen para construir bastidores de una amplia variedad de tamaños, 30 x 30 cm, 120 x 180 cm, o de las dimensiones que tú necesites. Una vez montadas las bandas, luego «estira» el papel de aluminio sobre ellas, tal como lo haría un pintor con el lienzo. Dobla los bordes del papel de aluminio y fíjalos con grapas, chinchetas o cinta adhesiva a la parte posterior del bastidor. A continuación, cuélgalo de la misma forma que colgarías un cuadro. De hecho, utiliza varios grupos de bastidores para darle a la habitación un toque decorativo y funcional.

Otra opción posible es comprar un espejo con marco (que en la época de rebajas se puede conseguir fácilmente por poco dinero) y colocarlo cerca de la planta de manera que refleje la luz que entra del exterior.

La luz se refleja también sobre otros muchos materiales, entre ellos las paredes pintadas. Sin embargo, recuerda que cuanto más brillante sea el tono, más luz reflejará la pared. Una pared de color amarillo pastel o completamente blanca será más reflectante que una pintada de azul marino o negro.

Las pinturas brillantes o semi-brillantes reflejan más luz que las pinturas mate. Muchas personas cometen la equivocación de intentar iluminar un rincón de una habitación pintada de azul oscuro con varios arbustos y plantas en flor bonitos y luminosos. A menudo, lo único que se necesita para iluminar la habitación y ayudar a las plantas a sobrevivir es volver a pintar de un color más claro al menos una de las paredes.

¿Cuál es la mejor superficie reflectante que se puede comprar por poco dinero? Lo creas o no, ensayos realizados en la granja experimental Rodale, en Emmaus (Pensilvania), revelan que una pared de color claro refleja más luz que el aluminio. Puedes aprovechar esta información clavando pequeños listones en un bastidor para cuadros fabricado con bandas de sujeción de las que se usan en las camillas; deja volar tu imaginación para crear una pieza funcional «blanco sobre blanco» y cuélgala luego como una obra artística que refleja la luz. Igual que con los «cuadros» de papel de aluminio, puedes crear formas y tamaños diferentes para ofrecer un conjunto interesante y atractivo.

¡No toques esas paredes!

En una época de mi vida viví en un pequeño apartamento que había alquilado con una larga lista de condiciones, la mayoría de las cuales comenzaban por: «No...». Una de ellas consistía precisamente en no perforar las paredes. Eso significaba que no podía poner azulejos ni colgar espejos, cuadros ni otros materiales reflectantes en las paredes con el fin de mejorar la apariencia y salud de mis plantas.

Como alternativa, construí un biombo de tres paneles independientes unidos por bisagras. Para el acabado de los paneles utilicé una pintura blanca y realicé un pequeño diseño para romper la monotonía. Coloqué el biombo junto a mi planta favorita, una *Dracaena marginata*. Los paneles absorbían y reflejaban la luz que entraba por la ventana que estaba detrás de ella. Cuando me mudé dos años más tarde, la planta estaba sana y hermosa, y la dueña de la casa satisfecha.

¡Y yo recuperé la fianza! ¡Completa!

DEMASIADA LUZ

¿Cómo puedes saber si tus plantas están recibiendo demasiada luz? Si las riegas adecuadamente pero las hojas se tornan quebradizas, de color marrón y terminan por caer, la planta se está muriendo debido a un exceso de luz solar. No ignores los primeros signos; para muchas plantas recibir demasiada luz puede ser tan dañino como tener escasa iluminación.

Para resolver la situación, reduce la cantidad de luz que cae sobre las hojas utilizando cortinas o persianas, pintando las superficies reflectantes con un color más oscuro o alejando la planta de la fuente lumínica. Es decir, exactamente lo contrario de lo que harías si necesitara más luz.

Recuerda que la luz es un elemento extremadamente importante a la hora de determinar cuáles son las plantas que puedes cultivar con éxito y en qué lugar. Sin embargo, no es el elemento fundamental para el cultivo en macetas. Aunque pueda resultar sorprendente, esa distinción está reservada a un elemento que a menudo se pasa por alto y al que llamamos agua.

01:00   EN UN MINUTO

- Las plantas requieren una determinada cantidad de luz para crecer sanas y fuertes, pero rara vez reciben la que realmente necesitan.
- Ten en cuenta que la orientación al sur ofrece la mayor cantidad de luz; le sigue la orientación al oeste y luego al este. En cuanto a la orientación al norte, me limitaré a decir: ¡buena suerte!
- Puedes ofrecerles una mayor cantidad de luz a tus plantas de diversas maneras, tanto pasivas como activas.
- Reflejar la luz sobre las plantas es una forma excelente de aumentar la cantidad que reciben rápida y fácilmente.

APIO *(Apium graveolens)*

Forma: erguido.

Variedades: numerosas.

Semillas o trasplante: semilla.

Tamaño de las macetas: pequeño a mediano.

Agua: regar moderadamente, dejando que la tierra se seque entre las irrigaciones. Las hojas marrones y quebradizas indican una cantidad insuficiente de agua. Por el contrario, cuando se tornan amarillas, es señal de que los riegos son excesivos. Por lo tanto, tendrás que regularlos.

Comentarios: cultivar apio requiere una gran cantidad de luz (seis horas diarias como mínimo) y mucha agua. Las condiciones ideales para la planta implican que reciba la luz del sol por la mañana y por la tarde, con un pequeño descanso al mediodía. Lo ideal es controlar los riegos mediante un temporizador. Por este motivo, cultivar apio resulta mucho más difícil que cultivar la mayoría de las hortalizas, pero los resultados merecen la pena. Por ejemplo, ¿sabías que el apio tiene calorías negativas? Esto significa que, al consumir esta delicia dietética, el organismo, durante el proceso de la digestión, consume más calorías que las que el propio apio le aporta. Por este motivo puedes tomarlo como un aperitivo o una comida que genera lo que se conoce como «efecto calórico negativo».

Semillas: coloca las semillas a una profundidad aproximada del doble de su grosor, riega y comprime firmemente la tierra. Cubre el tiesto con un recipiente de plástico transparente, o envuélvelo con material plástico, y espera a que asomen los brotes. Mantén la tierra húmeda pero no saturada de agua y aparta la maceta de la luz solar directa para evitar el recalentamiento. Ante el primer signo de germinación, destapa la maceta. Para que las plántulas tengan un crecimiento óptimo, separa las plantas veinticinco centímetros unas de otras.

Insectos: aunque el apio es bastante resistente a los insectos, los minadores de las hojas atacan sus delicadas y suaves hojas, deteriorando

D. J. Herda

Apio (*Apium graveolens*).

el aspecto general de la planta. Áfidos, babosas y moscas del apio pueden también atacarla. **SOLUCIONES:** pulverizar la planta con un jabón biológico no detergente mezclado con agua (aproximadamente una cucharada por cada cuatro litros de agua).

ENFERMEDADES: las más comunes son las manchas foliares y el tizón. **SOLUCIONES:** tratar las manchas foliares con tres cucharadas de vinagre de sidra (de acidez normal, 5%) mezclado con cuatro litros de agua y pulverizar las plantas afectadas muy temprano por la mañana. Para las manchas foliares y el tizón –y como fungicida general–, mezclar una cucharada de bicarbonato sódico, dos cucharadas y media de aceite vegetal y cuatro litros de agua. Agitar intensamente hasta formar una suspensión. Añadir media cucharada de jabón puro de Castilla y pulverizar sobre las plantas infectadas. Es preciso agitar el pulverizador de vez en cuando para mantener la mezcla en suspensión. Pulverizar abundantemente sobre la superficie inferior y exterior de las hojas y ligeramente sobre la tierra. Repetir cada cinco o siete días, según sea necesario.

BENEFICIOS PARA LA SALUD: el apio contiene compuestos denominados cumarinas, que ayudan a impedir que los radicales libres deterioren las células, con lo cual se reduce el riesgo de mutaciones que aumentan el potencial de las células para tornarse cancerosas. Las cumarinas fomentan también la actividad de ciertos leucocitos (los defensores de nuestro sistema inmunitario) que detectan, atacan y destruyen las células dañinas, incluyendo las tumorales. El apio contiene también unos compuestos llamados acetilenos, que han demostrado detener el crecimiento de células cancerosas. Por otra parte, reduce los niveles de colesterol y es beneficioso para la tensión arterial alta, promoviendo la salud cardiovascular.

LISTOS PARA LA COCINA: cuando los tallos están completamente desarrollados y tienen una altura aproximada de treinta centímetros, lo que sucede alrededor de ciento diez días después de la plantación. Córtalos a la altura de la base de la planta y guárdalos en el cajón de verduras de la nevera. Descarta los tallos exteriores si son demasiado fibrosos o córtalos en pequeños dados para incluirlos en sopas. Los tallos interiores, el «corazón» del apio, son ideales para comer crudos.

AHORRO ANUAL: como media, unos diez euros por persona y año.

7

¿Dónde cultivar?

Cuando ya estés decidido a ponerte manos a la obra, una de las cuestiones más importantes es dónde: ¿dónde demonios vas a cultivar tus frutas y hortalizas?

Si tuvieras un invernadero, un solárium o una habitación vacía y llena de luz natural, la respuesta a esa pregunta sería evidente, ¿no crees?

Pero el caso es que son muy pocas las personas que disponen de un invernadero, un solárium o una habitación vacía, de modo que es una buena pregunta. ¿Cultivarás las plantas en el salón? ¿En el sótano? ¿En el ático? ¿En la cocina? ¿En el cuarto de invitados?

Podría decirte que no tengo la respuesta a estas preguntas, pero no lo haré. La verdad es que puedes cultivar plantas en macetas prácticamente en cualquier sitio que elijas. Y si te pareces a mí, apuesto a que no vas a conformarte con un solo lugar. Por lo menos, en esta vida.

De hecho, hay tiestos con frutas y hortalizas en todos los rincones de mi casa. Sin embargo, nunca lo advertirías, porque también tengo muchas otras plantas (arbustos, árboles y plantas trepadoras ornamentales además de otras variedades) prácticamente en cada habitación.

Esto no significa que cultive frutas y hortalizas en todas las estancias de la vivienda. ¡Claro que no! Las cultivo en los sitios más protegidos. El resto, ubicadas en otros lugares menos hospitalarios son, por lo general, plantas decorativas como el ficus, el filodendro, la *Dracaena* y la *Aralia*.

He distribuido discretamente diversas plantas de frutas y hortalizas entre las decorativas, algunas veces en sus propios tiestos y otras, acompañando a otras plantas en el mismo recipiente.

Por lo tanto, la cuestión se reduce a elegir el sitio adecuado para cultivar tus frutas y hortalizas en macetas. ¿Dónde lucirán y crecerán mejor? ¿De qué forma estorbarán menos a tu estilo de vida? Esta puede ser una buena manera de empezar a organizar tus cultivos.

Ahora quiero confesar algo. Tengo la gran fortuna de contar con un solárium en casa. Originalmente era una terraza de madera construida en la parte trasera. Alguien que vivió aquí en el pasado tuvo la previsión de cerrarla con tres paredes y un techo, y ahora es un lugar maravilloso donde se reúne toda la familia (que consiste en dos adultos, un par de gatos y unas doscientas plantas de diversas especies) para pasar un rato agradable. Por supuesto, la prioridad es para los gatos; las plantas van detrás.

Nuestro solárium está orientado al sur y sus tres paredes tienen ventanas. Su ubicación es perfecta para que las plantas reciban la luz del sol muy pronto por la mañana, absorban los rayos solares del sur al mediodía y disfruten de una excelente orientación al oeste por la tarde. Además, hay mucho espacio para las plantas que requieren grandes cantidades de luz, ya que tiene aproximadamente dieciocho metros cuadrados (por el momento no contaremos las plantas colgantes).

Como puedes adivinar, la familia se recrea muy poco en esta estancia. No nos sentamos allí por la tarde para tomar el té. Tampoco desayunamos en ella por las mañanas. A decir verdad, las plantas no dejan mucho espacio libre.

Sin embargo, para eso sirve precisamente un solárium, ¿no es verdad? Para aprovechar al máximo la luz del sol. Quizás alguna vez esto significaba sentarse en una silla de mimbre a leer los artículos de *Casa & Campo*, pero al final las cosas no han salido así. Si quiero leer, me siento en mi estudio o en el salón. Si quiero cultivar la tierra, me dirijo al solárium.

Sin lugar a dudas, es el sitio ideal para cultivar plantas. Varios cactus, una cierta cantidad de crasas, como el aloe vera, y montones y montones de frutas y hortalizas. Como el suelo es de azulejos cerámicos, no hay ningún problema si se derrama algo. Las paredes son prácticamente de vidrio, de modo que las salpicaduras tampoco constituyen un inconveniente. Y el aire, ¡oh, Dios!, el aire de esa habitación está tan lleno de oxígeno fresco que no podrías creer lo vigorizante que resulta estar allí. Además, es un aire tan agradable y puro que desearía que toda la casa fuera un solárium gigante.

De modo que ese es el primer lugar en el que yo cultivaría frutas y hortalizas en maceta. Si tienes una terraza que mire al sur, puedes estudiar la opción de cerrarla, como alguien hizo con la mía. Descubrirás que el coste es insignificante en comparación con la recompensa de tener un cuarto de cultivo a tu servicio durante todo el año.

Si no tienes una terraza con esas características y debes arreglártelas sin un solárium, no desesperes. Es probable que dispongas de un ventanal orientado al sur o al oeste, lo cual significa un gran comienzo para tu huerto en macetas. Posiblemente ahora estés comenzando a entender lo que quiero decir. A pesar de lo que he afirmado antes sobre la capacidad de añadir luz a cualquier rincón de tu casa, la ubicación más sencilla y lógica para tu cultivo en macetas es una zona que reciba mucha luz natural. Elige las ventanas que miren al sur o al oeste (las dos mejores exposiciones a la luz que tienes a tu disposición) y elabora tu estrategia comenzando por allí.

¿Cómo saber dónde se encuentra el sur? Podrías preguntarle a tu vecino, aunque quizás él sepa menos que tú. Y, por otra parte, tal vez no quieras revelar que eres un navegante fracasado.

La forma más sencilla de controlar tu brújula imaginaria es observar por dónde sale el sol cada mañana y por dónde se pone por las tardes. La primera dirección es el este, y la última el oeste. Si el sol se levanta a tu izquierda y se oculta a tu derecha, la orientación sur es la que está justamente frente a ti. La que está frente a ti y hacia tu izquierda debería ser el sudeste, y la zona que está frente a ti y hacia tu derecha sería el sudoeste. Fácil, ¿verdad?

La cuarta y última orientación, de la cual no querrás ni siquiera hablar, es la orientación al norte (directamente por detrás de ti cuando miras al sur). Es un sitio ideal para que crezcan el moho, las setas y los champiñones, y también para frustrarte.

Como es evidente, tú quieres ubicar tus plantas en las zonas más iluminadas de tu casa, lo más cerca posible de las ventanas (o de las puertas de vidrio, si las tienes). Pero recuerda que la luz natural no es la única iluminación con la que puedes cultivar plantas (repasa el capítulo 6). Hoy en día, existe una gran variedad de focos y dispositivos equilibrados para funcionar de un modo similar a la luz diurna, así que puedes ubicar tus plantas prácticamente junto a cualquier ventana, añadiendo una luz artificial suplementaria para que se desarrollen satisfactoriamente. Conozco a alguien que estaba tan decidido a cultivar plantas en una habitación sin ventanas que llegó a construir un banco para macetas en el interior de un armario y cultivó allí todas sus plantas únicamente con luz artificial.

Cualquiera que sea la fuente lumínica que utilizas para tus plantas, hay varias cosas que se pueden hacer para garantizar un buen cultivo de frutas y hortalizas prácticamente en todas las habitaciones de tu casa. Estas son algunas de mis sugerencias favoritas:

Cocinas: a menudo están situadas en la parte trasera de la vivienda para tener un rápido y fácil acceso al jardín. La mayoría de las cocinas tienen al menos una puerta y una ventana. Lo ideal sería que el cristal de la ventana estuviera orientado al sur. Pero, independientemente de la ubicación, puedes aumentar de un modo significativo la luz para las plantas reemplazando esa ventana por una nueva ventana saledizant, un miniinvernadero acoplado a la parte exterior de la casa que permite el acceso a las plantas desde el interior. Se pueden encontrar a partir de cuatrocientos euros, dependiendo de los materiales utilizados (madera, metal o vinilo), las dimensiones y otras variables. Estas «ventanas-invernaderos» sobresalen aproximadamente entre treinta y cincuenta centímetros y pueden

D. J. Herda

Aquí, en el sudoeste de los Estados Unidos, en el país del desierto, nuestros árboles enanos de limas y limones se desarrollan sin problemas en una terraza con orientación noroeste. En otras regiones del país seguramente crecerían mejor mirando al sur, o incluso al sudoeste, dependiendo de la intensidad de los rayos solares.

albergar dos o tres estanterías para poner las plantas. Si tienes una cocina con una ventana, puedes considerar la inversión.

Si no puedes gastar esa cantidad de dinero para ofrecerles un hogar a tus plantas en macetas, puedes colocar una mesa pequeña junto a la ventana. De ese modo, podrás instalar cuatro o más recipientes delante de ella. Otra opción es comprar o construir un soporte para plantas y colocarlo delante del cristal. O también acoplar una jardinera a la parte interior de la ventana, justo por debajo del alféizar, y llenarla de plantas comestibles.

Salones: la mayoría de los salones tienen ventanas grandes, o ventanales, que dejan entrar mucha luz. Con frecuencia las personas sitúan los muebles frente a estos ventanales, una decisión que para mí equivale a desperdiciar la luz (por no mencionar el hecho de que una orientación al sur o al oeste con una fuerte exposición a la luz natural arruinará rápidamente el tapizado de tus sillones).

En lugar de amontonar tus muebles frente a las ventanas, considera la posibilidad de disponer los recipientes de tu huerto interior sobre una o varias mesas, o directamente en el suelo sobre una alfombra en el caso de que las ventanas no estén muy altas. Recuerda que debes poner un platillo para recoger el agua sobrante y evitar así que la humedad llegue hasta el suelo. Y coloca siempre un material plástico o una base debajo de un plato que sea permeable al agua (como por ejemplo un plato de barro) para evitar que se arruinen tus alfombras. Algo que ya sabemos que puede ocurrir.

Como es natural, los ventanales son un sitio excelente para situar los recipientes con plantas porque la gran cantidad de luz que entra a través de ellos puede compensar incluso la escasa luz que reciben cuando están orientados al norte.

Y, por añadidura, colocar plantas de gran envergadura en el salón puede añadir un toque de elegancia a la decoración general; las pequeñas se pueden utilizar para acompañar a grandes plantas ornamentales. Por ejemplo, una yuca junto a una planta de pepinos trepadores: ¿qué te parece?

Sótanos: estas habitaciones rara vez tienen una buena cantidad de luz natural, pero a menudo disponen de varios enchufes eléctricos y de un gran potencial para llevar a cabo una actividad extracurricular. ¿Por qué no aprovechar una buena parte de tu sótano para cultivar frutas y hortalizas en tiestos? Varias macetas (o incluso una jardinera construida de un tamaño acorde con tus necesidades) pueden suministrarte una cantidad abundante de frutas y verduras a lo largo de una sola estación. Quizás ni siquiera necesites ocuparte de crear un ambiente «chic». Porque, de cualquier modo, ¿cuánta gente baja a tu sótano en el transcurso de un periodo de cultivo?

BUHARDILLAS: suelen ser zonas abandonadas y poco aprovechadas donde se guardan los adornos de Navidad durante once meses y medio del año. Pero si puedes ventilar tu buhardilla para eliminar el exceso de calor, será un lugar ideal para cultivar tus plantas. Muchas buhardillas incorporan ventanas y todas ellas tienen enchufes. ¿Qué mejor lugar para cultivar frutas y hortalizas que un sitio de la casa que se calienta de forma natural y está apartado de la zona de circulación? Solo debes recordar que el calor que hace en muchas buhardillas te obligará a controlar la humedad de la tierra de tus plantas y a regar con mayor frecuencia, quizás incluso diariamente.

HABITACIONES VACÍAS: los estudios, las oficinas, los cuartos de invitados e incluso las habitaciones que se destinan a los aparatos de gimnasia o a los ordenadores son especialmente convenientes para pequeños grupos de plantas. Si puedes imaginar una majestuosa *Dracaena marginata* en una habitación, también podrás visualizar la misma habitación con un grupo de plantas de pimientos y guisantes o incluso cultivos de raíz.

CUARTOS DE BAÑO: no suelen ser lugares que se asocien con plantas en macetas; sin embargo, pueden ser una opción casi perfecta para el cultivo de frutas y hortalizas. Muchos cuartos de baño modernos incorporan bañeras (y a veces también *jacuzzis*) situadas a una altura más baja, con mucho espacio a su alrededor y abundante luz natural que entra a través de una ventana o de una claraboya. Otros tienen lámparas empotradas especialmente fabricadas para bombillas equilibradas para luz diurna. ¿Se te ocurre mejor lugar para colocar un grupo de plantas trepadoras como los pepinos, los melones o las calabazas en miniatura, combinadas con helechos y cóleos decorativos? El alto porcentaje de humedad natural presente en los cuartos de baño favorece el buen desarrollo de las plantas, y si encuentran el espacio que necesitan para desarrollarse, te traerán recompensas en primavera y en otoño.

DORMITORIOS: alejados de la circulación de los invitados, los dormitorios habitualmente tienen al menos una ventana y algunos una puerta corredera o una acristalada que da a una terraza o a un porche exterior; por ello constituyen una excelente ubicación para cultivar frutas y hortalizas en un espacio que, de lo contrario, estaría mal aprovechado.

¿Tu dormitorio tiene una sola ventana? Puedes considerar la posibilidad de colocar una estantería o un armario junto a ella para poner allí los recipientes de tus plantas. ¿Tiene una puerta de cristal corredera que da a un balcón? Si es así, estás en la meca del cultivo en macetas. Un grupo de plantas situado junto a la puerta recibirá probablemente toda la luz que necesita para florecer sin ninguna ayuda adicional y, del mismo modo, un grupo de plantas al otro lado de la puerta, en el patio o en la terraza, también se desarrollará satisfactoriamente. Además, te resultará muy cómodo regar las plantas y cosechar sus frutos.

Como es evidente, en el interior y en el exterior de tu casa hay muchos otros lugares que también pueden servir para cultivar plantas: porches, patios, terrazas, pasillos (siempre que haya unos metros de espacio libre en el suelo)... Estoy seguro de que algunos de esos espacios están mal aprovechados.

¿Y por qué no corregir la situación colocando una o dos plantas en el lugar idóneo para satisfacer sus necesidades de crecimiento? Le darías un uso excelente a un sitio que, de lo contrario, sería un espacio muerto y tendrías una provisión constante de frutas y hortalizas durante todo el año.

01:00   EN UN MINUTO

- Convierte una terraza o un patio en un solárium cerrado para cultivar plantas en recipientes a lo largo del año.
- Coloca una jardinera junto a la ventana de tu cocina o instala una ventana salediza para tener más espacio en el que cultivar tus frutas y hortalizas.
- Utiliza el espacio desaprovechado que hay en tu hogar para colocar las plantas estratégicamente en diversos sitios.
- Protege los suelos colocando un material impermeable o poniendo una base debajo de los platos que sean de material poroso.

MANZANO ENANO *(Malus)*

FORMA: árbol.

VARIEDADES: los manzanos que crecen en un portainjerto de tipo M.26 –resistente al frío e indicado para plantas de alta densidad– alcanzan generalmente una altura de entre tres y tres metros y medio. A veces sucede que los árboles que crecen en un portainjertos M.26 tienden a inclinarse, en cuyo caso será necesario sujetarles una guía para que se mantengan erguidos.

SEMILLAS O TRASPLANTE: híbridos injertados.

TAMAÑO DE LAS MACETAS: grande a extragrande.

AGUA: riega abundantemente el recipiente y deja que la tierra se seque entre los riegos. Demasiada humedad puede dar lugar a enfermedades producidas por hongos.

COMENTARIOS: los verdaderos manzanos enanos se desarrollarán hasta un tamaño que alcanzará entre el 30 y el 40% de un manzano normal. Pueden necesitar un soporte como, por ejemplo, un enrejado o un poste. Los porta-injertos más comunes para árboles enanos son el M.9 y el M.26. Los árboles que crecen en portainjertos M.9 son los más pequeños.

Es preciso realizar una polinización cruzada para que las variedades de manzanos den frutos. Esto significa que las flores deben obtener el polen de una variedad diferente de manzano o de un manzano silvestre para poder fructificar. Por este motivo debes plantar dos variedades diferentes, a menos que haya un manzano silvestre en los alrededores, lo cual es una buena razón para dejar en el exterior la maceta que contiene el árbol durante el periodo de crecimiento.

SEMILLAS: sin información.

TRASPLANTE: coloca las plantas en un hoyo que no sea más profundo que la longitud de la masa radicular original y compacta la tierra firmemente alrededor del tallo con los dedos.

Manzano enano (*Malus*)

SUELO: cuando compres árboles frutales en el vivero, abre los paquetes en cuanto llegues a casa. Deja las raíces remojándose en agua entre seis y doce horas (especialmente si no están húmedas) para que el árbol sufra menos durante el trasplante. Antes de plantarlo, corta todas las partes rotas o dañadas de las raíces con un cuchillo afilado o unas tijeras de podar, para sanear la masa radicular. A continuación, forma un hoyo en la mezcla de tierra para macetas con el tamaño suficiente como para ofrecerles un espacio abundante a las raíces y evitar que se doblen o se quiebren. Coloca la planta en su sitio, teniendo cuidado de que el injerto o la unión del tallo con las raíces sobresalga unos cinco centímetros por encima de la tierra. Remueve la tierra en torno a las raíces. Cuando el hoyo esté lleno hasta la mitad, aplasta la tierra suavemente con las manos, y cuando esté completamente lleno, comprímela con firmeza. No eches fertilizante en el hoyo ni tampoco abones el árbol inmediatamente después de haberlo plantado.

La mayoría de los árboles frutales, incluidos los manzanos, se desarrollan mejor cuando el pH del suelo está entre 5,8 y 6,5.

INSECTOS: los insectos dañinos son las mariposas de la manzana, los áfidos, las cochinillas y los gusanos de la fruta. **SOLUCIONES:** pulverizar la planta con un jabón biológico no detergente mezclado con agua (aproximadamente una cucharada por cada cuatro litros de agua). También se pueden eliminar manualmente los gusanos de uno en uno.

ENFERMEDADES: las enfermedades más comunes de los manzanos son la roya del cedro, la sarna del manzano, la putrefacción negra, la putrefacción amarga y el fuego bacteriano. **SOLUCIONES:** pulverizar con un fungicida natural adecuado (consulta el capítulo 15). Evitar los suelos excesivamente húmedos y una prolongada exposición a temperaturas frías, pues ambas circunstancias favorecen las enfermedades producidas por hongos.

BENEFICIOS PARA LA SALUD: se dice que si tomas una manzana cada día no necesitarás visitar al médico. Y esto es absolutamente cierto. Las manzanas tienen la singular capacidad de proporcionar nutrientes de una forma que las distingue de cualquier otra fruta y las convierte en el «número uno» a la hora de conservar la buena salud.

La clave para tener un corazón sano son los antioxidantes, que protegen nuestro sistema cardiovascular contra el deterioro asociado a la oxidación. Las manzanas contienen una larga lista de fitonutrientes que trabajan en conjunto y actúan como antioxidantes. Entre ellos, la quercetina, la catechina, la floridzina y el ácido clorogénico. La piel de la manzana contiene los nutrientes más importantes. Esta fruta es más rica en muchos nutrientes y sustancias fitoquímicas cuando está cruda. De hecho, cuando se consume cruda y con piel constituye una fuente magnífica de incontables sustancias fitoquímicas, incluido el ácido elágico y los flavonoides (especialmente la quercetina). Por ejemplo, cien gramos de manzana cruda o de zumo de manzana natural contienen aproximadamente de cien a ciento treinta miligramos de ácido clorogénico, elágico y cafeico. Sin embargo, las manzanas cocidas o preparadas comercialmente presentan un contenido prácticamente nulo de estos compuestos.[13]

Estas frutas ofrecen también otros beneficios importantes, como por ejemplo suministrar alrededor del 15% del consumo diario de fibra soluble (pectina). Los estudios realizados han demostrado que ambos tipos de fibra pueden ayudarte a controlar tus niveles de colesterol LDL; en el caso de que estos sean muy elevados, las manzanas son tu billete de retorno a la buena salud. Las investigaciones han revelado también que apenas unos cincuenta gramos de manzana al día —lo que significa menos de la mitad de una manzana de tamaño medio— resultan efectivos para combatir el colesterol. Esto significa que debes consumir solamente una manzana mediana tres días a la semana para disfrutar de los máximos beneficios. También se ha demostrado que las manzanas reducen la incidencia y la gravedad de los ataques de asma. De hecho, cuando se trata de apuntalar las funciones pulmonares y la salud en general, son más eficaces que cualquier otra fruta. Se cree que los flavonoides que solo se encuentran en las manzanas —por ejemplo, la floridzina— contribuyen a conservar los pulmones sanos.

CONCLUSIÓN: las manzanas son muy populares, pero no pienses que por el mero hecho de que están por todas partes no nos reportan tantos beneficios como la mayoría de los frutos exóticos. Su contenido en fibra, flavonoides y antioxidantes es único. De modo que, con independencia de que las consumas inmediatamente después de tomarlas del árbol, cocidas (con canela y miel o stevia) o crudas en ensaladas, ¡nunca te olvides de ellas! Te reportarán muchos beneficios.

LISTAS PARA LA COCINA: el árbol puede empezar a dar frutos en un plazo de dos a tres años. Cuando recojas las manzanas, es importante tener mucho cuidado para no deteriorarlas. La mejor forma es tirar del fruto hacia arriba y hacia fuera y, simultáneamente, hacerlo girar sobre el tallo. Para que los frutos se conserven durante más tiempo, deben mantener los tallos pequeños adheridos a la parte central .

AHORRO ANUAL: aproximadamente treinta euros por persona y año, como media.

8

¡Húmedo y salvaje!

U n amigo mío compró un limonero imponente en una maceta de treinta y cinco centímetros. El árbol tenía más de un metro de altura y una copa verde y frondosa, moteada de frutos de color amarillo brillante. Con toda justificación, estaba orgulloso de su nueva adquisición y le asignó un lugar preferente en el salón, que estaba orientado hacia el sur. Era la primera vez que cultivaba un árbol frutal en el interior de su casa.

Al cabo de dos meses, la mayoría de los limones se cayeron del árbol, varias ramas inferiores se tornaron pálidas y las hojas comenzaron a amarillear. Por último, la planta perdió el resto de sus hojas y al poco tiempo parecía el árbol de Navidad de Charlie Brown. Algo había salido mal,desastrosamente mal.

Determinado a salvar la adquisición hortícola que más lo enorgullecía, pasó drásticamente a la acción. Su diagnóstico fue que no recibía suficiente cantidad de agua, de manera que decidió regarlo cada cuatro días en lugar de hacerlo una vez por semana. Poco tiempo después aumentó la frecuencia de los riegos a tres días. Por si esto fuera poco, humedecía la tierra diariamente. Sin embargo, el árbol no se recuperaba.

Finalmente decidió consultarme. Sabía que yo tenía un limonero muy sano en el salón de mi casa y pensó que podría recomendarle una cura milagrosa.

Cuando llegué a su casa y vi el árbol, comprendí de inmediato cuál era el problema. Los tallos de las hojas estaban blandos e hinchados. Las hojas que se habían caído eran de color amarillo canario. La tierra estaba saturada de agua. Las raíces probablemente habían comenzado a pudrirse. Mi diagnóstico fue: exceso de agua.

A menudo, las plantas que han recibido más agua de la que necesitan no revelan signos de deterioro hasta que ya es demasiado tarde. Para entonces, están muertas, ahogadas por el mismo elemento que tanto necesitan para vivir. Este limonero en particular logró sobrevivir y actualmente sigue creciendo como si nunca le hubiera sucedido nada malo. Pero para curarse necesitó cinco semanas de sequía, sin recibir ni siquiera una gota de agua. Ahora mi amigo lo riega abundantemente una vez al mes y le suministra una pequeña cantidad de agua una vez por semana. ¡Algo muy diferente a saturar el suelo de agua cada tres o cuatro días!

Mi amigo era uno de esos jardineros que creen que las plantas mueren únicamente cuando reciben muy poca agua, pero nunca por exceso. De hecho, sucede exactamente lo contrario. Hay muchas más plantas que mueren debido a riegos excesivos que por cualquier otra equivocación que cometan sus dueños. Demasiada humedad en el suelo impide que las diminutas raíces, fibrosas y finas como cabellos, obtengan el oxígeno que requieren para sobrevivir. El resultado es que se hinchan, se debilitan y comienzan a pudrirse. En este estado son incapaces de suministrarle a la planta los nutrientes que esta precisa para vivir. De hecho, la planta primero se ahoga y luego pasa hambre. ¡Doble mala suerte!

Las plantas de interior, especialmente las grandes que están en macetas de barro pequeñas de siete o diez centímetros, requieren riegos frecuentes. Muchas personas ignoran cuánta agua puede contener un tiesto grande lleno de tierra, ni durante cuánto tiempo. Por otra parte, los recipientes de plástico o de cerámica, es decir, los más populares en estos días, retrasan el proceso de evaporación mucho más que las macetas de barro o de madera.

De modo que, ¿con qué frecuencia se debería regar una planta que está en una maceta?

Desafortunadamente, no existe un programa de riegos que se pueda aplicar a todas las plantas en macetas. La única forma efectiva de determinar cuándo necesita agua es usar la prueba de los dos nudillos. Introduce el dedo índice en la tierra hasta el segundo nudillo (alrededor de unos cinco centímetros) y un poco más profundamente cuando se trate de tiestos más grandes. Si la tierra está relativamente seca y al sacar el dedo no observas que se ha quedado adherida a él, o acaso muy poca cantidad, ha llegado la hora de regar. Si, por el contrario, la tierra está húmeda o tu dedo sale recubierto de ella, espera uno o dos días antes de repetir la prueba.

Como comprenderás, al realizar la prueba debes usar el sentido común. Cuanto mayor sea el recipiente, más profundamente tendrás que introducir el dedo para determinar el contenido de agua que hay por debajo de la superficie. Recuerda que la tierra de una maceta se seca primero en la parte superior y luego se va secando gradualmente hasta llegar al fondo, donde, por lo general, se concentran las raíces de la planta. Si la superficie de la tierra está seca al tacto, esto de ninguna manera indica que no esté saturada de agua a unos centímetros de profundidad. Recuerda hundir el dedo hasta el segundo nudillo, como mínimo. Lo que cuenta es lo que se cuece debajo de la superficie.

¿EXCESIVO O INSUFICIENTE?

Si descubres que tu planta favorita comienza a teñirse de matices extraños que adquieren cualquier color menos el verde, deberás preguntarte: «¿La estoy regando en exceso o demasiado poco?».

En líneas generales, si el follaje frondoso y verde comienza a tornarse marrón y las hojas se resquebrajan, la planta no está recibiendo suficiente cantidad de agua. Es probable que, cuando riegas, no llegues a mojar toda la tierra y solamente se humedezca la superficie. Debes asegurarte de que el agua sale por los orificios de drenaje del recipiente antes de asumir que el riego ha sido abundante.

Sin embargo, si las hojas pasan del color verde directamente al amarillo y luego se caen, el problema es el exceso de agua. En este caso, disminuye los riegos de inmediato. Si la planta no muestra signos de mejoría al cabo de una semana, es probable que necesite una poda, tanto de hojas como de raíces, y un trasplante a un suelo seco y fértil. Todo lo que puedes hacer es esperar, adoptar un programa de riegos más razonable y albergar la esperanza de que todo salga bien.

Después de experimentar durante unas semanas con la prueba del dedo, la mayoría de las personas que cultivan plantas de interior llegan a dominar el proceso. Igual que sucede con la vida en general, en este campo la experiencia es la mejor maestra –de hecho, la única–. Aquellos que tengan dedos débiles o una aversión a ensuciarse pueden optar por adquirir un medidor de humedad, que consiste en una sonda metálica que se introduce en la tierra y un calibre o disco donde se leen los resultados. Los riegos se realizan cuando el medidor indica «seco».

Yo considero que la mecanización elimina gran parte de la diversión que nos brinda el cultivo de plantas en macetas. No poseo ninguno de esos dispositivos y dudo que algún día los tenga. Pero si quieres probar uno, que sea de buena calidad para que pueda ofrecerte resultados fiables y precisos. Los encontrarás en muchos centros de jardinería y tiendas especializadas en plantas, y también en Internet.

La norma de dejar que la tierra de las frutas y hortalizas (o de cualquier otra planta) se seque entre los riegos es solamente una generalización. Algunas requieren un suelo que esté siempre húmedo, aunque puedo decir que son una minoría. Los arbustos de arándanos, por ejemplo, prefieren un suelo húmedo y ligeramente ácido. Más adelante me ocuparé de las plantas que necesitan que la tierra se conserve húmeda entre los riegos.

¿Cuánto es suficiente?

No existe una fórmula mágica por la que puedas deducir cuánta agua necesita una determinada especie de planta cultivada en maceta.

Pero sí existe una regla general, que no es tan mágica y que dice: riegos abundantes. Ten en cuenta que he dicho abundantes y no regulares. Si riegas tus plantas de tomates con un poco de agua un día sí y otro no, correrás el riesgo real de que mueran. En realidad, de este modo solo conseguirás humedecer la superficie de la tierra y fomentar el crecimiento de las raíces superficiales, pero no le estarás suministrando a la planta la cantidad de agua necesaria para mojar la tierra del fondo de la maceta y favorecer así el crecimiento de las raíces profundas. Cuando se seca la superficie de la tierra, también se secarán y morirán las raíces concentradas cerca de ella. Es muy importante fomentar el desarrollo de las raíces profundas mediante riegos abundantes.

¿Cómo puede uno saber si la tierra está saturada de agua, especialmente en un recipiente profundo en el que no puedes meter el dedo más de cinco centímetros? Hay un único modo: estarás seguro de que el riego es suficiente cuando el exceso de agua salga por los orificios de drenaje. La cantidad de agua necesaria dependerá del lugar donde esté situada la planta de interior (las plantas se secan más rápidamente bajo el calor de la luz solar directa que en una ubicación más fresca y sombreada) y también de su patrón de crecimiento, la

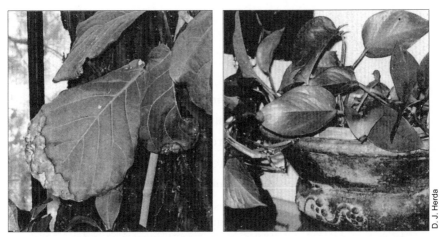

Izquierda: esta planta muestra indicios de no haber recibido suficiente agua. Observa los bordes marrones de las hojas, que progresarán lentamente hacia el tallo. Con el tiempo, la planta se marchitará y morirá. *Derecha*: esta planta muestra signos de haber recibido demasiada agua. Las puntas de las hojas son amarillas y constituyen la primera indicación de exceso de agua, una advertencia de que las delicadas raíces fibrosas están comenzando a pudrirse y terminarán por morir.

composición del suelo, la época del año e incluso el material del que está hecho el recipiente.

Cuando riegues una planta que está en un tiesto sin orificios de drenaje (una situación potencialmente peligrosa que requiere experiencia y buen criterio por parte del jardinero), utiliza el truco que aplican muchos horticultores. En primer lugar, introduce el cuello de un embudo en la tierra. Luego mide cuatro tazas de agua en un frasco. Llena el embudo hasta la parte superior y observa cuánto líquido cae en la maceta. Si desaparece todo el líquido al cabo de un lapso relativamente breve de tiempo, debes medirlo una vez más. La tierra estará saturada cuando el agua del embudo ya no se vierta en ella, señal de que el riego ha sido abundante y la tierra ya no admite más agua.

Cuando llegues a este punto, coloca el dedo dentro del embudo para bloquear el orificio e impedir que el agua restante se derrame sobre el suelo. Quita el embudo y vierte el exceso de agua en el frasco. Comprueba qué cantidad de las cuatro tazas iniciales de agua ha absorbido la planta. Si fueron necesarios doscientos mililitros para saturar la tierra del tiesto, sabrás que los futuros riegos no deberán superar esa cantidad –o, para más seguridad, deberán ser incluso inferiores–. A partir de entonces, ya no tendrás que perder tiempo con el embudo cada vez que riegues la planta.

De las aguas mansas líbreme Dios

En cierta ocasión hice el brillante descubrimiento de que cualquier tiesto, incluso el más deslucido, se puede disfrazar colocándolo en el interior de un recipiente decorativo. Completamente eufórico, compré varios cestos de mimbre y coloqué platos pequeños en el fondo antes de meter las macetas.

Varias semanas más tarde me desilusionó descubrir que las plantas se estaban tornando amarillentas y las hojas empezaban a desprenderse de los tallos. A sabiendas de que la tierra era buena, la luz adecuada y los riegos correctos (puse en práctica la prueba del dedo), decidí tratar las plantas con un fertilizante a base de nitrógeno. Se reanimaron durante unos días, pero poco tiempo después volvieron a recaer.

Finalmente, quité los recipientes de los cestos decorativos y descubrí al culpable: el agua sobrante acumulada en los platos. La tierra de la parte superior de las macetas estaba seca al tacto, pero el fondo, donde se congrega la mayor parte de las raíces de la planta, se encontraba saturado de agua.

Eliminé el agua acumulada en los platos, coloqué varias piedrecillas de tamaño medio y volví a poner las macetas en el interior de los cestos de mimbre. Luego me abstuve de regar durante una semana para que el suelo se secara. Ahora, cuando el riego es excesivo el agua fluye a través de los guijarros hacia los platos y como las macetas están apoyadas sobre las piedrecillas, no llegan a tocar el agua sobrante.

SI A UNA ROSA LA LLAMAMOS DE OTRA MANERA...

Ahora nos ocuparemos de la fuente de agua que utilizas para regar tus plantas. Lo mejor es basarse en la propia experiencia. Algunas personas solo emplean agua embotellada o destilada, pues afirman que la del grifo contiene demasiado cloro y otros productos químicos nocivos.

En realidad, el agua del grifo no representa ningún problema. Si vives en una zona donde el agua contiene demasiado cloro, puedes dejarla en un frasco abierto o en una regadera durante toda la noche para neutralizarlo.

A lo largo de los años también he oído decir que el agua blanda, es decir, la tratada mediante un sistema de purificación antes de llegar a los grifos, no es buena para las plantas. Supuestamente, el tratamiento implica añadir sodio (sal) al agua, lo cual puede resultar tóxico para la mayoría de ellas. No obstante, ninguna de mis plantas se ha muerto debido al agua blanda, al menos que yo recuerde. No obstante, si prefieres no correr ningún riesgo, puedes extraer el agua para tus plantas de los grifos de la calle (cuya agua no suele estar tratada químicamente) pero antes de regarlas, transporta el agua al interior y deja que alcance la temperatura ambiente. En realidad, nunca debes usar agua fría para ninguna de tus plantas de interior pues podría dañarlas, en algunas ocasiones sin ninguna posibilidad de recuperación.

HUMEDAD

Otro aspecto que debes tener en cuenta para el desarrollo sano de las plantas es la cantidad de humedad presente en el ambiente donde se encuentran: rara vez es suficiente. En invierno, en particular en los climas secos del oeste y del norte de los Estados Unidos, prácticamente ni siquiera hay suficiente humedad para satisfacer nuestras necesidades, como lo demuestra nuestra propia piel seca y escamada. Demasiado aire seco provoca sequedad y dolor de garganta, además de bloquear e inflamar los conductos sinusales. La mayoría de las plantas reaccionan de un modo similar cuando el aire es seco.

Si no hay bastante humedad, las hojas pierden su brillo y su coloración verde intenso. Sus puntas y sus bordes se tornan de color marrón amarillento y los cortes o rasgaduras no se curan adecuadamente, si es que llegan a hacerlo.

Durante las frías noches del medio oeste de los Estados Unidos he visto el higrómetro descender hasta un 25%. En el sudoeste puede llegar a valores todavía inferiores. Esa baja humedad relativa es muy incómoda para las personas y potencialmente peligrosa para las plantas. Cuando recuerdas que algunas de ellas, especialmente las especies tropicales, disfrutan de una humedad del 75 al 80% en su medio ambiente original, no es difícil comprender cuánto la necesitan.

El gran interrogante es *cómo* añadir humedad.

Cuando se trata de plantas pequeñas, puedes seguir las instrucciones de algunos maravillosos libros que te sugieren llenar una bandeja con guijarros y mantenerlos siempre cubiertos de agua hasta la mitad, y luego colocar las plantas sobre la bandeja. El agua que se evapora proporciona un pequeño medio ambiente húmedo alrededor de la planta. Al menos, eso es lo que se dice.

El único problema con este recurso es que el método de humedecer la bandeja solo funciona para las plantas más pequeñas. Además, normalmente tan pronto como el agua se evapora y se eleva de la bandeja es absorbida por el aire seco y tibio que la rodea y se disipa antes incluso de llegar a las hojas, donde es más necesaria.

Por otra parte, cuando cultivas frutas y hortalizas en macetas, la mayoría de las bandejas llenas de guijarros y agua deberán tener un tamaño bastante grande y, por lo tanto, serán difíciles de manipular. ¡Intenta mantener humidificada una higuera —que pesa casi cincuenta kilos— en una maceta vertiendo agua sobre una bandeja llena de guijarros!

En lugar de usar el truco de las piedrecillas en la bandeja, hay una forma más eficiente (aunque también un poco más cara) de combatir el aire seco: añadir un humidificador automático al sistema de calefacción por aire de tu casa. Puedes fijar el porcentaje de humedad en el valor que desees y el aparato hará el resto. Después de todo, por unos cientos de euros, debería funcionar maravillosamente bien.

Otros humidificadores son igual de efectivos pero a menor escala. Muchos fabricantes hacen modelos para una sola habitación que contienen entre veinte y veinticinco litros de agua. Cuando la humedad en el área circundante desciende hasta un cierto nivel, el aparato entra en acción y proyecta más humedad en el aire. Como es natural, los precios de estos humidificadores portátiles son considerablemente más económicos que los modelos utilizados para humidificar una casa entera. Además, la mayoría de ellos están equipados con ruedas para poder desplazarlos con facilidad de una a otra estancia.

Existen otros aparatos que se utilizan para el tratamiento de los problemas respiratorios, pero son menos eficientes y contienen menos agua —de tres a seis litros que proyectan al exterior en forma de vaharadas de vapor tibio o fresco, según el modelo—. Esta no es la solución óptima para el problema, pero definitivamente es mejor que nada.

Si tienes reparos en invertir dinero en un sistema de humidificación, no pierdas la esperanza. También puedes añadir humedad a los árboles que cultivas en el interior de forma individual.

Teniendo en cuenta la sugerencia de quienes defienden el recurso de la bandeja y los guijarros, se puede cubrir la tierra de la maceta con una capa de musgo de turba y mantenerla constantemente húmeda mediante riegos diarios. Cuando hagas la prueba del nudillo para evaluar el grado de humedad del suelo y decidir si ya ha llegado el momento de un riego abundante, recuerda que debes apartar la turba para asegurarte de que introduces profundamente el dedo en la tierra.

Otra forma de añadir humedad a tus plantas es pulverizarlas diariamente y, si tienes tiempo y ganas, incluso con mayor frecuencia. El agua pulverizada permanecerá en las hojas de las plantas y también en la tierra y, además, aportará humedad al aire que hay alrededor, manteniendo las hojas frescas y sanas.

El inconveniente de este sistema es que tan pronto como se evaporan las gotas de humedad, la planta vuelve a sumergirse en el clima seco de su entorno, lo que significa que debes estar atento para nebulizar agua otra vez. Así conseguirás que puedan apreciarse los efectos positivos de la humedad en la planta.

Si estás buscando una forma de humedecer las plantas de las macetas que están en el exterior, te contaré un descubrimiento que hice varios años atrás. En las tiendas de artículos para el hogar o en las ferreterías venden sistemas de vaporización relativamente económicos, diseñados para hacer descender varios grados la temperatura del aire en el exterior y refrescar a las personas en los tórridos días del verano. Estos sistemas son también muy efectivos para las plantas. De hecho, las mías prosperan de maravillas gracias a uno de estos artefactos.

El sistema se acopla a una toma de agua y se pone en marcha al abrir el grifo exterior. Si deseas tener mayor control del proceso, coloca un temporizador entre la toma de agua y los atomizadores. Luego solo tendrás que programar el temporizador en un determinado número de minutos al día o incluso en ciclos que se repitan varias veces al día, según lo consideres necesario.

Es aconsejable no pulverizar excesivamente las plantas, ya que estos sistemas pueden proporcionar una cantidad sustancial de humedad que se condensa y forma agua al cabo de unos pocos minutos.

¿CUÁNTO CALOR NECESITAN LAS PLANTAS?

Una vez que hayas dominado el tema de la luz, el agua y la humedad que requiere el cultivo interior, surge una nueva cuestión: ¿cuánto calor necesitan las plantas? Contrariamente a la creencia popular, en horticultura más calor no necesariamente significa algo ventajoso. En realidad, la mayoría de las plantas que reciben calor sin un nivel de humedad proporcionalmente alto pueden resultar muy perjudicadas. Por lo general, la humedad imperante en la mayoría de los hogares (incluso en aquellos equipados con un humidificador central) no es suficiente para impedir que las plantas se sequen a una temperatura de veintisiete o veintiocho grados centígrados. El aire caliente que hay junto a los radiadores, conductos de ventilación u otras fuentes de calor seca nuestras plantas con mayor rapidez, de modo que deberías evitar colocarlas demasiado cerca de ellos.

Lo ideal para las plantas es que la temperatura interior se mantenga en torno a unos diecinueve o veinte grados durante el invierno, porque a esa temperatura es relativamente sencillo humidificar el aire seco de esta estación, pero el proceso se complica cada vez más a medida que aumenta la temperatura. Para cada grado adicional, se requiere un volumen de humedad cada vez mayor.

Pero ¡ten cuidado! En tu empeño por mantener la casa fresca, no debes caer en la trampa de pasarte al otro extremo. Un ambiente fresco es favorable para las plantas, pero no sucede lo mismo con las corrientes de aire frío. Es aconsejable mantener todas las plantas apartadas de las ventanas y las puertas que dan al exterior, por las que se pueda filtrar el aire durante los meses de invierno. En verano, deberás ubicarlas lejos de ventiladores o equipos de aire acondicionado. Es sano para las plantas que haya una buena circulación de aire, aunque este no debería ser más de uno o dos grados más fresco o más cálido que la temperatura exterior.

¿CÓMO VAN LAS COSAS EN CASABLANCA?

Un subtítulo precioso, lo sé. Pero aparte de eso, tiene sentido. Las plantas de interior crecen muy bien en Casablanca por diversas razones. En primer lugar, el calor (¡hace mucho calor!). En segundo lugar, la humedad (¡es muy alta!). En tercer lugar, esos adorables ventiladores de techo que hicieron furor en aquellos tiempos (y que vuelven a hacerlo en nuestros días). Los ventiladores de techo no solo son decorativos sino que además resultan muy prácticos, en especial para las plantas de interior. Mantienen el aire en movimiento, lo cual es muy importante para que las plantas se desarrollen sanas. Los ventiladores que hacen circular el aire de forma constante pueden impedir el recalentamiento de las superficies foliares. Hacer que el aire circule en torno a las plantas es una medida efectiva para evitar la aparición de hongos o moho sobre la tierra húmeda y en las axilas de las hojas.

Si no tienes un ventilador de techo en casa, puedes crear el mismo efecto colocando uno portátil frente a una de las paredes, de manera que el aire proyectado en ella rebote luego hacia la habitación y agite suavemente las hojas de tus plantas.

Una forma más simple de airear una habitación, siempre que no vivas en el Sahara, consiste en abrir las ventanas. Las brisas suaves del verano pueden obrar maravillas para la salud general de las plantas. En pleno siglo XXI, a pesar de toda nuestra sabiduría, a veces llegamos a olvidar lo sabia que es la madre naturaleza en su simplicidad.

01:00   EN UN MINUTO

- Los riegos excesivos son el mayor error que cometen la mayoría de los horticultores y jardineros aficionados.
- Para saber si tus plantas necesitan agua, utiliza una sonda de humedad o el método mucho menos tecnológico del «dedo en la tierra». Ambos recursos son igualmente efectivos.
- La humedad es beneficiosa para la mayoría de las plantas en maceta, tanto para las que se encuentran en el interior como para las que están al aire libre.
- Para impedir que tus plantas se sequen, debes mantenerlas alejadas de fuentes de calor o frío y del flujo de aire directo de los ventiladores.

REMOLACHAS *(Beta vulgaris)*

FORMA: raíz.

VARIEDADES: existen numerosas, pero tres de ellas son las más fáciles de cultivar y ofrecen mayor producción: Detroit Dark Red, Red Ace y Red Cloud.

SEMILLAS O TRASPLANTE: ambos.

TAMAÑO DE LAS MACETAS: mediano.

AGUA: riegos moderados, dejando que la tierra se seque antes de volver a regar. Cuando la cantidad de agua es insuficiente, las hojas se tornan marrones y quebradizas y se retrasa la producción de la raíz. El exceso de agua amarillea las hojas y atrofia la raíz. Regula las irrigaciones según sea necesario.

COMENTARIOS: durante su ciclo de crecimiento, las remolachas requieren pleno sol además de riegos y fertilización constantes. Se pueden cosechar en cualquier etapa de su desarrollo, e incluso es posible aprovechar los brotes (por lo general, se consumen crudos o picados en ensalada) que se recogen durante el aclareo. Son muy ricos en vitaminas y minerales esenciales para nuestra salud.

SEMILLAS: coloca las semillas a una profundidad aproximada del doble de su grosor, riega y comprime firmemente la tierra. Cubre el tiesto con un recipiente de plástico transparente o envuélvelo con un material plástico y espera a que asomen los brotes. Mantén la tierra húmeda pero nunca saturada de agua y aparta la maceta de la luz solar directa para evitar el recalentamiento. Ante el primer signo de germinación, destapa la maceta. Separa las plántulas de modo que haya una cada quince centímetros.

TRASPLANTE: coloca las plantas en un hoyo que no sea más profundo que la longitud de la masa radicular original y presiona la tierra firmemente con los dedos alrededor del tallo.

SUELO: las remolachas prefieren un suelo arenoso o margoso. Los suelos arcillosos y compactos impiden el desarrollo de las raíces. Esta hortaliza necesita mucho sol y no desarrollará la raíz si se planta

Remolachas (*Beta vulgaris*).

en un sitio parcialmente sombreado. Es fundamental proteger las plántulas del viento, porque tienden a secarse rápidamente.

INSECTOS: las plagas de insectos más comunes que atacan a las remolachas son los áfidos, los perforadores de hojas, los pulgones y los gusanos telarañeros. **SOLUCIONES:** pulverizar la planta con un jabón biológico no detergente mezclado con agua (aproximadamente una cucharada por cada cuatro litros de agua).

ENFERMEDADES: la enfermedad más común de las remolachas es la que causa el hongo *Cercospora* y que se manifiesta a través de manchas en las hojas. Los primeros signos son las manchas circulares con bordes de color marrón rojizo o púrpura. Las remolachas son muy sensibles al exceso de humedad, que favorece la presencia de hongos, y a los nematodos, que producen nódulos en las raíces. Además, desarrollan manchas negras internas cuando el suelo no contiene el nivel adecuado de boro. **SOLUCIONES:** aplicar boro durante la plantación de acuerdo con las instrucciones.

BENEFICIOS PARA LA SALUD: la próxima vez que te preguntes por qué deberías consumir remolachas, piensa en todos esos legendarios rusos que superan los cien años de edad. Una de las razones que sustentan su salud y longevidad podría ser que consumen remolachas con mucha frecuencia, ya sea encurtidas o en la típica sopa llamada *borscht*. Estas hortalizas de raíces de color rubí contienen nutrientes fundamentales que ayudan a proteger nuestro organismo de las enfermedades cardíacas, los defectos congénitos y ciertos tipos de cáncer, en particular el de colon. La betacianina, el pigmento que les confiere su color carmesí, también es un poderoso agente anticancerígeno.

Y, además, las hojas de las remolachas se pueden comer crudas o al vapor, pues contienen todavía más nutrientes que la raíz.

LISTAS PARA LA COCINA: las remolachas se pueden cosechar en cualquier etapa del crecimiento, aunque lo ideal es que los bulbos no tengan más de cinco o siete centímetros de diámetro pues, de lo contrario, pueden volverse fibrosos y duros. La plena madurez se produce a los cincuenta o sesenta días de haber sembrado la semilla. Las hojas se pueden usar en ensaladas mixtas.

AHORRO ANUAL: como media, aproximadamente veinte euros por persona al año.

9

Los requisitos adecuados

La tierra es tierra, ¿no es verdad? Sí, supongo que así es. Desafortunadamente, no cultivamos plantas en macetas llenas de tierra natural, tierra de jardín ni ninguna otra cosa que sea natural, al menos no sin que haya sufrido algunas modificaciones.

Seguramente te preguntarás por qué la tierra que es adecuada para cultivar frutas y hortalizas al aire libre no se puede aprovechar para las plantas de interior.

La respuesta es muy simple: los contaminantes.

Y no estoy hablando de estroncio 90 radioactivo, ni de metales tóxicos —como el plomo y el mercurio—, ni siquiera del DDT (esperemos que ninguno de dichos elementos esté presente en el suelo de tu jardín). Me estoy refiriendo, por ejemplo, a microorganismos e insectos que producen enfermedades.

Tenemos que aceptarlo. Existen infinidad de cosas en la tierra del jardín, algunas de ellas beneficiosas y otras no tanto. El hecho de que las plantas puedan crecer, sobrevivir y prosperar en esas condiciones es un verdadero misterio. Pero las plantas que crecen en el exterior tienen sus propios mecanismos naturales de limpieza. Las raíces que se desarrollan en suelos contaminados pueden extenderse hacia otras

zonas del jardín. Los insectos nocivos que nacen de huevos disemina-
dos en el suelo pueden ser víctimas de insectos predadores, como la
mariquita o la mantis religiosa. Y los hongos, que suponen una amenaza para la vida de las plantas, están expuestos al sol y al viento, que
atentan contra su desarrollo.

Las plantas que crecen en un recipiente que se ha llenado con
tierra contaminada del jardín no son tan afortunadas. Una vez atacadas tienen muy pocas esperanzas de sobrevivir. De hecho, su única
esperanza eres tú.

Puedes buscar el insecticida, fungicida o bactericida que sea
apropiado. Pero ¿para qué tomarse esa molestia? ¿No es mejor asegurarte de que la tierra que utilizas es apta para las plantas de interior y
ahorrarte problemas? ¿Quién los necesita?

La tierra del jardín se llama así por alguna razón. Por lo tanto, lo
mejor es dejarla donde está. Pero si decides utilizar la tierra que hay
junto a la puerta de tu casa, al menos tienes que esterilizarla. Para hacerlo necesitas colocarla en un recipiente idóneo, como por ejemplo
un cuenco de metal o una fuente de horno, e introducir la mezcla en
un horno precalentado a ochenta o noventa grados durante treinta o
cuarenta minutos. Cuando haya pasado la mitad del tiempo, deberás
darle la vuelta ayudándote de una pala pequeña, para que la tierra se
caliente de manera uniforme.

Una vez que hayas esterilizado la tierra, debes dejarla enfriar.
Luego tendrás que enriquecerla añadiendo corteza de pino (para que
retenga los nutrientes y la humedad), musgo de turba (para que retenga el agua), perlita* (para que el suelo compacto se torne más espon-
joso) o arena (para mejorar la estructura física), según sea necesario.

Pero debo advertirte que cuando calientes la tierra del jardín en
el horno notarás un olor singular que a muchas personas les resulta
insoportable. El olor se debe a que los organismos vivos presentes en la
tierra mueren durante el proceso y los aromas de diversos compuestos
orgánicos se liberan en el aire.

---

*. N. de la T.: la perlita es un vidrio volcánico amorfo con un contenido de agua relativamente
alto.

Analizar la tierra de tu jardín

Si decides utilizar la tierra esterilizada de tu propio jardín, quizás sea necesario mejorar su consistencia para que se adapte a las especies que vas a cultivar. Para saber qué es lo que contiene la tierra, puedes tomar una muestra y llevarla a un centro de análisis de tu localidad o hacer tú mismo la prueba. Esta última alternativa es menos precisa y detallada pero, de cualquier modo, relativamente fiable.

Si has optado por esta última opción, comienza por rociar ligeramente con agua la tierra del jardín y luego espera un par de horas. A continuación, toma un puñado y comprímelo firmemente con una de tus manos. Abre el puño y observa la tierra.

Si se desmenuza rápidamente por sí sola, necesita materia orgánica (corteza de pino, hojas de árbol, musgo de turba, etc.) para darle más cuerpo. Si no se deshace ni siquiera cuando la tocas, contiene demasiada arcilla y precisa más perlita y arena gruesa. Si se desmenuza un poco, pero únicamente al tocarla, es probable que la consistencia sea adecuada.

Esta prueba no te indicará qué nutrientes hay en el suelo, pero te dará una idea de su contenido aproximado, o del tipo de suelo. Una tierra que se desmenuza fácilmente tal vez carece de ciertos nutrientes y, por tanto, no conservará bien la humedad. Una tierra demasiado compacta será pobre en nutrientes, conservará demasiada humedad,

D. J. Herda

Izquierda: utiliza una pala de jardinería para tomar un poco de tierra y comprimirla con la mano. *Derecha*: aprieta la tierra firmemente durante varios segundos antes de abrir el puño. Comprueba la consistencia y aplica las medidas necesarias basándote en tu propia evaluación.

impedirá la penetración de oxígeno y probablemente bloqueará el desarrollo sano de las raíces.

La mejor tierra del mundo es la que es suficientemente compacta para que la planta se mantenga erguida y, a la vez, suficientemente ligera o desmenuzable para permitir que la humedad y el oxígeno se abran camino hacia las raíces.

También puedes hacer una prueba para averiguar la alcalinidad y la acidez del suelo. Existen varios kits de pruebas de uso doméstico, con instrucciones sobre cómo aumentar o disminuir el pH del suelo.

UTILIZAR UNA MEZCLA COMERCIAL

Si la mera idea de comprimir la tierra con las manos y de tener que soportar durante varios días el cautivante aroma que desprende la tierra calentada en el horno te resulta desagradable, o si simplemente no deseas tomarte todo ese trabajo, no es necesario que lo hagas. Puedes comprar o preparar una mezcla de tierra para macetas de gran calidad que:

- sea lo suficientemente densa para que las plantas se desarrollen,
- tenga buena capacidad para conservar los nutrientes,
- permita que el agua y el aire pasen rápidamente a través de la mezcla, reteniendo la humedad adecuada, y
- no contenga insectos o enfermedades, ni semillas de malas hierbas.

La mayoría de las mezclas de tierra para macetas que se comercializan no es realmente tierra, sino una combinación de materia orgánica (como musgo de turba o corteza de pino molida) y material inorgánico (por ejemplo, arena gruesa lavada, perlita o vermiculita*). Esta última pierde su estructura con relativa rapidez y se debería utilizar únicamente para el desarrollo de plantas jóvenes o plántulas, pero nunca para un cultivo a largo plazo.

---

*. N. de la T.: la vermiculita es un mineral formado por silicatos de hierro o magnesio.

Muchas personas que cultivan plantas de interior utilizan una mezcla para macetas que es una combinación de musgo de turba y perlita con una cantidad idónea de arena y corteza de pino que sirve para darle cuerpo a la mezcla. El resultado será una mezcla estéril y ligera en la que podrán prosperar la mayoría de las plantas de interior. Las mezclas comerciales de buena calidad a menudo contienen fertilizantes que se liberan lentamente y satisfacen las necesidades de la planta durante varios meses. En general, estos nutrientes contienen pocos oligoelementos, así que tendrás que complementar la nutrición de tus plantas de forma periódica.

Las mezclas de tierra comerciales varían en precio, ingredientes y características físicas y químicas. Por lo tanto, deberás probar diferentes marcas antes de decidir cuál es la más indicada para ti. Compra bolsas pequeñas de distintas mezclas de tierra para macetas y pruébalas durante una o dos semanas antes de decidir cuál de ellas prefieres.

Recuerda que la tierra para macetas no es igual a la de tu jardín ni a una mezcla de tierra para plantar. Cerciórate de que la bolsa que adquieres indica que la tierra está esterilizada y es idónea para el uso de plantas de interior.

También puedes preparar tu propio medio de cultivo artificial para macetas siguiendo simplemente una de estas recetas:

- Dos partes de turba, una parte de perlita y una parte de arena gruesa, que se puede comprar en la mayoría de los centros de jardinería y tiendas de artículos para el hogar.
- Dos partes de turba y una parte de arena gruesa.
- Una parte de turba, una parte de arena gruesa y una parte de corteza de pino.
- Una parte de turba, una parte de corteza de pino u una parte de Perlita.

Una vez preparada la mezcla básica para macetas, no olvides proporcionarles nutrientes a tus plantas durante todo el periodo de crecimiento. Las frutas y hortalizas requieren un gran aporte de nutrientes, no solo para tener un desarrollo foliar fuerte y sano sino también para producir flores que luego se convertirán en frutos. Más adelante hablaré más detenidamente sobre los tipos y cantidades de nutrientes que tienes que suministrarles a tus plantas.

Recuerda que el medio de cultivo tiene múltiples funciones: proteger las delicadas raíces, retener la humedad y los nutrientes necesarios que se liberan en el momento en que la planta lo requiere y servir de sostén para que se mantenga erguida.

Para que se cumplan todos estos objetivos, es importante que la combinación de elementos de la tierra de la maceta sea apropiada.

01:00 EN UN MINUTO

- No utilices la tierra del jardín para las plantas que cultivas en macetas.
- Si quieres emplear la tierra que hay en tu jardín, primero deberás esterilizarla en un horno precalentado a ochenta o noventa grados durante treinta o cuarenta minutos para eliminar los contaminantes.
- Puedes preparar tu propia mezcla para macetas sin usar la tierra del jardín, combinando diversas cantidades de musgo de turba, perlita, vermiculita, corteza de pino y arena gruesa.

BERENJENAS *(Solanum melongena)*

FORMA: arbustivo.

VARIEDADES: algunas de las mejores para cultivar en macetas son:

- *Tipos normales*: Black Magic (híbrido), Purple Rain (híbrido), Early Bird (híbrido) y Little Prince (híbrido compacto).
- *Tipos largos*: Ichiban (híbrido) y Pintung Long.

SEMILLAS O TRASPLANTE: ambos.

TAMAÑO DE LAS MACETAS: mediano.

AGUA: riega hasta una profundidad de quince centímetros, como mínimo. Los riegos matutinos son más favorables porque permiten que las hojas se sequen antes del atardecer. Es una forma de evitar que se desarrollen enfermedades producidas por hongos.

COMENTARIOS: una planta normal de berenjenas produce frutos ovalados, brillantes y de color morado oscuro. La berenjena japonesa, larga y delgada, tiene la piel más fina y un sabor más delicado. Existen variedades ornamentales de color blanco que son comestibles aunque su calidad es inferior. La berenjena es una hortaliza de verano que crece mejor cuando la temperatura es de veinte o treinta grados centígrados. La planta mantiene su producción durante un periodo de tiempo bastante largo, siempre que no esté expuesta a las heladas. Se pueden sembrar las semillas en el interior y mantener a cubierto entre ocho y nueve semanas antes de colocar las plántulas definitivamente en el suelo al aire libre. Las semillas germinan rápidamente a una temperatura de entre veinte y treinta y dos grados centígrados.

SEMILLAS: coloca las semillas a una profundidad aproximada del doble de su grosor, riega y comprime firmemente la tierra. Cubre el tiesto con un recipiente de plástico transparente, o envuélvelo con un material plástico, y espera hasta que asomen los brotes. Mantén la tierra húmeda pero nunca saturada de agua; aparta la maceta de la luz solar directa para evitar el recalentamiento. No expongas las plantas al frío. Destapa la maceta ante el primer signo de germinación. Debes esperar hasta que se formen tres conjuntos de axilas foliares. Luego separa las plántulas de modo que quede una cada quince centímetros.

TRASPLANTE: compra planteles de berenjenas de buena calidad en un vivero o centro de jardinería. No los adquieras de tallos muy largos ni con flores (ya que retrasarán el crecimiento después del trasplante y, además, la producción será probablemente inferior),

Berenjenas (*Solanum melongena*).

colócalos en un hoyo que no sea más profundo que la masa radicular y a continuación comprime la tierra firmemente con los dedos.

Suelo: la berenjena se desarrolla mejor en un suelo margoso o margo-arenoso bien drenado. Para que las plantas crezcan sanas y produzcan buena cantidad de frutos, el pH del suelo debe ser de entre 5,8 y 6,5.

Insectos: las plantas suelen ser atacadas por escarabajos colorados de la patata, pulguillas, chinches de encaje, gusanos de cuerno del tomate y ácaros. Los daños a menudo consisten en pequeños agujeros en las hojas. Es aconsejable tapar las plantas que están en el exterior con un plástico transparente hasta que tengan el tamaño suficiente para tolerar los daños en las hojas. **Soluciones:** pulverizar la planta con un jabón biológico no detergente mezclado con agua (aproximadamente una cucharada por cada cuatro litros de agua).

Enfermedades: las enfermedades más comunes que sufren las berenjenas incluyen el mildiú por el hongo *Phytophthora*, el marchitamiento bacteriano y el que produce el hongo *Phomopsis*. **Soluciones:** elegir las variedades resistentes y, en general, mantener los riegos y la humedad al mínimo. Para las plantas infectadas, pulverizar con un fungicida a base de bicarbonato (consulta el capítulo 15).

Beneficios para la salud: además de ofrecer una amplia variedad de vitaminas y minerales, las berenjenas contienen fitonutrientes esenciales, muchos de los cuales presentan propiedades antioxidantes. Estos fitonutrientes incluyen los compuestos fenólicos (los fenoles), tales como el ácido cafeico y el ácido clorogénico, y los flavonoides, entre los que se encuentra la nasunina.

Según los hallazgos de numerosos estudios, la piel de las berenjenas también es beneficiosa. Uno de sus componentes, la nasunina, es un poderoso antioxidante que rastrea los radicales libres y ha demostrado proteger las membranas celulares de cualquier tipo de daño. En los estudios con animales, los investigadores han descubierto que la nasunina protege los lípidos (grasas) presentes en las membranas de las células del cerebro. La función de dichos lípidos es permitir el paso de los nutrientes y eliminar los materiales residuales, protegiendo de este modo a las células del daño que producen los radicales libres.

Listas para la cocina: las berenjenas se pueden cosechar en cuanto los frutos alcanzan los veinticinco centímetros de largo y su color es intenso, lo que en general suele ocurrir alrededor de unos setenta días después de haber sembrado la semilla.

Ahorro anual: como media, aproximadamente treinta euros por persona al año.

10

De lo alcalino a lo ácido: la *magia* del pH

En el año 2008 los estadounidenses gastaron alrededor de cincuenta mil millones de dólares para cuidar el césped y los árboles de sus jardines, en un esfuerzo por mantenerlos en buen estado y conseguir frutos sanos. Resulta lamentable que gran parte de todo ese dinero se haya desperdiciado.

¿Por qué? La respuesta se puede resumir en una sola palabra: el pH.

¿Qué es el pH? Es un medio para conocer la alcalinidad o la acidez de un material o una sustancia. Es importante saber el nivel de pH de la tierra de tu jardín, o de la mezcla que utilizas en tus macetas, porque el grado de alcalinidad o de acidez afecta directamente a la capacidad de las plantas para absorber los nutrientes. Demasiada alcalinidad o un exceso de acidez impiden que las plantas consigan absorber los nutrientes que les suministras. Como seguramente sabes, los nutrientes son esenciales para el desarrollo de las plantas.

Las mediciones del pH se realizan mediante una escala numérica que va del cero al catorce y en la cual el siete es «neutro». Los números inferiores al siete indican un suelo ácido, mientras que los valores superiores señalan un suelo alcalino.

El pH del suelo es una de las diversas condiciones medioambientales que afectan a la calidad del desarrollo de la planta. Distintas especies prosperan mejor en suelos con valores de pH diferentes. Las azaleas, los rododendros, los arándanos y las coníferas, por ejemplo, se desarrollan mejor en suelos ácidos (pH 5,0-5,5). Las hortalizas, las hierbas aromáticas y la mayoría de las plantas ornamentales prefieren, por el contrario, suelos poco ácidos (pH 5,8-6,5). La achicoria y el olivo ruso crecen más fuertes en suelos ligeramente alcalinos (pH 6,5-7,2).

Los valores del pH del suelo que no se incluyen entre estos niveles causarán probablemente una deficiencia de nutrientes en las plantas, lo que puede dar como resultado un rendimiento menor.

Como es evidente, para que las plantas puedan asimilar los nutrientes, hay que cultivarlas en un suelo cuyo pH coincida con el valor ideal para cada una en particular. Los tres nutrientes más necesarios para el desarrollo sano de las plantas son el nitrógeno (N), el fósforo (P) y el potasio (K). Estos tres elementos se denominan nutrientes esenciales porque las plantas los necesitan en mayores cantidades que el resto de los nutrientes. Es lo que encuentras impreso en cualquier paquete de nutrientes y fertilizantes fabricados desde que se inventó la imprenta (bueno, prácticamente). Se los representa por medio de tres conjuntos de números: por ejemplo, 10-10-8 –que significa 10% de nitrógeno, 10% de fósforo y 8% de potasio–, 3-10-15 o cualquier otro que corresponda a la composición de nutrientes. De este modo es muy fácil saber qué porcentaje de nitrógeno contiene la bolsa de nutrientes, en comparación con el contenido de fósforo y potasio.

Pero estos no son los únicos nutrientes que requieren las plantas para desarrollarse sanas y vigorosas. También necesitan calcio (Ca), magnesio (Mg) y azufre (S). Se los conoce como nutrientes secundarios porque las plantas precisan menos cantidades de estos componentes que de nitrógeno, fósforo y potasio.

Por último, también son importantes, aunque en menor medida, el cinc (Zn), el manganeso (Mn), el hierro (Fe), el boro (B), el cobre (Cu), el molibdeno (Mo) y el cloro (Cl). A estos elementos se los denomina micronutrientes porque las plantas los necesitan en muy pequeñas cantidades.

Mientras que los tres nutrientes principales se deben suministrar periódicamente con el fin de que estén disponibles para que las plantas los absorban, la escasez de los elementos secundarios y de los micronutrientes se corrige fácilmente manteniendo el pH del suelo en su valor óptimo.

Sin embargo, el pH también puede tener un efecto negativo sobre las plantas. Algunos minerales hallados normalmente en el suelo pueden resultar tóxicos en altas concentraciones. Los suelos muy ácidos (con un pH bajo), presentan una alta concentración de aluminio y manganeso, por lo que las plantas pueden correr el riesgo de deteriorarse debido a una mayor ingesta de dichos elementos.

En contraste, un pH bajo dificulta que las plantas absorban el calcio, el fósforo y el magnesio, lo que afecta a su rendimiento. Con valores de pH 6,5 o superiores (suelos alcalinos), el fósforo y la mayoría de los micronutrientes están menos disponibles para las plantas. Como puedes ver, tiene sentido mantener el pH del suelo en valores de entre 5,5 y 6,5 para que las plantas puedan asimilar la mayoría de los nutrientes que necesitan para desarrollarse sanas y fuertes.

Factores que afectan al pH del suelo

¿Por qué una persona que cultiva hortalizas en macetas debería prestar atención a los niveles de pH del suelo? Después de todo, no tienes ninguna intención de salir a labrar la tierra para plantar la próxima cosecha de trigo de invierno.

¿O sí?

En realidad, comprender la importancia que tiene el pH para el desarrollo sano de tus plantas no solo te ayudará a cultivar tus hortalizas en macetas sino también en otras labores asociadas. Por otra parte, es posible que en algún momento desees utilizar tierra del jardín en tus macetas y en este caso es conveniente saber si el suelo que utilizas para las plantas que están en tiestos al aire libre es alcalino, ácido o neutral.

Lo que acabo de decir trae a colación un par de cuestiones: ¿de dónde procede el pH? y ¿cómo podemos medirlo y corregir el medio de cultivo en beneficio de nuestras plantas?

BECKY THATCHER Y SU MELENA DORADA

¿Recuerdas la historia de Becky Thatcher, quien según creo recordar, era la novia de Tom Sawyer en el libro *Las aventuras de Tom Sawyer*? Yo tampoco me acuerdo de ella, pero si así fuera, mi recuerdo sería algo parecido a: Becky Thatcher tenía el cabello rubio como el oro y lo llevaba recogido en una cola de caballo con una cinta roja. Todas las noches se lo lavaba con leche tibia y lo nutría con miel. Utilizaba unas tijeras de plata para recortarlo.

Nada de esto es particularmente relevante para el cultivo de hortalizas en macetas, a menos que desees considerar que cada uno de los elementos del cuento tiene un pH diferente. Algunos elementos (por ejemplo, el cabello) son ácidos mientras que otros (las tijeras) son alcalinos. Hay pocas cosas en la vida que sean neutrales.

Lo mismo sucede con la tierra. En su mayor parte, la tierra procede de la erosión gradual de la roca sólida durante los últimos miles de millones de años. Algunas rocas tienen un pH ácido y otras son más alcalinas. Por lo tanto, el valor del pH de un suelo está influenciado por los tipos de materiales a partir de los que se ha formado. Esos materiales, que consisten en roca erosionada y descompuesta, determinan la alcalinidad del suelo. Los suelos que proceden de rocas alcalinas suelen tener valores de pH superiores a los de los suelos que se han formado a partir de rocas ácidas.

El pH del suelo también se ve afectado por las precipitaciones. El agua que atraviesa el suelo produce la lixiviación* de nutrientes como el calcio y el magnesio, que son reemplazados por elementos ácidos como el aluminio y el hierro. Por este motivo, los suelos de regiones donde las lluvias son frecuentes suelen ser más ácidos que los que se forman en condiciones áridas (sequedad). Esta es una de las razones

---

*. N. de la T.: proceso por el cual los nutrientes y minerales son arrastrados por el agua.

por las que el suelo de la selva tropical de la Amazonia es más ácido que el del desierto de Mojave.

Aplicar fertilizantes ricos en amonio o en urea aumenta la acidez del suelo, como también lo hace la descomposición de la materia orgánica —hojas caídas, frutos podridos, etc.; piensa otra vez en la selva tropical.

En contraste, la ausencia de estos elementos en el suelo disminuye su acidez.

En pocas palabras, prácticamente todo lo que entra en contacto con el suelo afecta a su nivel de pH, aumentándolo o reduciéndolo.

Aumentar el pH del suelo

Para que los suelos sean menos ácidos, es decir, más alcalinos, los horticultores y jardineros han aplicado tradicionalmente un material alcalino, cal o piedra caliza molida especialmente para uso agrícola. Cuanto más finas sean las partículas de piedra caliza, más rápida y eficazmente se eleva el nivel de alcalinidad del suelo. Como es natural, suelos diferentes requieren distintas cantidades de cal para que su pH se modifique de forma significativa.

A la hora de regular el pH de un medio de cultivo, se debe tener en cuenta la textura del suelo, la cantidad de materia orgánica que contiene y las plantas que se pretende cultivar. Para modificar el valor del pH hay que considerar, por ejemplo, que los suelos que son pobres en arcilla necesitan menos cal que los que tienen un alto contenido en ella.[14]

Para determinar cuánta cal tienes que agregar para elevar el nivel de alcalinidad, deberás hacer previamente una prueba del suelo. Puedes enviar una muestra a una empresa especializada de tu localidad o hacerlo tú mismo mediante un kit básico que puedes adquirir en un centro de jardinería o vivero.

El momento ideal para tomar una muestra de la tierra del jardín es la última época del año, antes de que el suelo se congele, porque así habrá tiempo suficiente de corregirlo (suministrarle mayor acidez o alcalinidad) antes de la plantación del próximo año, ya que este tipo de tratamientos requieren un poco de tiempo para producir efectos y modificar el nivel de pH del suelo. Por ejemplo, si los resultados del análisis indican que la tierra necesita piedra caliza, podrás aplicarla en otoño o en invierno, o en cualquier momento hasta dos o tres meses antes de la plantación, para que la acidez del suelo se neutralice con el paso del tiempo.

El factor más importante para determinar la efectividad de la cal es la forma de administrarla. Es esencial que tenga un contacto máximo con el suelo. La mayoría de los materiales calizos son solo ligeramente solubles en agua, de manera que es necesario incorporarlos al suelo para conseguir que la cal llegue a afectar al nivel de pH.[15]

Todo lo que he dicho con anterioridad no es una buena noticia para los dueños de terrenos o jardines que desean regular el pH del suelo; sin embargo, sí lo es para aquellos que cultivan plantas en macetas y pueden incorporar la cantidad idónea de cal en un recipiente lleno de tierra con una simple pala de jardín y en apenas sesenta segundos.

CENIZAS DE MADERA

A algunas personas les gusta utilizar cenizas de madera para elevar el pH de la tierra de su jardín. Las cenizas contienen pequeñas cantidades de potasio, fosfato, boro y otros oligoelementos. No son tan efectivas como la piedra caliza para incrementar la alcalinidad del suelo pero, al ser abundantes y modificar el pH de una manera relativamente lenta y segura, siguen siendo un remedio popular.

No obstante, una advertencia para aquellos que utilicen un compuesto alcalino tal como la piedra caliza o las cenizas: estos materiales son extremadamente cáusticos y no deben estar en contacto directo con plantas jóvenes ni con raíces. ¡Pueden causar un daño irreversible! No te olvides de emplear guantes y gafas de protección cuando trabajes con estos materiales.

DISMINUIR EL PH DEL SUELO

Muchas plantas ornamentales y algunas que dan frutos, como los arándanos, requieren un suelo que sea desde ligeramente ácido hasta

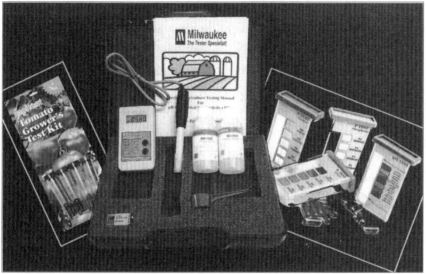

D. J. Herda

Una de las formas más rápidas y sencillas (aunque no siempre la más exacta) de analizar el suelo de tu jardín es hacerlo tú mismo con uno de los numerosos kits que hay en el mercado.

muy ácido. Estas especies desarrollan clorosis férrica cuando crecen en suelos demasiado alcalinos. La clorosis férrica se confunde a menudo con la deficiencia de nitrógeno porque los síntomas son bastante similares (hojas pálidas y enfermizas que se tornan amarillentas). Esto se puede corregir rápida y fácilmente mediante el simple hecho de reducir el pH del suelo.[16]

Los dos materiales que más se utilizan para reducir el pH del suelo son el sulfato de aluminio y el azufre; cualquiera de ellos se puede adquirir en centros de jardinería. El sulfato de aluminio cambiará instantáneamente el pH del suelo porque el aluminio produce acidez tan pronto como se disuelve en la tierra. Por el contrario, el azufre requiere que pase cierto tiempo antes de entrar en acción porque primero debe convertirse en ácido sulfúrico con la ayuda de ciertas bacterias que habitan en el suelo. La tasa de conversión del azufre depende de diversas variables, incluida su calidad, la cantidad de humedad presente en el suelo, su temperatura y, por supuesto, la presencia de las bacterias adecuadas. La necesidad de que todos estos factores intervengan en el proceso es un voto a favor del uso del sulfato de aluminio (en lugar del azufre) para reducir el pH del suelo.[17]

Con independencia del material que elijas, mézclalo cuidadosamente con la tierra. Si cualquiera de los materiales entra en contacto con las hojas de una planta, deberás lavarlas de inmediato para evitar que las queme y, como consecuencia, ponga en peligro a toda la planta. Sigue las instrucciones que se incluyen en el paquete.

ANÁLISIS DEL SUELO

Hay diversas maneras de analizar el suelo para conocer su pH. La más sencilla es llevar una muestra a un laboratorio profesional. Para ello deberás recoger doce o más terrones que se combinarán para ser analizados conjuntamente. Los terrones deben contener tierra de la superficie y también de la que se encuentre a una profundidad de quince centímetros. Puedes utilizar una pala de jardín limpia para recoger las muestras. A medida que las extraigas, deberás colocarlas en un cubo limpio y luego mezclarlas. Con el fin de no contaminar los resultados, ten cuidado de no incluir muestras de una tierra a la que recientemente se haya aportado pesticidas o fertilizantes. Debes recoger al menos dos tazas de esta muestra de tierra mezclada y llevarla al lugar que hayas elegido para su análisis.

Si deseas analizar dos zonas diferentes de tu jardín, repite el proceso en cada una de ellas. Debes apuntar de qué parte del jardín procede cada muestra. De hecho, tomar muestras de varias zonas puede ser importante si tienes un jardín de grandes dimensiones, donde el suelo podría ser ligeramente alcalino en la parte noreste y muy ácido en el rincón sudoeste.

El responsable del laboratorio te pedirá que escribas la información en la caja de prueba, que completes una hoja de registro y que compruebes cuáles son las cajas adecuadas para el análisis que deseas realizar. El coste de un análisis de suelo estándar es de alrededor de cuatro o cinco euros (o dólares) por muestra. Este análisis proporciona información científica e imparcial sobre el valor del pH y los niveles de fósforo, potasio, calcio, magnesio, cinc y manganeso. Puede incluir también recomendaciones (si existe alguna) sobre la cal y el fertilizante que podrías suministrarles a las plantas específicas que deseas cultivar.

El laboratorio te enviará los resultados en un plazo de entre siete y catorce días. ¿No te parece muy sencillo? Pero quizás prefieras hacer el análisis tú mismo. En este caso te diré lo que ello implica.

Hazlo tú mismo

Compra un kit de análisis de suelo en el vivero de tu localidad o a través de Internet. La mayoría de ellos son relativamente económicos.

Para realizar el análisis solo debes seguir las instrucciones incluidas en el kit. Por lo general, deberás recoger aproximadamente una taza de tierra que esté al menos diez centímetros por debajo de la superficie y mezclarla con dos tazas de agua. Igual que cuando recoges las muestras para solicitar una evaluación profesional, siempre debes usar herramientas de jardín y recipientes limpios para no contaminar las muestras.

A continuación, tendrás que colocar la mezcla en el recipiente proporcionado, añadir los productos químicos incluidos en el kit y agitar concienzudamente. Luego compara el color de la «sopa» de tierra con el gráfico de colores y obtendrás una indicación bastante fiable del nivel de pH del suelo. Otras pruebas pueden indicar la cantidad de nitrógeno, fósforo y potasio que contiene, y así tendrás una idea bastante aproximada de qué tipos de fertilizantes y nutrientes debes aportarles a tus plantas.

¿Hacer o no hacer el análisis del suelo?

Si has estado utilizando con éxito una mezcla de tierra envasada comercialmente, o incluso la que has recogido de tu jardín, y no ves ninguna necesidad de hacer un análisis de suelo, al menos debes estar atento a un par de cosas.

En Estados Unidos, los suelos autóctonos que se encuentran al este del río Mississippi (excepto Florida) por lo general son ácidos y puede ser necesario añadir cal o dolomita granulada para aumentar su pH, aunque solo sea ligeramente, hasta que coincida con el pH que mejor se acopla a la mayoría de las plantas, es decir, entre 5,5 y 6,5, o más cercano aún a los valores de acidez. Los suelos nativos que se encuentran al oeste del río Mississippi y en Florida son habitualmente más alcalinos y será necesario incorporar sulfato de aluminio para reducir su pH y acercarse más a lo que las plantas prefieren.

En segundo lugar, algunas mezclas comerciales para macetas se fabrican levemente ácidas (cercanas al 5,5) o ligeramente alcalinas (cercanas al 7,5). Si les ofreces a las plantas que deseas cultivar un suelo con el pH adecuado, puedes conseguir los mismos objetivos que si hicieras un análisis del suelo y luego lo mejoraras en función de las necesidades de tus plantas.

Esa es otra de las principales ventajas que nos brinda el cultivo de hortalizas en macetas: tú mandas. Eres tú quien decide qué plantas cultivar y con qué mezcla de tierra para macetas. Si necesitas suelo ácido para tus arbustos de arándanos, por ejemplo, te limitarás a adquirir la mezcla correcta y añadir nutrientes ácidos.

Si, por el contrario, precisas una mezcla más alcalina para satisfacer las necesidades de otra planta, puedes solucionarlo fácilmente usando otro tiesto. De este modo, cada planta que cultives disfrutará exactamente del pH idóneo para prosperar y no tendrás ningún tipo de líos ni complicaciones.

¡Prueba esta especie de servicio de habitaciones con las plantas que normalmente tienes en el jardín!

01:00 EN UN MINUTO

- El pH de la tierra es, probablemente, el elemento más importante para el éxito de tus cultivos en macetas.
- Con muy poco esfuerzo puedes aumentar el pH de un suelo poco ácido y reducir el de un suelo muy alcalino para que se adapte mejor a los requisitos de las plantas que cultivas.
- Puedes llevar una muestra de tierra a un laboratorio profesional o analizarla tú mismo en casa utilizando un kit simple y económico.
- Conocer los elementos que componen el suelo (y también de los que carece) puede ahorrar tiempo y frustración cuando se cultivan plantas comestibles en macetas.

PIMIENTOS *(Capsicum annuum)*

FORMA: dulce, picante, erguido con un único tallo.

VARIEDADES: aunque los tipos de pimientos se pueden dividir en seis grupos, la mayoría se clasifican de acuerdo con su sabor picante o suave. Los suaves incluyen el pimiento banana (amarillo), el pimiento campana, el pimiento verde y el pimiento rojo (dulce). Entre los picantes encontramos las variedades celestial, cayena, rojo (picante) y el Tabasco. Algunas variedades populares son:

- *Pimientos dulces*: Blushing Bear, Keystone Giant, Jackpot, Banana dulce y Valencia.
- *Pimientos picantes*: Jalapeño, Chile rojo, Giant Thai, Super Cayenne II y Hungarian Yellow Wax.

SEMILLAS O TRASPLANTE: ambos.

TAMAÑO DE LAS MACETAS: mediano.

AGUA: realizar buenas prácticas de cultivo y suministrarle la cantidad adecuada de humedad a la planta. Riega el recipiente de manera que la humedad sea uniforme y con agua suficiente para humedecer la tierra hasta una profundidad de unos quince centímetros como mínimo. El periodo crítico para la humedad es durante la producción y el desarrollo de los frutos.

COMENTARIOS: los pimientos son plantas propias de la estación cálida, que se desarrollan mejor con temperaturas diurnas que oscilan entre los veintiuno y los veintinueve grados centígrados y nocturnas de quince a veintiuno. Por lo general, requieren un periodo de crecimiento prolongado y se desarrollan muy lentamente durante las épocas más frescas, pero crecen con gran rapidez en cuanto llegan los largos días estivales. No plantes pimientos en recipientes que estén en el exterior hasta que la tierra se haya calentado y ya haya

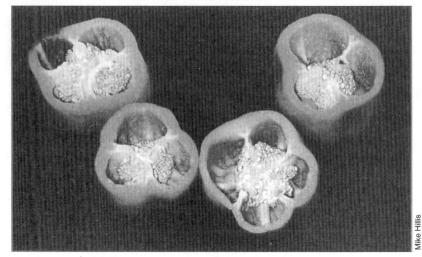

Mike Hillis

Pimientos campana (dulces), (*Capsicum annuum*).

pasado el peligro de heladas. Inicia el cultivo en el interior y espera entre seis y ocho semanas antes de trasplantarlos.

SEMILLAS: coloca las semillas a una profundidad aproximada del doble de su grosor, riega y compacta firmemente la tierra. Cubre el tiesto con un recipiente de plástico transparente o envuélvelo en material plástico y espera a que asomen los brotes. Mantén la tierra húmeda, pero nunca saturada de agua, y aparta la maceta de la luz solar directa para evitar el recalentamiento. Destapa la maceta ante el primer signo de germinación. Separa las plántulas hasta dejar entre ellas una distancia de cuarenta centímetros.

TRASPLANTE: coloca las plantas en un hoyo que no sea más profundo que la longitud de la masa radicular y aplasta la tierra firmemente con los dedos alrededor del tallo.

SUELO: los pimientos solo requieren una cantidad moderada de fertilizante. Un análisis del suelo siempre es el mejor método para determinar los requisitos de fertilización de un cultivo. En lugar de hacer la prueba, aplica el fertilizante con la fórmula 5-10-10 que se recomienda en el paquete del producto. Utiliza un abono de activación (con la mitad de fuerza que la dosis recomendada) para los trasplantes. Evita aportar demasiado nitrógeno a los pimientos antes de que produzcan frutos pues, de lo contrario, la planta solo desarrollará hojas. Una vez que aparezcan los frutos, puedes fertilizar la planta normalmente. Para un óptimo crecimiento del cultivo, el pH del suelo debería ser de entre 5,8 y 6,5.

INSECTOS: los insectos que pueden representar un problema son el gusano del maíz, el gusano barrenador del maíz y el gusano cogollero del maíz. SOLUCIONES: pulverizar la planta con un jabón biológico no detergente mezclado con agua (aproximadamente una cucharada por cada cuatro litros de agua). También se pueden eliminar manualmente los gusanos de uno en uno.

ENFERMEDADES: un problema muy común es la podredumbre apical que, como su nombre indica, afecta a la zona próxima al ápice del fruto, provocando lesiones que van del color marrón al negro. La caída de las flores se produce cuando las temperaturas nocturnas superan los veintitrés grados centígrados o cuando el calibre de los frutos es excesivo. Otras enfermedades de los pimientos que se cultivan en macetas son el marchitamiento bacteriano, las manchas foliares causadas por bacterias, el marchitamiento debido al hongo *Fusarium*, la putrefacción de las raíces por el hongo *Pythium*, las manchas foliares por el hongo *Cercospora*, el tizón del sur y la antracnosis (en los frutos). SOLUCIONES: es posible evitar muchas enfermedades utilizando semillas y planteles certificados como libres de ellas. No se deberían utilizar productos derivados del tabaco cerca de los pimientos porque el virus de mosaico del tabaco se puede propagar rápidamente. Para tratar diversas enfermedades específicas de forma segura, consulta el capítulo 15.

BENEFICIOS PARA LA SALUD: todos los pimientos son una fuente excelente de vitaminas A, C y K, pero los rojos son especialmente beneficiosos. Las vitaminas A y C son antioxidantes y ayudan a prevenir el daño celular, el cáncer y las enfermedades relacionadas con la edad y, al mismo tiempo, aumentan la eficacia de nuestro sistema inmunitario. También son potentes antiinflamatorios que resultan muy beneficiosos en la lucha contra la artritis y el asma. La vitamina

K ayuda a promover la coagulación sanguínea, fortalece los huesos y combate la oxidación de las células.

Los pimientos rojos son una fuente particularmente rica del carotenoide licopeno (que se encuentra también en los tomates), y gozan de una gran reputación por su papel en la prevención del cáncer de próstata y de vejiga. La beta-criptoxantina, otro carotenoide presente en los pimientos rojos, ha demostrado que puede ayudar en la prevención del cáncer de pulmón relacionado con el tabaco, ya sea en fumadores o en fumadores pasivos.

Además de ser ricas en sustancias fitoquímicas, estas hortalizas proporcionan una buena cantidad de fibra.

Los pimientos picantes, célebres por proporcionarles un sabor intenso a los alimentos, extraen su fuerza de una sustancia llamada capsaicina, que actúa sobre los receptores del dolor situados en la boca. La capsaicina se concentra en las membranas blancas de los pimientos, extendiendo su sabor picante desde aquellas hasta las semillas, y ha demostrado su capacidad para reducir los niveles de colesterol y triglicéridos en sangre, impulsar el sistema inmunitario en su conjunto y reducir el riesgo de úlceras de estómago (en contra de lo que se suele afirmar), al destruir las bacterias nocivas presentes en dicho órgano, como por ejemplo el *H. pylori*, que pueden dar lugar a la formación de úlceras.

Tanto los pimientos picantes como los dulces contienen sustancias que, según se ha demostrado, aumentan la producción de calor del organismo y el consumo de oxígeno después de haberlos ingerido, efecto que se mantiene durante alrededor de veinte minutos. Esto representa una excelente noticia para los que están a dieta, puesto que un mayor consumo de oxígeno significa que tu cuerpo está quemando las calorías sobrantes, colaborando así con la pérdida de peso y otorgándole nueva credibilidad a la frase: «¡Come para adelgazar!».

LISTOS PARA LA COCINA: los pimientos se pueden cosechar aproximadamente entre los setenta y los ochenta y cinco días posteriores al trasplante. Si el cultivo se inicia a partir de la semilla, habrá que esperar de cien a ciento veinte días para que alcancen la madurez. Los pimientos campana se deben cosechar cuando los frutos hayan alcanzado su tamaño final, la piel esté firme y sean todavía verdes o amarillos. Debes manipularlos con cuidado, ya que los tallos de las plantas de pimientos son frágiles y quebradizos. Durante la cosecha, corta los frutos por el tallo, en lugar de tirar de ellos, para no romper las ramas. Las variedades cambian de color, pasando del verde al rojo, amarillo o chocolate a medida que maduran en la planta. Los pimientos campana se pueden dejar en la planta hasta que cambien de color; no obstante, se deben recoger tan pronto como ese cambio se haya realizado con el fin de evitar que los frutos maduren en exceso. Los pimientos picantes, con excepción de los jalapeños, deben madurar y cambiar de color en la planta. Los jalapeños han de cosecharse cuando los frutos son de color verde muy oscuro, casi negro. Los pimientos picantes suelen tener menor rendimiento. Guárdalos en la nevera. Las condiciones óptimas de almacenamiento implican una temperatura de siete a diez grados centígrados y una humedad ambiente relativa del 80 o 90% durante dos o tres semanas.

Ahorro anual: como media, aproximadamente treinta y seis euros al año por persona.

11

Material para reflexión

Antes mencioné que el equilibrio del pH es esencial para la salud de las plantas que cultivas en macetas. Pues bien, hay otra cuestión importante que le sigue muy de cerca y que se refiere a los nutrientes. Con respecto a este tema, todos aquellos que cultivan plantas en el interior pueden aventajar a los horticultores normales con apenas una mínima parte del esfuerzo que estos realizan.

Como prácticamente todas las mezclas de tierra para macetas contienen una determinada cantidad de nutrientes, la cuestión fundamental a la hora de elegir nutrientes suplementarios para potenciar el crecimiento es reponer aquellos que tus plantas utilizan de forma constante.

Hay dieciséis nutrientes que son esenciales para el crecimiento y la reproducción de las plantas. Estas obtienen los tres elementos más abundantes –el carbono, el hidrógeno y el oxígeno– del agua y del aire. Los trece restantes se dividen en tres categorías: nutrientes esenciales (o primarios), nutrientes secundarios y micronutrientes.

TIPOS DE FERTILIZANTE

Los fertilizantes, o abono para plantas, se pueden dividir en dos amplios grupos: orgánico e inorgánico, o sintético (es decir, químico). El origen de un abono orgánico generalmente es vegetal o animal. Existen multitud de fertilizantes químicos que tienen la ventaja de ser muy económicos.

Los fertilizantes sintéticos son muy utilizados y se componen casi exclusivamente de nitrógeno, potasio y fósforo (los tres grandes) en formas que son fácilmente asimilables por las plantas. En contraste, los abonos orgánicos tienen más probabilidades de contener un porcentaje significativamente mayor de micronutrientes, que suelen presentarse en formas que no se asimilan con tanta facilidad. El nitrógeno también se absorbe lentamente porque es preciso que los microorganismos del suelo conviertan primero el nitrógeno orgánico en amonio (NH_4) y nitrato (NO_3).

Por consiguiente, los fertilizantes inorgánicos son «rápidos», mientras que los abonos orgánicos tienden a ser de «liberación lenta o acción prolongada».[18]

Otro inconveniente potencial de los fertilizantes orgánicos es que pueden no liberar simultáneamente una cantidad suficiente de los nutrientes principales que ofrecen a la planta todo lo que necesita para desarrollarse mejor. Como los abonos orgánicos deben descomponerse para liberar sus nutrientes, y para ello dependen de los organismos que están presentes en el suelo, la mayoría son eficaces solo cuando la tierra está húmeda y la temperatura del suelo es cálida, dos condiciones esenciales para que esos organismos estén activos.

Si exterminas los organismos del suelo o entorpeces su desarrollo, solo conseguirás suprimir el valor nutritivo de la fuente alimenticia. La actividad bacteriana también resulta afectada por el pH y la ventilación del medio de cultivo, o la cantidad de oxígeno que penetra en el suelo.[19]

El aspecto positivo es que los abonos orgánicos aumentan el contenido de materia orgánica del suelo y mejoran su estructura física, algo que no sucede con los fertilizantes sintéticos. ¡Oh! ¡Oh! Debo añadir que el uso de abonos orgánicos ofrece otra ventaja: son menos contaminantes para el medio ambiente. Los fertilizantes inorgánicos suelen ser una de las causas principales de la contaminación de las aguas subterráneas. El nitrógeno está disponible muy rápidamente cuando se diluye en agua, motivo por el cual se filtra con facilidad desde el punto de aplicación hacia los arroyos, ríos y otras corrientes de agua. Aunque esto no es un problema importante para quienes se dedican al cultivo en macetas, hay algo que sí lo es: los fertilizantes químicos solubles en agua pueden dañar a las plantas si entran en contacto con las hojas. Los de liberación lenta, por el contrario, son menos susceptibles de filtrarse a través del suelo y más idóneos para suelos arenosos, en los que pueden filtrarse con especial facilidad.[20]

Echemos un vistazo a los tres tipos más comunes de fertilizantes:

ABONOS INORGÁNICOS: diversas sales y minerales pueden servir como materiales fertilizantes inorgánicos. Son inorgánicos porque no proceden de ninguna materia orgánica, como por ejemplo hojas, agujas de pino, etc. Algunos ejemplos de estos fertilizantes son el sulfato de amonio, el cloruro potásico, el nitrato de potasio, el superfosfato y el sulfato de potasio.

FERTILIZANTES ORGÁNICOS SINTÉTICOS: son materiales orgánicos artificiales, es decir, fabricados, utilizados para la fertilización. Dos ejemplos son la urea y los fertilizantes a base de urea.

ABONOS ORGÁNICOS NATURALES: son fertilizantes que se producen de manera natural y que incluyen algunos de los materiales que más se utilizan en la fertilización, como los siguientes:

- Harina de semillas de algodón: un subproducto del proceso de fabricación del algodón. Las fórmulas varían ligeramente pero, por lo general, contienen un 7% de nitrógeno, un 3% de fósforo y un 2% de potasio (en ocasiones denominado «potasa»). La semilla de algodón es ácida y se utiliza con frecuencia para las plantas que prefieren los suelos ácidos, como las azaleas, las camelias, los rododendros y los arándanos.

- Harina de sangre: es sangre seca y pulverizada obtenida de los mataderos de ganado. Se trata de una fuente muy rica de nitrógeno y suministra a las plantas algunos de los nutrientes esenciales, incluido el hierro.
- Harina de huesos: huesos secos y pulverizados recogidos en los mataderos de ganado. Son también una rica fuente de nitrógeno y un poderoso imán que atrae a todos los sabuesos extraviados de la zona.
- Emulsión de pescado: un fertilizante de uso general muy efectivo. Es una mezcla de peces parcialmente descompuestos y luego pulverizados. A pesar de su olor repulsivo, su uso está bastante generalizado porque suministra bajos niveles de nutrientes a lo largo de un periodo de tiempo prolongado —y el olor se disipa después de unos pocos días—. Parece innecesario decir que no es el abono favorito de las personas que cultivan plantas en el interior, a menos que los recipientes se puedan «airear» durante un par de días antes de ponerlos a cubierto.
- Estiércol: un abono completo que contiene bajas cantidades de nutrientes. Es mejor utilizarlo como acondicionador del suelo (para que los suelos compactos sean más «desmenuzables») que como proveedor principal de nutrientes. Cuando se emplea correctamente, también resulta un pesticida muy efectivo (consulta el capítulo 15).
- Lodos residuales: se trata de otro producto reciclado que procede de las plantas de tratamiento de aguas. Es, en efecto, un residuo humano. Las dos formas más comercializadas son el lodo activo y el compostado. El primero tiene concentraciones superiores de nutrientes y, normalmente, se vende como fertilizante de uso general y de larga duración, en forma de gránulos o seco. No es un producto recomendable para el cultivo de plantas comestibles ni para ninguna planta que no se haya analizado químicamente con el fin de detectar toxinas como el cadmio, un metal pesado con efectos tóxicos.

Otros aspectos que conviene conocer son el análisis, la proporción y la fórmula del fertilizante.

Análisis del fertilizante

Todos los fertilizantes se etiquetan con tres números que indican un análisis garantizado o la calidad del producto. Estos tres números ofrecen el porcentaje por peso de nitrógeno (N), fósforo (P_2O_5) y potasio (K_2O). Con el propósito de simplificar las cosas, a menudo se conocen como N-P-K.

Para que te hagas una idea, en un saco de treinta kilos de fertilizante que se ha etiquetado como 10-10-10, hay diez kilos de cada uno de esos minerales.

Proporción del fertilizante

La proporción del fertilizante se refiere a la relación que existe entre sus tres nutrientes principales. Por ejemplo, la relación 16-4-8 de un fertilizante es 4:1:2, es decir, cuatro partes de nitrógeno, una de fósforo y dos de potasio.

Conocer la cantidad de cada uno de los nutrientes primarios (o esenciales) que debes añadirle al medio de cultivo, y en qué porcentaje, te permitirá contar con un suelo perfectamente equilibrado para tus próximos cultivos.

Tipo de fertilizante

Antes de que inviertas el dinero que tanto trabajo te ha costado ganar en abonos relativamente caros, te contaré unas cuantas cosas útiles sobre los tipos de fertilizantes.

Fertilizante completo: se denomina «completo» a un abono que contiene los tres nutrientes principales para plantas: nitrógeno, fósforo y potasio. Si el informe del análisis indica que la planta solo necesita uno de los tres elementos, no es necesario utilizar este tipo de fertilizante.

FERTILIZANTE EQUILIBRADO: se llama así al que contiene cantidades iguales de N, P_2O_5 y K_2O. Un producto etiquetado con 10-10-10 es un fertilizante equilibrado.

FERTILIZANTE ESPECÍFICO: es un producto que se utiliza para ciertos tipos de plantas o para determinados usos, por ejemplo «como abono para camelias, rododendros y azaleas», es decir, aquellas que prefieren medios ácidos. Como algunos de sus compuestos tienen un efecto acidificante en el suelo, resultan provechosos para plantas que requieren acidez pero crecen en un suelo cuyo pH es naturalmente neutro o alcalino. Toma nota de que los fertilizantes ácidos equilibrados benefician a las plantas que prefieren suelos ácidos y no solamente a aquellas que se indican en la etiqueta.

FERTILIZANTE DE LIBERACIÓN LENTA: este tipo de producto contiene uno o más elementos esenciales que se liberan lentamente o, lo que es lo mismo, están disponibles para las plantas durante un periodo prolongado de tiempo. Este pequeño milagro de la humanidad se consigue mediante una de estas tres formas (o con una combinación de ellas):

- Uso de materiales que se disuelven lentamente como, por ejemplo, el polvo de granito y el fosfato de roca; cuanto más tiempo tarde en disolverse para que la planta pueda absorberlo, más pausada será la liberación del producto.
- Uso de materiales a partir de los cuales el nitrógeno se libera con la ayuda de los microorganismos del suelo.
- Uso de materiales revestidos con resina o azufre, que controlan la tasa de nutrientes liberada de los gránulos que se encuentran en el suelo y que a menudo dependen de la cantidad de humedad que este contiene.

No es preciso aplicar los fertilizantes de liberación lenta con tanta frecuencia como el resto de los abonos. Las personas que cultivan en macetas en el exterior deben evitar este tipo de productos en árboles y arbustos a finales de verano y en otoño; de lo contrario,

APIO

El apio es un alimento sano y una planta fácil de cultivar en la mayoría de los entornos. Se puede dejar que produzca semillas para utilizarlas luego en la cocina, consumirlas secas o molerlas para usarlas en el futuro.

LECHUGA

Cualquier variedad es fácil de cultivar, e incluso la lechuga de hoja crece como las malas hierbas. Si se cosechan primero las hojas de mayor tamaño, la planta seguirá produciendo más durante unas cuantas semanas antes de tornarse «leñosa».

CULTIVOS MIXTOS

Combinar caléndulas con cualquier tipo de frutas u hortalizas es una forma excelente de ahuyentar los áfidos y otras plagas —y también de lograr que una maceta resulte atractiva.

FRUTAS Y VERDURAS

Todos estas frutas y verduras proceden de macetas, algunas situadas en el interior y otras en una terraza o un patio al aire libre.

D. J. Herda

D. J. Herda

HIGOS

Los higos son fáciles de cultivar y constituyen una fuente muy rica de minerales y vitaminas. Se pueden secar para consumirlos a lo largo de todo el año.

HIGUERAS

Los higos están listos para cosechar cuando se desprenden fácilmente de las ramas. Las hojas de higuera se pueden utilizar como un envoltorio muy sano para las frutas y hortalizas frescas que se cuecen al vapor.

ÁRBOLES FRUTALES

Con la llegada del clima frío es necesario proteger las plantas delicadas. Nosotros las trasladamos (incluyendo nuestros cítricos enanos) a una habitación fresca y las ubicamos junto a una ventana orientada al norte. Excepto por varias hojas caídas, los árboles prosperan muy bien allí.

D. J. Herda

SALSA MARINERA (también llamada marinara, por su nombre italiano).

Nos encanta preparar una salsa marinera con las hortalizas y hierbas aromáticas que recogemos de los recipientes que tenemos en el solárium.

D. J. Herda

HIERBAS AROMÁTICAS

Una forma fácil de añadir hierbas aromáticas a la salsa: formar pequeños manojos de hierbas y atarlos con un hilo antes de introducirlos en la salsa. Cocer a fuego lento durante treinta minutos, como mínimo.

CAPUCHINAS

Utilizamos cualquier espacio imaginable para nuestras plantas, por ejemplo jardineras de cedro acopladas a la valla. La que se ve en la foto contiene dos variedades de capuchinas comestibles que nos ofrecen un complemento sano y colorido para nuestras ensaladas de verano.

D. J. Herda

TOMILLO

La jardinera que está bajo la ventana de mi escritorio da al sur y es un sitio ideal para cultivar hierbas como el orégano o este tomillo aromático.

D. J. Herda

PIMIENTOS PICANTES

Los pimientos picantes se incluyen entre las plantas más fáciles de cultivar. Por increíble que pueda parecer, los gusanos de cuerno atacan los frutos, de modo que debes eliminarlos en cuando detectes su presencia.

D. J. Herda

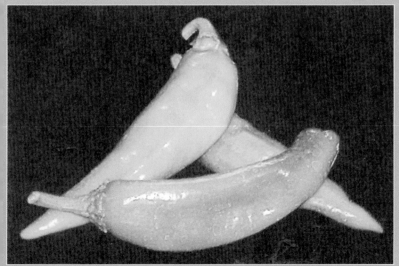

D. J. Herda

PIMIENTOS ANAHEIM

Los pimientos Anaheim contribuyen a que un plato sea más sabroso sin ser demasiado picante. También es muy saludable consumirlos crudos en ensaladas, ¡y son deliciosos!

BERROS DE AGUA

Las plantas que hay en el centro de uno de nuestros estanques son berros de agua.
Crecen durante todo el año y se propagan con facilidad. Compramos un pequeño ramo en la frutería y como aún conservaba las raíces, lo pusimos en una maceta
con gravilla y colocamos el recipiente a unos quince centímetros por debajo del nivel
de agua. Cada dos o tres días recogemos unas cuantas hojas para la ensalada.

D. J. Herd

la planta tendrá un crecimiento tardío y, como resultado, no estará lo suficientemente robusta como para resistir el invierno y sufrirá daños importantes o incluso morirá.

Combinación de fertilizante y pesticida: la razón más importante para comprar un fertilizante combinado con un pesticida es la comodidad. El problema es que el momento de aplicar un fertilizante rara vez coincide con la presencia de una enfermedad específica o un problema con los insectos y, en particular, los inconvenientes suelen producirse en diferentes zonas al mismo tiempo.

Fórmula de los fertilizantes

Los fertilizantes se comercializan en diversas formas y tamaños. El tipo o la presentación de estos productos no es más que su fórmula. Pueden ser líquidos, granulados o en pastillas. Otras fórmulas incluyen polvos solubles en agua, líquidos, tabletas, sólidos granulados y clavos o barritas de liberación lenta.

Las leyes obligan al fabricante a garantizar lo que se expone en la etiqueta. En algunos casos, un fertilizante puede contener nutrientes secundarios o micronutrientes que no figuran en la etiqueta porque al fabricante no le interesa aumentar los costes adicionales que implican analizar y garantizar las cantidades puntuales de sus componentes. En cualquier caso, puedes estar seguro de que los nutrientes y las cantidades que el fabricante ha indicado en la etiqueta son bastante exactos.

Como es evidente, conocer el contenido de un abono para plantas no te va a ayudar a decidir cuál es el momento oportuno para aplicarlo. Para ese cometido deberás leer las instrucciones de aplicación incluidas en la etiqueta, en la que probablemente encontrarás algunos de los siguientes datos:

Frecuencia de las aplicaciones: el tipo de suelo desempeña un papel fundamental cuando se trata de determinar la frecuencia de las aplicaciones. Los arenosos y sueltos requieren aplicaciones más frecuentes de nitrógeno y otros nutrientes que los arcillosos, incluso en las macetas. La razón es que el agua tiende a filtrar los nutrientes más rápidamente en suelos ricos en arena que en los orgánicos que contienen gran cantidad de marga.

Existen otros factores que inciden sobre la frecuencia de las aplicaciones, por ejemplo las plantas que se cultivan, la frecuencia y cantidad de los riegos, el tipo de fertilizante empleado y la tasa de liberación del producto específico.

Recuerda que, por el hecho de crecer bajo tierra, los cultivos de raíz requieren menos nitrógeno que los cultivos de hoja. Estos últimos necesitan que la parte superior de la planta crezca sana y fuerte para que su producción sea adecuada. Por otro lado, la mayoría de los árboles y arbustos (incluidos los que son idóneos para cultivar en recipientes) se desarrollan tan bien con una aplicación anual de un buen fertilizante de uso general como con un aporte continuo de té de compost o de estiércol en cada riego (consulta el capítulo 15).

Naturalmente, es aconsejable que a la hora de agrupar plantas en un mismo recipiente no solamente se tomen en cuenta sus necesidades de agua y de luz, sino también las nutricionales. Acaso no resulte muy provechoso combinar cultivos de raíz y de hojas en la misma maceta.

Las plantas que están en el exterior se deben fertilizar a finales de invierno o en primavera. Colocarlas en macetas para trasladarlas al interior puede prolongar el periodo de crecimiento de las perennes; las caducas florecerán, darán frutos y morirán prácticamente al mismo tiempo que sus hermanas del exterior, con independencia de la temperatura que haya en la habitación. Además, con la llegada del invierno, cuando las temperaturas son más frías y los días más cortos, incluso la más robusta de las plantas perennes necesitará descansar para la siguiente estación. Es un buen momento para reducir la fertilización, o incluso eliminarla completamente, y ofrecerle así a la planta la oportunidad de entrar en un periodo de inactividad.

Fertilizar árboles y arbustos después de principios de julio puede provocar que vuelvan a crecer los tejidos leñosos que en esta época normalmente se están preparando para el próximo invierno. Esta incidencia puede retrasar el periodo de inactividad de las plantas que están en macetas al aire libre y esto, a su vez, puede provocar que se deterioren o mueran durante la estación invernal. En cuanto a las plantas que se encuentran en recipientes en el interior, un aporte de fertilizante al final de la estación puede suponer una presión excesiva para las plantas, que intentarán seguir creciendo durante todo el año cuando su compleja agenda de crecimiento requiere que exista un tiempo de reposo.

MÉTODOS DE APLICACIÓN

Otra de las indicaciones con respecto a los fertilizantes se refiere a los métodos de aplicación. Igual que sucede con los cultivos tradicionales, existen diversos métodos para suministrar nutrientes a los cultivos en macetas, dependiendo de la fórmula del fertilizante y de las necesidades de las plantas.

DISTRIBUCIÓN DEL ABONO: la dosis recomendada del producto se distribuye sobre la zona de cultivo y se deja filtrar a través del suelo; también se puede mezclar con la tierra usando una pala de mano o un rastrillo pequeño. Para las plantas que están en tiestos, puedes esparcir la dosis recomendada de gránulos sobre la superficie y remover la tierra, de modo que el producto permanezca en la capa superior del suelo. No deben estar a mayor profundidad porque se correría el riesgo de que dañaran el delicado sistema radicular de la planta. Una vez distribuido el fertilizante, deberás regar abundantemente.

SOLUCIONES INICIADORAS: una de las formas más sencillas de abonar las plantas que crecen en macetas es emplear un fertilizante líquido, rico en fósforo, como solución iniciadora para las plantas jóvenes. Es aconsejable seguir utilizándolo a medida que las plantas crecen. Diluye la solución según lo indiquen las instrucciones.

PREPARACIÓN SECUNDARIA: en cuanto observes que las plantas se están desarrollando bien, puedes aplicar un fertilizante seco como preparación secundaria. Disemina los gránulos o el polvo a unos

quince centímetros del tallo principal. Entierra los gránulos ligeramente en la tierra o esparce el polvo de manera uniforme y luego
riega de forma abundante. Evita la zona cercana al tallo, pues de lo
contrario podrías dañar la planta o incluso matarla.

ABONO PARA LAS HOJAS: los fertilizantes solubles son cada vez más populares como abono para las hojas, también para las plantas en
macetas. Las hojas absorben el fertilizante que, normalmente, se
aplica con la cantidad indicada de agua para crear una solución que
no sea muy fuerte y empleando un pulverizador presurizado o de
pistola. El abono para las hojas es especialmente útil cuando:

- se le ha añadido al suelo una cantidad insuficiente de fertilizante
  antes de la plantación,
- deseas fomentar un crecimiento rápido,
- quieres eludir los micronutrientes (como el hierro y el cinc) que
  se ocultan en el suelo o
- el suelo es demasiado frío para que las plantas puedan extraer o
  aprovechar el fertilizante que se ha aplicado en él.

Las plantas absorben y utilizan los nutrientes foliares con bastante
rapidez. Si bien este método puede resolver los síntomas derivados
de una deficiencia de nutrientes, debes recordar que, en el mejor
de los casos, se trata de una solución transitoria que afecta únicamente a las hojas existentes y ofrece buenos resultados principalmente en primavera, cuando el desarrollo foliar es más rápido.

Las aplicaciones foliares no resuelven la causa subyacente de una
deficiencia de nutrientes a largo plazo. Dicha causa suele ser un des-
equilibrio del pH del suelo que bloquea la disponibilidad de los nutrientes. Debes considerar que la fertilización foliar para las plantas que
cultivas en tiestos es una medida rápida para un problema grave, pero
recuerda que no debes utilizar una solución demasiado concentrada,
en particular para las plantas de interior, porque ¡rara vez disfrutan de
lluvias ocasionales que puedan lavar las hojas entre las aplicaciones!

Abonar tus plantas puede ser un proceso muy simple o muy complicado; esto depende de ti. Solo debes emplear el sentido común y recordar que es mejor equivocarse por aplicar poca cantidad del producto antes que una cantidad excesiva.

¿CUÁL ES EL MEJOR FERTILIZANTE?

Cuando quieras comprar un buen fertilizante, deberás tener siempre presente algunas consideraciones para sacar el mejor provecho de tu inversión:

1. Si lo que deseas es un rápido crecimiento foliar, debes buscar uno que contenga la mayor parte de su nitrógeno en forma nítrica, ureica o amoniacal. Si aspiras a obtener resultados duraderos con un bajo potencial de filtración, debes adquirir un abono con un porcentaje alto de nitrógeno no soluble en agua, que será más caro que las formas solubles. La mejor compra para una fertilización general es un abono con una combinación de nitrógeno de liberación rápida y lenta.

2. Desafortunadamente, a la hora de adquirir un fertilizante para plantas (como hoy en día sucede prácticamente con cualquier cosa que compremos) suele ser bastante frecuente que termines pagando la marca y los millones de dólares que ha gastado la compañía en publicidad para promocionar sus productos. Teniendo en cuenta esta información, lo mejor es que busques las ofertas y compres en los establecimientos que ofrecen los precios más bajos.

También debes considerar que un fertilizante de concentración superior, como el tipo 16-4-8, casi siempre es más caro y cubre un área mayor que uno de concentración inferior, por ejemplo 3-2-5.

3. Recuerda que el hecho de que un fabricante decida comercializar un fertilizante específico para una planta determinada (por ejemplo, un abono para césped, tomates o camelias) no significa que no se pueda utilizar para cualquier otra que cultives, siempre que su concentración responda a sus necesidades. A veces algunas personas se abstienen de comprar fertilizantes específicos porque ignoran esta información y terminan pagando más por una marca conocida de un abono para plantas de uso general.

La excepción a esta regla se da cuando un fertilizante contiene también un fungicida o un insecticida que podría dañar ciertas plantas sin afectar a otras. En ese caso, deberás optar por el fertilizante que te ofrezca más seguridad. Ya te ocuparás de los insectos y las enfermedades sobre la marcha, ¡si se da el caso de que se conviertan en un problema!

01:00   EN UN MINUTO

- Las plantas necesitan nutrientes del mismo modo que los necesitamos nosotros, y prácticamente por las mismas razones.
- Existen muchos tipos diferentes de fertilizantes, no todos son iguales.
- Conocer la concentración del fertilizante puede ayudarte a cultivar plantas más sanas, más fuertes y más productivas.
- Saber cuándo y cómo abonar las plantas es una de las claves para el éxito del cultivo en macetas.

CEBOLLA *(Allium cepa)*
PUERRO *(Allium porrum)*
CHALOTA *o cebolla francesa (Allium ascolonicum)*
AJO *(Allium sativum)*

FORMA: bulbo.

VARIEDADES: existen varias variedades de cebollas que se siembran con éxito, entre ellas:

- *Cebollas*: Candy, Granex (blanca), Stockton Sweet Red y Yellow Granex.
- *Cebolletas*: son cebollas de cualquier variedad que se cosechan antes de que desarrollen el bulbo. Son especiales para este propósito las variedades Beltsville y Evergreen.

SEMILLAS O TRASPLANTE: ambos.

TAMAÑO DE LAS MACETAS: mediano.

AGUA: es esencial que el suelo tenga la humedad adecuada para que el crecimiento de las raíces sea continuo y también para satisfacer las necesidades del bulbo y de las hojas. Durante la etapa de crecimiento, debes asegurarte de que las cebollas tengan bastante humedad, especialmente después de que los bulbos comiencen a agrandarse; así obtendrás bulbos de buen tamaño y una mejor producción. Una semana antes de la cosecha, los riegos deben ser discontinuos para que la cebolla forme capas protectoras que aumentarán su resistencia durante el almacenamiento.

COMENTARIOS: la cebolla, las chalotas, los puerros y el ajo crecen mejor en climas fríos y, por lo general, se siembran en otoño para cosecharlos a finales de la primavera. Las cebollas se pueden sembrar también al comienzo de la primavera para cosecharlas en verano; los puerros, a finales del verano o comienzos del otoño para cosecharlos en invierno, y las chalotas y los ajos crecen mejor cuando se plantan en otoño. Todos deben hallarse a pleno sol para obtener los mejores resultados.

Se pueden cultivar a partir de la semilla, de pequeños bulbos inmaduros o por trasplante. Los diferentes métodos varían según la estación y la región a la que mejor se adapten. Las cebollas

Cebolla (*Allium cepa*).

Mike Hillis

cultivadas por trasplante se deben sembrar a comienzos de la primavera para conseguir los mejores resultados.

SEMILLAS: coloca las semillas a una profundidad aproximada del doble de su grosor, luego riega y comprime firmemente la tierra. Cubre el tiesto con un recipiente de plástico transparente o envuélvelo con un material plástico y espera a que asomen los brotes. Mantén húmeda la tierra pero nunca saturada de agua, y aparta la maceta de la luz solar directa para evitar el recalentamiento. Destápala ante el primer signo de germinación. Separa las plántulas hasta dejar una cada cuarenta centímetros.

TRASPLANTE: coloca las plantas en un hoyo que no sea más profundo que la longitud de la masa radicular original y aprieta la tierra firmemente con los dedos alrededor del tallo.

SUELO: el mejor medio para obtener cebollas de calidad (y para la mayoría de los cultivos de raíz) es un suelo margoso bien drenado y con una cantidad abundante de materia orgánica. Los suelos arcillosos suelen producir cebollas más picantes; los arenosos requieren más fertilizante y agua que los margosos. El pH ideal se encuentra entre 6,0 y 6,5.

INSECTOS: las plagas de insectos más dañinas son la mosca de la cebolla, que se alimenta de los bulbos, y el trip de la cebolla, que succiona la savia de las hojas. La materia orgánica descompuesta atrae a la mosca de la cebolla y, por lo tanto, es preciso mantener una buena higiene para mantenerlas alejadas. SOLUCIONES: pulverizar la planta con un jabón biológico no detergente mezclado con agua (aproximadamente una cucharada por cada cuatro litros de agua).

ENFERMEDADES: las enfermedades no suelen ser un problema cuando se cultivan cebollas en macetas. La buena práctica ayuda a evitarlas. Nunca plantes cebollas en la misma tierra más de una vez cada cuatro años. Plántalas en suelos bien drenados. SOLUCIONES: para evitar enfermedades durante el almacenamiento, es preciso cerciorarse de que las cebollas están bien secas antes de guardarlas.

BENEFICIOS PARA LA SALUD: las cebollas, igual que los ajos, las chalotas y los puerros, pertenecen a la familia *Allium*. Todos ellos constituyen una buena fuente de compuestos que contienen azufre, motivo por el cual tienen un olor intenso que desagrada a algunas personas. Dichos compuestos son los responsables de la mayoría de los efectos saludables de estos bulbos. Las cebollas contienen alil propil disulfida, vitamina C y numerosos flavonoides, en especial la quercetina; además, son ricas en cromo, un oligoelemento que ayuda a las células a responder a la insulina, razón por la cual es muy útil para los diabéticos. Por su parte, el ajo es rico en alicina, dialil disulfida, dialil trisulfida y oros compuestos.

Muy apreciadas con el paso de los años por sus efectos beneficiosos para los diabéticos, las cebollas se merecen su buena fama. Los experimentos han demostrado que la alil propil disulfida compite con la insulina (que también es una disulfida) para ocupar las zonas del hígado donde la insulina está desactivada. El resultado es un aumento de la cantidad de insulina disponible para transportar la glucosa hacia el interior de las células, reduciendo así el azúcar en sangre.

Las cebollas se encuentran también entre un pequeño número de frutas y hortalizas que han contribuido a reducir de forma significativa el riesgo de enfermedades cardíacas, como se ha puesto de manifiesto en un metaanálisis de siete estudios prospectivos. De los más de cien mil individuos que participaron en dichos estudios, aquellos cuyas dietas incluían cebollas, té, manzanas y brócoli (las mejores fuentes de flavonoides) experimentaron una reducción del 20% en el riesgo de contraer una enfermedad cardíaca. Además, tanto las cebollas como los ajos ayudan a reducir el riesgo de cáncer, aumentan la salud general de los huesos y promueven el bienestar gastrointestinal.[21]

LISTAS PARA LA COCINA: cosecha las cebollas cuando aproximadamente tres cuartas partes de las hojas de la parte superior se hayan caído, lo que sucede entre los noventa y los ciento cincuenta días después de haber sembrado la semilla. Retira la parte superior cortándola a unos dos o tres centímetros de los bulbos. Antes de almacenar las cebollas, deja que los bulbos se sequen con el aire y a cubierto. Guarda los bulbos secos en cajas de poca profundidad o bolsas de malla para evitar que se enmohezcan. Las condiciones ideales son una temperatura de entre siete y doce grados centígrados y un 50-60% de humedad.

Cosecha las cebolletas cuando la parte superior tenga entre quince y veinte centímetros de largo. Puedes guardarlas en una bolsa de plástico en la nevera durante dos semanas.

Cosecha los puerros cuando hayan alcanzado al menos los tres centímetros de diámetro. Se conservan durante varias semanas en la nevera.

Cosecha las chalotas (para utilizar como cebolletas) sesenta días después de la plantación o a finales de la primavera, una vez que la parte superior se haya marchitado y los bulbos estén secos. Deja secar los bulbos en un sitio seco y cálido durante aproximadamente una semana.

Cosecha los ajos cuando las hojas empiecen a tornarse amarillas a comienzos del verano. Extrae la planta entera con la mano o con una horquilla, con sumo cuidado para no dañar los bulbos. Retira la tierra que haya quedado adherida a ellos pero no los laves. Déjalos secar en un sitio sombreado, ventilado y cálido. Cuélgalos en manojos o distribúyelos sobre rejillas de secado en una sola capa. Dos o tres semanas más tarde, los ajos se habrán secado completamente y la piel exterior habrá adquirido un aspecto parecido al papel. Retira los tallos superiores cuando ya estén secos y cuélgalos en ristras o atando varias cabezas de ajo juntas; también puedes cortar la parte superior y colocar los bulbos en una bolsa de malla. La mayoría de las variedades se conservan entre seis y ocho meses en un sitio seco, fresco y bien ventilado

Ahorro anual: como media, de treinta y cuatro a sesenta y nueve euros al año por persona, dependiendo del uso.

12

Variedades, híbridos y *varietales*

M uy bien, ya estás preparado. Ya sabes de qué van las cosas. Conoces todos los beneficios del cultivo de plantas en macetas. Te has enterado de los costes, sabes dónde encontrar los recipientes que vas a necesitar y cómo construirlos personalmente cuando sea necesario. Y, además, has aprendido la relación entre los nutrientes y el pH del suelo.

Pues bien, la única pregunta que queda es: ¿qué haces a partir de ahora?

La respuesta es: ir al centro de jardinería, por supuesto.

¿Y qué encontrarás allí?

Me alegro de que lo hayas preguntado.

En cierto momento de la historia de la horticultura, teníamos plantas, y punto. Teníamos algunos tomates, unos cuantos guisantes, un poco de maíz y de rutabaga y también un puñado de arándanos, calabazas, melones y calabacines, y algunas cosas más donde clavar nuestros tenedores.

Ahora tenemos todo eso y cincuenta veces más. ¿Qué digo cincuenta? Cien veces más. ¡Mil veces más!

¿Por qué motivo? Por las variedades, los híbridos y las varietales.

Parece ser que la madre naturaleza, con la sabiduría que ha cosechado a lo largo de los años, no estaba satisfecha con ofrecerle maíz al universo. No, tenía que ofrecerle el maíz 1, el maíz 2, el maíz 3, el maíz 4 y así sucesivamente, hasta el infinito.

Como si esto no fuera suficiente, cuando la humanidad surgió finalmente en la Tierra, comenzó a escarbar aquí y allá con el fin de conseguir comida gratis, convencida de que si la madre naturaleza podía jugar con las plantas, también podrían hacerlo los hombres.

Y es evidente que lo hemos hecho.

Los resultados son las variedades, los híbridos y las varietales cada vez más diferentes que producimos a partir de diversas frutas y hortalizas (por no mencionar las plantas ornamentales): ¡son muchos más de lo que jamás podrías imaginar!

Pero, exactamente, ¿qué son las variedades, los híbridos y las varietales?

LA MISMA DIFERENCIA

La palabra «cultivar» procede de la contracción del término *cultivated variety* (variedad cultivada). Se refiere a plantas de la misma especie que se cultivan con el propósito de que desarrollen características específicas.

Algunas variedades ganan popularidad porque son particularmente resistentes a las plagas o porque tienen la capacidad de sobrevivir en determinados climas. Otras son valoradas simplemente por su belleza o fragancia, como por ejemplo, las rosas. La industria hortícola se reinventa de forma constante creando nuevas variedades.

Un híbrido es un cruce de dos variedades diferentes de plantas realizado con el fin de conseguir los atributos de ambas. Los híbridos se desarrollan para lograr que la planta sea resistente a las enfermedades, para que produzca flores de mayor tamaño, o para modificar el momento de la floración, el color, el sabor, o cualquier otra cualidad por la cual una planta pueda ser considerada especial y única.

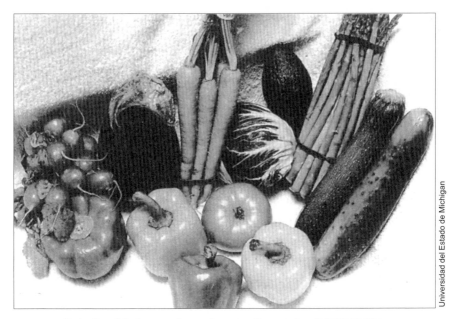

Universidad del Estado de Michigan

Cada año se introducen en el mercado una amplia gama de variedades híbridas, muchas de los cuales son candidatas ideales para cultivar en macetas. Tendrás que probar varias variedades hasta que encuentres las que más te gusten.

Como los híbridos son un cruce de variedades, las semillas que producen no engendrarán una planta similar. Por este motivo se dice que las plantas nacidas de semillas híbridas no son verdaderas plantas.

Las plántulas que crecen a partir de un híbrido pueden exhibir alguno de los rasgos de una de las plantas parentales o de ambas, pero también podrían ser completamente diferentes.

Con paciencia, y estoy hablando de años —mucha más paciencia de la que me gustaría tener—, las semillas de híbridos se pueden seleccionar cuidadosamente y cultivar hasta que se estabilicen y comiencen a parecerse al híbrido parental. De todos modos, la mayoría de las empresas que venden semillas simplemente continúan haciendo cruces de plantas hasta lograr la semilla que buscan, porque es el método más económico, más rápido y más fiable.

Varietales es otro nombre que se da a las variedades, es decir, son plantas de la misma especie que se cultivan para producir características específicas.

Por lo tanto, cuando te decidas a buscar las mejores candidatas para cultivar en recipientes, ya sabrás que ciertas características de las plantas se han «fabricado» gracias a otras. Algunas plantas se han cultivado para producir variedades resistentes a las enfermedades, para conseguir hábitos de crecimiento más compactos o ejemplares de menor tamaño que se adapten mejor al cultivo en macetas, o para aumentar la producción de frutos.

Es probable que te preguntes qué variedad o híbrido debes elegir entre los cientos de miles que hay en el mercado, y con la cantidad de nuevas variedades que se introducen en el mercado cada estación.

O acaso decidas ir en una dirección completamente diferente.

UNA ÚLTIMA CONSIDERACIÓN

Existe otra clasificación de plantas que quizás desees tener en cuenta a la hora de organizar tu huerto en macetas. Son las plantas nativas o autóctonas, especies de plantas originales de una determinada región que crecen de forma pura y natural, sin manipulaciones y sin trabas, que se mantienen intactas y cuyos nombres no se indican entre comillas.

Estas plantas se reproducen de generación en generación gracias a los horticultores que recogen las semillas de la planta madura durante la cosecha. Para que esas semillas sean fieles a su especie, la planta debe ser de polinización abierta. En otras palabras, tiene que ser capaz de producir semillas que generarán plántulas idénticas a la planta parental. No todas las plantas lo consiguen, como hemos visto con los híbridos.

En la naturaleza las plantas experimentan una polinización cruzada (por ejemplo, cuando una abeja se desplaza de una variedad a otra, polinizando accidentalmente la segunda planta), y aunque los híbridos seleccionados y cultivados de forma reiterada pueden finalmente estabilizarse y comenzar a producir semillas fieles a la especie, muchas semillas de híbridos son cruces relativamente recientes.

Cada primavera los catálogos de semillas incluyen nuevas variedades de tomates, cada una de las cuales posee algún beneficio que no ofrecían las anteriores. Se los puede denominar híbridos o F1, en referencia a la primera generación filial (híbrido de primera generación), o F2.

Aunque estos híbridos pueden llegar a estabilizarse, no se puede esperar que lo hagan en un periodo de tiempo determinado. La variedad de tomates 'Early Girl', por ejemplo, existe desde hace décadas y sin embargo la planta todavía no produce semillas que tengan las mismas características que se espera de un tomate de esta especie. ¡Vaya obstinación!

Como las semillas de plantas híbridas tienden a revertir las características dominantes de las plantas parentales (¿recuerdas la clase de genética del instituto?), los tomates que crecen a partir de semillas guardadas del año anterior, como el 'Early Girl', pueden ser dulces y sabrosos pero nunca serán tan tempranos.

Debido a los caprichos de semejante comportamiento, muchos horticultores están volviendo a cultivar plantas autóctonas (o nativas), es decir, plantas que se reproducirán realmente a partir de las semillas año tras año. Por otra parte, muchos de ellos insisten en que las autóctonas son más resistentes y más sabrosas que muchas variedades modernas.

Es lógico. Los tomates 'Big Boy', cultivados para producir frutos excepcionalmente grandes, son conocidos por ser un poco insípidos. Sin lugar a dudas, las plantas nativas a partir de las cuales se creó el híbrido son mucho más sabrosas; por lo tanto, si estás dispuesto a renunciar al tamaño en favor del sabor (como sucede con muchos horticultores), tiene sentido retornar a las plantas parentales originales y plantar las que son autóctonas.

Cultivar plantas autóctonas nos asegura también que las reservas genéticas de las originales seguirán estando disponibles para las personas que se ocupen de hacer cruces de plantas en el futuro. Lamentablemente, con el paso de los años estas plantas se han ido perdiendo, simplemente porque han tenido la poca fortuna de pasar de moda en favor de variedades más populares y llamativas.

Como horticultor de plantas en macetas, la verdad es que no conseguirás encontrar un gran porcentaje de autóctonas que te resulten interesantes. Muchas se extienden demasiado y son bastante rebeldes en lo que se refiere a su tamaño y hábito de crecimiento. Algunas son resistentes pero su producción es exigua. Otras requieren demasiada luz o espacio para las raíces, o no toleran el exceso de luz ni de sombra y, en consecuencia, no darán buenos resultados si se cultivan en macetas.

Sin embargo, no descartes las plantas autóctonas en favor de otras que aparentemente se adaptan mejor al cultivo en tiestos. El mero hecho de que una planta de tomate desarrolle un buen tamaño y tenga una forma compacta y una buena masa radicular no significa necesariamente que sea la variedad adecuada para ti. Debes experimentar, informarte sobre las diferentes plantas nativas y varietales, conocer las variedades más recientes en el centro de jardinería local y aprender todo lo que puedas sobre las plantas que estás considerando cultivar; solo entonces podrás entregarte de lleno a la tarea. Te sentirás satisfecho de haber invertido tu tiempo y esfuerzo en ella.

01:00   EN UN MINUTO

- Las plantas autóctonas, que crecen de manera natural, son variedades sin adulterar que suelen ser muy populares debido a su resistencia.
- Para encontrar la variedad de plantas que mejor satisfaga tus necesidades, tendrás que investigar, es decir, sembrar, sembrar y sembrar.

ESPINACAS *(Spinacia oleracea)*

FORMA: hoja.
VARIEDADES: la mayor parte de las espinacas que se cultivan en recipientes son del tipo semi-Savoy. Su característica principal son sus hojas rugosas. Una propiedad importante de esta varietad es que germina muy lentamente (cuando hablo de germinación,

me refiero a la formación de un tallo con flores que roba energía al desarrollo del fruto o de las hojas, como es el caso de las espinacas), y es ideal para plantar a lo largo del invierno y en primavera. Otra característica destacada de esta variedad es su resistencia al mildiú. Dos de las mejores variedades son Melody y Space

Semillas o trasplante: ambos.

Tamaño de las macetas: pequeño a mediano.

Agua: riega el recipiente hasta suministrar una humedad uniforme que llegue a una profundidad de quince centímetros aproximadamente. Es aconsejable que los riegos sean tempranos, pues permiten que las hojas se sequen antes de que oscurezca. Las espinacas necesitan riegos frecuentes para que las hojas sean de buena calidad y estén compuestas por un alto porcentaje de agua. ¡Resulta curioso cómo trabaja la madre naturaleza!

Comentarios: la espinaca es un cultivo resistente de estaciones frías que se puede plantar a comienzos de la primavera o en otoño en el interior o en el exterior. Es una planta muy adecuada para cultivar en una maceta en el patio o en el jardín, puesto que puede sobrevivir a temperaturas de hasta seis grados bajo cero continuando con su desarrollo sin sufrir ningún daño.

Semillas: coloca las semillas a una profundidad aproximada del doble de su grosor, riega y comprime firmemente la tierra. Cubre el tiesto con un recipiente de plástico transparente o envuélvelo con un material de plástico y espera la germinación. Mantén la tierra húmeda pero nunca saturada de agua y aparta la maceta de la luz solar directa para evitar el recalentamiento. Destapa la maceta ante el primer signo de germinación. Separa las plántulas hasta dejar una distancia entre ellas de unos cuarenta centímetros, aproximadamente.

Trasplante: coloca las plantas en un hoyo que no sea más profundo que la longitud de la masa radicular original y presiona la tierra firmemente alrededor del tallo con los dedos.

Suelo: la espinaca crece bien en diversos tipos de suelos; sin embargo, prefiere los margo-arenosos y ricos en materia orgánica. Para

Espinacas (*Spinacia oleracea*).

que el suelo tenga niveles óptimos de fertilidad, debes mantener el pH en valores de entre 5,8 y 6,5. Si el resultado de un análisis de suelo indica una carencia de piedra caliza en el medio de cultivo, tendrás que incorporar cal como mínimo tres meses antes de la plantación. Los riegos idóneos y el uso de nitrato de calcio como complemento evitarán que el corazón de la planta se torne negro y que la punta de las hojas se queme. Ambos síntomas se deben a una deficiencia de calcio.

INSECTOS: los insectos que pueden representar un problema para cultivar espinacas son los áfidos, los gusanos cortadores, el taladrillo de la col, los gusanos del maíz y la oruga de la mariposa de las coles. Los áfidos son un problema de considerable importancia porque transmiten virus a las plantas. SOLUCIONES: pulverizar la planta con un jabón biológico no detergente mezclado con agua (aproximadamente una cucharada por cada cuatro litros de agua). También se pueden eliminar manualmente los insectos de mayor tamaño.

ENFERMEDADES: los principales problemas que presenta este cultivo son el mildiú, la roya blanca y el marchitamiento de las plántulas.

SOLUCIONES: asegurarse de que las hojas están secas durante la noche y aplicar un fungicida natural apropiado (consulta el capítulo 15).

BENEFICIOS PARA LA SALUD: las espinacas son una de las hortalizas más sanas (¡Popeye sabía perfectamente lo que decía!). Contienen calcio, fibra, hierro, manganeso, magnesio, niacina, fósforo, potasio, riboflavina, selenio, tiamina, vitamina A, vitamina B_6, vitamina C y cinc, y ¡nada de colesterol! Todo esto las convierte en un alimento excelente para cosechar y consumir durante todo el año. De hecho, si te interesas por la salud, seguramente adquirirás el hábito de usar espinacas frescas en lugar de lechugas en las ensaladas. Además de ser más sanas, tienen un sabor más intenso.

Puede que Popeye haya consumido espinacas para ser fuerte pero también podría haberlas tomado por otros motivos, como sus extraordinarias cualidades protectoras en caso de osteoporosis, enfermedades cardíacas, cáncer de colon y otros tipos de cáncer, artritis y otras afecciones. Los investigadores han identificado al menos trece compuestos flavonoides diferentes en las espinacas, que trabajan de forma conjunta como agentes antioxidantes y anticancerígenos. Los estudios han demostrado que el extracto de espinaca retrasa la división celular en las células cancerosas del estómago (adenocarcinomas gástricos), además de reducir la incidencia de cánceres de piel y de mama en las mujeres.

Según indica una investigación publicada en el *Journal of Nutrition*, las espinacas (y también otros vegetales de hoja) contienen un carotenoide que combate el cáncer de próstata de dos formas diferentes.[22] Se trata del carotenoide denominado neoxantina, que induce la autodestrucción de las células tumorosas de la próstata y, por otra parte, en los intestinos se convierte en unos compuestos adicionales llamados neocromos. Estos compuestos singulares provocan un estado de reposo en las células cancerosas de la próstata, evitando así que se reproduzcan y la enfermedad se extienda. Además de que las espinacas son un poderoso agente anticancerígeno, su alto nivel de vitamina K favorece la salud de los huesos y previene enfermedades como la osteoporosis. Son beneficiosas para el corazón debido a sus altos niveles de vitaminas C y A y de betacaroteno, que trabajan como antioxidantes para reducir la concentración de radicales libres en el organismo.

Las espinacas son también una fuente excelente de folato, elemento que el cuerpo necesita para convertir una sustancia química potencialmente nociva denominada homocisteína en moléculas benignas. Si los niveles de homocisteína son demasiado elevados, existe el riesgo de sufrir un ataque cardíaco o un derrame cerebral. Además, también son muy ricas en magnesio, que reduce la tensión arterial alta y protege contra las enfermedades cardíacas y cardiovasculares. Una ración de espinacas en la ensalada puede tener un efecto muy provechoso sobre la tensión sanguínea en un lapso de tiempo tan breve como dos horas. Y como si todo lo anterior no fuera lo suficientemente importante, las espinacas también favorecen la salud gastrointestinal y tienen una función antiinflamatoria. Si estás empezando a pensar que todos estos beneficios convierten a Popeye en un tío muy listo, también puedes atribuirle la misma cualidad a esta maravillosa verdura.

Los investigadores han descubierto que las espinacas pueden ayudar a proteger al cerebro del estrés oxidativo, además de reducir los efectos del deterioro cerebral en las personas de edad avanzada. Un estudio que se publicó en el *Medical Journal of Neurology* afirma que consumir diariamente tres raciones combinadas de espinacas, hortalizas amarillas y crucíferas podría detener el desarrollo de la demencia en un 40%.[23]

Me gustaría destacar que si recuerdas la importancia de consumir al menos tres raciones de estas hortalizas cada día, ¡también conseguirás recordar muchas otras cosas!

Por último, las espinacas contienen también un alto contenido en luteína (presente también en el brócoli y la berza o col rizada), un carotenoide que ofrece una protección eficaz contra las enfermedades oculares, como por ejemplo la degeneración macular y las cataratas, dos dolencias típicas de la tercera edad. La luteína, como el resto de los carotenoides, es soluble en grasas y no se absorbe a menos que estén presentes en el sistema digestivo. En consecuencia, es una buena idea acompañar las espinacas frescas, salteadas o al vapor con un poco de un aceite saludable, por ejemplo de coco o de oliva. Si combinas las espinacas con un huevo duro (que no solo es rico en luteína sino también en grasas, colesterol y colina), conseguirás potenciar los efectos saludables de esta verdura.[24]

LISTAS PARA LA COCINA: la cosecha de espinacas normalmente se realiza entre los treinta y siete y los cuarenta y cinco días posteriores a la plantación. Cosecha las hojas tiernas de color verde oscuro que tienen entre siete y quince centímetros de largo, retirándolas de la planta una por una manualmente o utilizando unas tijeras de jardín. Comienza por las hojas exteriores y deja crecer las nuevas hasta que alcancen el tamaño deseado; de esta forma la planta mantendrá su producción durante semanas. Retira los pecíolos (los tallos de las hojas) si son demasiado grandes y fibrosos; como alternativa, puedes guisarlos hasta que se ablanden. Escurre las espinacas y sécalas con papel de cocina o con un centrifugador para ensalada. Guárdalas en bolsas de plástico abiertas en la nevera.

AHORRO ANUAL: como media, aproximadamente treinta euros al año por persona.

13

Algo más que una cara bonita: plantas de compañía

Muy bien, ahora que ya has estado en tu tienda de plantas favorita, has comprado las frutas y hortalizas que quieres cultivar este año y has elegido varias bolsas de semillas de plantas que no se vendían en semillero, estás preparado para poner todas tus adquisiciones en sus respectivos recipientes.

Tienes una hermosa maceta de treinta centímetros de diámetro para plantar una tomatera de quince centímetros con un aspecto muy sano. Colocas la planta justo en el centro del tiesto y luego lo llenas de tierra prácticamente hasta el borde.

Pero, un momento, ¿qué es lo que vas a hacer después?

Bueno, en verdad lo que quiero decir es que el conjunto se ve un poco... vacío.

EL SISTEMA DE LAS PLANTAS DE COMPAÑÍA

Utiliza la maceta para hacer un cultivo mixto, lo que significa ofrecerle compañía a tus plantas favoritas.

¡Vaya ego!, piensas. ¡Menuda tontería esotérica! ¿Por qué motivo alguien podría ser tan vanidoso como para sentir la necesidad de engalanar una planta en una maceta agregando otras plantas? ¿Acaso no es una buena idea tener una planta en cada recipiente? El falso dicho de que dos es mejor que uno, ¿no es razón suficiente para no hacerlo?

Bueno, no exactamente. Verás, añadir una o más plantas de compañía (que casi siempre adornan y realzan una maceta) es mucho más que un mero gesto estético. Con el paso de los años la ciencia ha conseguido demostrar que cuando cultivas dos o tres especies diferentes de plantas en un mismo lugar, es probable que les hagas un gran favor.

Y así es, en efecto.

Si una planta crece bien en una gran maceta de barro, es muy factible que dos crezcan mucho mejor.

Y tal vez tres crecerían aún mejor, a pesar de haber mayor competencia por la comida y el agua.

¿Cómo puede ser?, te preguntas. Presta atención, pues me gustaría decir esto una sola vez.

Algunas plantas, igual que algunas personas, se desarrollan mejor en grupos de progenie mixta. Crecen más rápidamente, son más sanas, más vigorosas y más resistentes a las enfermedades y a las plagas que las plantaciones de una sola especie. Las judías y los tomates, por ejemplo, crecen muy bien cuando se plantan juntas. Igual sucede con los pepinos y el maíz. Los tomates y las caléndulas son amigos incondicionales, como también lo son los pimientos picantes y la lavanda francesa.

¿Se pueden cultivar tomates con pepinos? Oh, ni lo pruebes. ¿Y mezclar patatas con zanahorias? Adelante: alégrales el día.

¿Entiendes lo que quiero decir?

Acaso pienses que algunas plantas son más sociables con algunas especies que con otras. Precisamente lo mismo que le sucedía a tu tía abuela Martha. ¿Recuerdas cómo saltaban chispas cada vez que se encontraba con su primo segundo Ferne?

LA CIENCIA TIENE UNA EXPLICACIÓN

Así es. En un afán por demostrar qué plantas se acoplan mejor y cuáles nunca deberían plantarse juntas, a lo largo de los años se han realizado numerosos estudios de horticultura. Esos mismos estudios, además de otros, han intentado explicar también la razón que justifica el éxito de cultivar grupos de plantas. Y esto ¿por qué?

Los botánicos saben desde hace años que las raíces, las flores, las hojas y los tallos de muchas plantas contienen sustancias naturales que, alternativamente, pueden repeler (antialimentarias) o atraer (proalimentarias) insectos. En algunas situaciones pueden ayudar también a mejorar la tasa de crecimiento y el sabor de diferentes variedades y especies.

Cientos de años de experiencia en horticultura han revelado que los cultivos mixtos, ya sea sobre el terreno o en macetas, pueden constituir una parte importante de la gestión integrada de plagas. Por lo general, los ataques de insectos no representan un motivo de preocupación para los cultivos de plantas en el interior. No podemos decir lo mismo de las enfermedades producidas por hongos y bacterias, que sí pueden transformarse en un problema.

De hecho, cultivar grupos de plantas puede ayudar a mantener un ecosistema más equilibrado en tu huerto en macetas; es como darle un pequeño empujoncito a la madre naturaleza. Después de todo, las plantas que crecen en el campo suelen estar rodeadas de otras especies, la mayoría de las cuales están preparadas para desarrollarse en una relación simbiótica con sus hermanas.

Considéralo desde este punto de vista: la naturaleza reúne una amplia gama de plantas, insectos, animales y otros organismos en cada ecosistema. Todos ellos están interrelacionados porque han sido diseñados para fortalecerse y beneficiarse mutuamente de algún modo. Te pondré un sencillo ejemplo: un árbol produce una manzana. Una persona toma la manzana y se la come, descartando el corazón. El corazón, que contiene las semillas de la manzana, genera un nuevo árbol en una nueva ubicación y el ciclo comienza otra vez, y así indefinidamente.

Si eliminas un elemento de esta ecuación básica, reduces de forma significativa la oportunidad de que las manzanas sobrevivan. Si eliminas el árbol, la manzana desaparece. Si eliminas al hombre, la tasa de reproducción de los manzanos disminuye enormemente. ¿Comprendes lo que quiero decir?

Si añades a esta ecuación la simple premisa de que la muerte de un organismo puede crear alimento (e incluso una nueva vida) para otro organismo, comienzas a comprender la relación simbiótica que mantienen todos los seres vivos.

Es bastante frecuente que los agricultores planten soja o trigo de invierno durante el periodo de barbecho y luego labren la tierra antes de plantar el maíz de primavera. ¿Y cuáles son los resultados?

El trigo y la soja son ricos en nitrógeno, el nutriente más requerido por el maíz, y satisfacen las necesidades de este último, creándose entre ellos una relación que, en última instancia, beneficia a todos.

Resumiendo, esta es la ventaja de un cultivo mixto. Unas plantas ayudan a sobrevivir a otras.

En el caso de cultivos de frutas y hortalizas en macetas, la planta que más queremos beneficiar con este tipo de plantación es, por supuesto, aquella que más nos apetezca consumir. Con ese objetivo, los cultivos mixtos son un concepto holístico porque funcionan en diversos e intrincados niveles dentro del ámbito ecológico.

La ventaja que este tipo de cultivos mixtos ofrece a los horticultores es que les permite mantener alejadas las plagas de insectos nocivos sin desaprovechar los insectos aliados que pueden beneficiar a las plantas. Algunos grupos de plantas ayudan a potenciar una producción más abundante de frutos y, en general, una mejor salud general. Y otros fomentan un desarrollo bacteriano beneficioso en el suelo, contribuyendo a la buena salud de cada una de las plantas.

Ahora, combina todos estos beneficios con la belleza adicional que ofrece un cultivo mixto en un recipiente (por ejemplo, caléndulas y zinnias combinadas con tomateras) y comenzarás a apreciar una infinidad de ventajas.

Algunas plantas de compañía beneficiosas

A continuación mencionaré algunas plantas que se benefician de forma natural y se desarrollan mejor juntas que por separado:

La **ALFALFA** es una planta perenne que tiene raíces profundas. Al igual que sucede con las legumbres, es valiosa por su capacidad para

D. J. Herda

Un horticultor que hace cultivos mixtos cosecha cebolletas de un recipiente que contiene una col (las dos plantas tienen una afinidad natural) y caléndulas, que ayudan a repeler todo tipo de plagas.

fijar el nitrógeno en el suelo y, al mismo tiempo, colabora en la acumulación de hierro, magnesio, fósforo y potasio. De manera que es una buena planta de compañía para cualquier otra que requiera un crecimiento frondoso. Su larga raíz pivotante le permite soportar bien las sequías y puede mejorar cualquier mezcla de tierra para macetas.

Los ESPÁRRAGOS son una excelente compañía para el coriandro, el eneldo, el perejil, los tomates, la albahaca, las caléndulas y la consuelda. No es aconsejable plantarlos junto a ajos, cebollas y patatas.

La ALBAHACA se desarrolla muy bien cuando se combina con plantas de tomates (¡y además son deliciosos cuando se guisan juntos!) y no solo mejora su crecimiento sino también su sabor. Asimismo prospera junto a los pimientos, el orégano, los espárragos y las petunias. Además, repele las moscas y mosquitos, lo que significa que debería estar en tu lista de plantas favoritas. Pero no se te ocurra plantarla cerca de la ruda ni la salvia.

Las JUDÍAS enriquecen el suelo con el nitrógeno que extraen del aire. En general, son una buena compañía para las zanahorias, el apio, las acelgas, el maíz, las berenjenas, los guisantes, las patatas y las especies de *Brassica* (como las coles, etc.), las remolachas, los rábanos, las fresas y los pepinos. Son muy provechosas para las especies que requieren mucho nitrógeno, como el maíz y todos los cereales porque, como ya mencioné, fijan el nitrógeno del aire en el suelo; el nitrógeno que los cereales aprovechan del suelo se repone al final de la estación cuando las plantas de judías llegan a la última etapa de su ciclo. Las judías blancas, el maíz dulce y los melones han demostrado ser buenas combinaciones. La ajedrea de verano mantiene alejados a los escarabajos de las judías y mejora su crecimiento y su sabor. Sin embargo, mantén las judías apartadas de las plantas pertenecientes al género *Allium* (la familia de las cebollas).

La BORRAJA es una espléndida compañía para los tomates, las calabazas, las fresas y otras muchas plantas. Aleja a los gusanos de cuerno que atacan a los tomates y a los gusanos de las coles, y también es una de las plantas que más atraen a las abejas y avispas, por lo que resulta muy beneficiosa para la polinización de las plantas cultivadas en macetas al aire libre. La borraja aporta oligoelementos al suelo y es conveniente añadirla al compost. Las hojas contienen vitamina C y son ricas en calcio, potasio y sales minerales. Puede resultar útil para cualquier planta que crezca cerca de ella porque incrementa la resistencia a las plagas y enfermedades.

Cortada y seca se convierte en un mantillo muy revitalizante para la mayoría de las plantas. La borraja y las fresas se ayudan mutuamente a crecer libres de plagas. Los horticultores que suelen cultivar fresas colocan unas pocas plantas de borraja en el mismo lecho con el propósito de realzar el sabor y la producción de su cultivo. Si siembras borraja cerca de las tomateras, podrás mejorar su crecimiento y también su resistencia a las enfermedades. Después de haber plantado esta especie anual una vez, volverás a cultivarla en la próxima estación.

Las flores de borraja son comestibles y se pueden usar como un complemento atractivo en los refrescos de verano, como la limonada, el té helado o los refrescos con vino. Puedes utilizarla en los martinis, bajo tu responsabilidad.

La COL forma una buena combinación con el apio, el eneldo, las cebollas y las patatas. El apio, en particular, se desarrolla más sano y fuerte junto a las coles. Los tréboles intercalados en un cultivo de coles reducen las poblaciones de áfidos y gusanos de la col al interferir en la colonización de las plagas y aumentar el número de escarabajos predadores que habitan en el suelo. También puedes plantar manzanilla junto a las coles para mejorar su crecimiento y sabor. Pero recuerda que no se lleva bien con las fresas, los tomates, los pimientos, las berenjenas, la ruda, las uvas ni las judías trepadoras. Y no me preguntes por qué.

El CORIANDRO repele los áfidos, los ácaros y los escarabajos de la patata. Las arañas rojas se pueden eliminar con una pulverización de té de coriandro. Esta planta es muy eficaz cuando se combina con el anís, cuyas semillas resultan ser muy beneficiosas en el proceso de la digestión.

Cuando el AJO se planta junto a los rosales, repele los áfidos. También es provechoso para los manzanos, los perales, los pepinos, los guisantes, la lechuga y el apio. Tiene la capacidad de acumular azufre, un fungicida natural que mantendrá las enfermedades apartadas del huerto, y un efecto repelente de acción sistémica que las plantas absorben a través de su sistema vascular. Por este motivo se emplea el té de ajo, que las plantas absorben a través de las raíces, para empapar el suelo. Además de ser muy sano para el consumo humano, el ajo tiene un gran valor porque es nocivo para las polillas del manzano, los escarabajos japoneses, los gusanos de las raíces, los caracoles y las moscas de las raíces de la zanahoria. Los investigadores han observado que las cápsulas de ajo de acción lenta, plantadas junto a la base de los árboles frutales, mantienen alejados a los ciervos, aunque quizás esto no sea algo digno de tener en cuenta si vives en el centro de la ciudad.

Las pulverizaciones concentradas de ajo han demostrado repeler y eliminar moscas blancas, áfidos y moscas del mantillo, entre otros muchos insectos, con una cantidad tan pequeña como puede ser una concentración del 6 al 8%. Su uso es seguro en el cultivo de orquídeas y, además, mantiene alejados a los murciélagos.

El COLINABO se puede plantar con pepinos, cebollas y cebollinos. Es muy conveniente cultivarlos cerca de las remolachas, pero nunca los combines con judías trepadoras, pimientos, fresas ni tomates.

Los PUERROS se pueden plantar cerca de los manzanos, las zanahorias, el apio y las cebollas, para mejorar su desarrollo. Los puerros repelen las moscas de las zanahorias. Evita plantarlos cerca de las legumbres, incluidos los guisantes y las judías.

La LECHUGA se combina muy bien con las remolachas, las judías trepadoras, las judías arbustivas, las coles, los pepinos, las cebollas, los rábanos y las fresas.

Las CALÉNDULAS ahuyentan todas las plagas del huerto. Ayudan a mantener el suelo libre de nematodos y alejan muchos insectos dañinos. Plántalas en abundancia en tu huerto de macetas, pero ten en cuenta que su eficacia depende de que elijas una variedad aromática. El aspecto negativo es que atraen a los ácaros y las babosas.

Las raíces de las caléndulas francesas (*T. patula*) exudan una sustancia que se extiende por los alrededores y elimina los nematodos. Para controlar el desarrollo de esta plaga, debes plantar una cantidad abundante de flores. Algunos estudios han demostrado que este efecto sobre los nematodos perdura varios años después de haber cultivado las plantas.

Cuando las caléndulas se siembran alrededor de los tomates también ayudan a repeler las moscas blancas, que aborrecen el aroma de estas flores. Se pueden usar en invernaderos con el mismo propósito. Pero nunca pongas caléndulas francesas cerca de las plantas de judías.

La caléndula mexicana (*T. minuta*) es la más potente de su especie en lo que se refiere a sus propiedades repelentes de insectos. Además, tiene la capacidad de sofocar las raíces de la maleza, como por ejemplo las enredaderas. Supuestamente, ahuyenta al escarabajo mexicano de las judías y a los conejos silvestres de apetito voraz (que en algunos lugares son un problema incluso para los cultivos en macetas en el exterior). Ten cuidado cuando las plantes alrededor de las judías y las coles, porque pueden tener un efecto herbicida.

La MEJORANA es una hierba aromática muy popular que, como planta de compañía, mejora el sabor de las hortalizas y la intensidad de otras hierbas aromáticas. La mejorana dulce es la más común.

Los MELONES se desarrollan muy bien cuando se plantan cerca del maíz, las calabazas, los rábanos y los calabacines. Otras candidatas para hacer cultivos mixtos son las caléndulas (para eliminar los escarabajos), las capuchinas (para disuadir a los insectos, incluidos algunos escarabajos) y el orégano (como protección general contra las plagas.)

La MENTA repele a las mariposas de la col, las hormigas, los roedores, las pulguillas y los áfidos, y mejora la salud de las coles y los tomates. Aprovecha los residuos de la planta usándolos como mantillo y distribúyelos en torno a las plantas de la familia *Brassica*. La menta atrae a las larvas de moscas y las avispas predadoras, lo cual resulta muy conveniente. Las lombrices de tierra también se sienten atraídas por ella. Piensa muy bien dónde vas a sembrarla, porque la menta puede ser una planta perenne increíblemente invasiva: las semillas de una que se encuentre en una maceta pueden diseminarse a lo largo y ancho del jardín. Mantén las plantas de menta apartadas de un suelo fértil. Algunos horticultores afirman que colocar menta fresca o seca donde hay ratones es un método muy eficaz para que los roedores desaparezcan. A decir verdad, nunca lo he comprobado personalmente.

Las CAPUCHINAS se pueden plantar formando una barrera alrededor de los tomates, las coles y los pepinos, y debajo de los árboles frutales. Esta atractiva planta comestible repele los áfidos, las moscas blancas, los escarabajos del pepino, las chinches de las calabazas y otras plagas que suelen atacar a la familia de las cucurbitáceas (como, por ejemplo, el pepino). Es un buen cultivo para atrapar áfidos (en particular áfidos negros), que son muy aficionados a esta planta, en especial a las variedades de color amarillo, razón por la cual resulta muy beneficiosa para acompañar a los cultivos más valiosos. Las capuchinas requieren suelos pobres, escasa humedad y poca cantidad de fertilizante (o nada en absoluto).

Algunos agricultores las plantan junto a las raíces de los árboles frutales para que estos absorban su aroma picante, que les sirve para repeler chinches y otros insectos. Es una de las mejores plantas para atraer a predadores como las mantis, las mariquitas y las crisopas. Su presencia no tiene ningún efecto sobre el sabor de los frutos que crecen en las zonas colindantes. La variedad que merece la pena cultivar es Alaska, cuyas atractivas hojas jaspeadas son de color verde y blanco. Las hojas, las flores y las semillas de las capuchinas son comestibles y resultan un complemento muy sano para prácticamente cualquier ensalada. Pero no te recomiendo que las plantes cerca de las coliflores.

Las CEBOLLAS se desarrollan bien en torno a la camomila y a la ajedrea y mejoran su sabor. Otras plantas de compañía adecuadas son las zanahorias, los puerros, las remolachas, los colinabos, las fresas, el eneldo, las plantas de la familia *Brassica*, las lechugas y los tomates. Combinar cebollas y puerros con zanahorias confunde a las moscas de la zanahoria y de la cebolla (algo que no es difícil conseguir). Las cebollas plantadas junto a las fresas ayudan a estas últimas a combatir las enfermedades. Pero debes mantener las cebollas alejadas de los guisantes, de los espárragos y ¡de tu novia!

Los GUISANTES fijan el nitrógeno en el suelo. Plántalos junto a especies que requieran grandes cantidades de este elemento, como el maíz. Las judías arbustivas, las judías trepadoras, las zanahorias, el apio, la achicoria, el maíz, los pepinos, las berenjenas, el perejil, las patatas tempranas, los rábanos, las espinacas, las fresas, los pimientos dulces y los nabos son buenos compañeros para los guisantes; pero nunca los sitúes próximos a las cebollas.

Los PIMIENTOS DULCES se deben plantar cerca del perejil, los tomates, los geranios, la albahaca, la mejorana, las petunias, las zanahorias y el levístico (o apio de monte). Las cebollas también son una excelente planta de compañía para los pimientos, que prosperan igualmente bien junto a la ocra, también llamada quimbombó. Esta planta protege los tallos frágiles de los pimientos de los daños que puede provocar el viento. No plantes los pimientos cerca de los colinabos ni del hinojo. Ubícalos lo más lejos posible de los albaricoqueros, porque hay un hongo que suele atacar a los pimientos y podría llegar a dañar los árboles. Se pueden utilizar como plantas ornamentales, así que no dudes en colocar algunos en tus arriates o macizos de flores.

Las raíces de los PIMIENTOS PICANTES exudan una sustancia que combate las enfermedades producidas por el hongo *Fusarium*, uno de los principales asesinos de las plántulas que crecen a partir de una semilla. Planta pimientos picantes en todos los lugares donde hayas descubierto la presencia de este hongo. Los tés preparados a base de pimientos picantes se pueden utilizar para pulverizar los insectos. Los pimientos picantes se benefician al agruparse con los pepinos, las berenjenas, la escarola, los tomates, la ocra, las acelgas y las calabazas. Las hierbas aromáticas adecuadas para plantar junto a ellos son la albahaca, el orégano, el perejil y el romero.

Las PATATAS crecen sanas cuando se plantan cerca de la mayoría de los miembros de la familia *Brassica*, las judías arbustivas, las zanahorias, la ortiga blanca, el apio, las caléndulas, las cebollas, las petunias, los guisantes, los rábanos picantes y también el maíz y el lino. Protégelas de las lesiones colocando una capa de hojas de consuelda sobre las patatas en el momento de la plantación. El rábano picante ofrece una protección general cuando se sitúa en las esquinas de la parcela dedicada a las patatas. Debes mantenerlas apartadas de los tomates porque ambas plantas son sensibles al tizón temprano y al tardío, y se pueden contaminar mutuamente.

Los RÁBANOS, uno de los héroes anónimos del huerto, se llevan bien con las remolachas, las judías arbustivas y trepadoras, las zanahorias, los pepinos, las lechugas, los melones, el perifollo, las capuchinas, los guisantes, las chirivías, las espinacas y las plantas de la familia de las cucurbitáceas (por ejemplo, las calabazas). Cuando los rábanos se plantan junto a estas últimas, ayudan a protegerlas de los barrenadores de la calabaza. Ahuyentan también a los escarabajos del pepino y a las moscas (*Chyliza extenuata*). El perifollo y las capuchinas mejoran el crecimiento de los rábanos y también su sabor. Si se plantan alrededor del maíz y se los deja producir semillas, también colaborarán en la lucha contra los gusanos barrenadores del maíz. Las variedades de rábanos llamadas Chinese Daikon y Snow Belle son las favoritas de las pulguillas, y pueden actuar como cebo para mantener los brócolis libres de insectos. Los rábanos también resultan atractivos para los insectos perforadores de hojas, y pueden ayudar a mantener sanas tus espinacas. El daño que estos insectos les producen a las hojas de los rábanos no impiden que los cultivos de raíz se desarrollen hasta la madurez; por este motivo resulta ser una combinación muy conveniente. Los rábanos deben estar lejos del hisopo, las coles, las coles de Bruselas, la coliflor y los nabos.

Es recomendable plantar ESPINACAS cerca de los guisantes y las judías, porque proporcionan una sombra natural para este cultivo de hoja. Las espinacas también se desarrollan sanas cuando están próximas al apio, las coles, las coliflores, las berenjenas, las cebollas, las fresas y los rábanos.

Las FRESAS son buenas amigas de las judías, la borraja, la lechuga, las cebollas, las espinacas y el tomillo. Sin embargo, no son una buena combinación con las coles, el brócoli, las coles de Bruselas, la coliflor y el colinabo. La borraja refuerza la resistencia de las fresas frente a los insectos y las enfermedades, mientras que el tomillo ayuda a mantener las babosas a distancia.

La AJEDREA se puede plantar junto con las judías y las cebollas para mejorar su crecimiento y sabor y, al mismo tiempo, repeler las mariposas de la col, los escarabajos mexicanos de las judías y los áfidos negros. Por si esto fuera poco, las abejas (los insectos polinizadores más importantes de la naturaleza) la adoran.

Los TOMATES tienen numerosos aliados, entre ellos los espárragos, la albahaca, las judías, las zanahorias, el apio, los cebollinos, los pepinos, el ajo, las lechugas, las caléndulas, la menta, las capuchinas, las cebollas, el perejil, los pimientos y los cardos. Sin embargo, existe un inconveniente al combinar tomates y zanahorias: los primeros pueden entorpecer el crecimiento de las segundas, aunque sin alterar su sabor. La albahaca repele moscas y mosquitos y, además, intensifica el sabor y el desarrollo de los tomates. La bergamota, los cebollinos y la menta pueden ayudar a mejorar su sabor y su salud. La borraja aleja a los gusanos de los tomates y, simultáneamente, estimula el crecimiento de los frutos. Hasta que estos llegan a su madurez, el eneldo colabora en su desarrollo y su salud; sin embargo, una vez maduro retrasa su crecimiento. Curioso, ¿verdad? Y nunca plantes tomates cerca del maíz, porque ambos son atacados por el mismo gusano. Evita también plantarlos con las patatas, puesto que ambos son susceptibles de enfermar de tizón temprano o tardío y pueden contaminarse mutuamente. No los plantes cerca de los colinabos, pues pueden obstaculizar el desarrollo de los tomates, ni tampoco de los nogales, porque es muy probable que las plantas de tomates se marchiten debido a una sustancia tóxica que segregan las raíces de estos árboles.

La AQUILEA, o milenrama, es una hierba muy aromática con potentes propiedades repelentes de insectos y, además, un excelente fertilizante natural. Un puñado o dos de hojas de aquilea añadidas al compost ayudarán a acelerar la descomposición de la materia orgánica. También es beneficiosa para atraer a las avispas y mariquitas predadoras. Puede ayudar a aumentar el contenido de aceite esencial de las hierbas aromáticas cuando se planta entre ellas.

01:00   EN UN MINUTO

- Algunas plantas crecen mejor cuando se combinan con otras, aunque no todas forman buenas combinaciones en una maceta.
- Ciertas plantas de compañía son repelentes naturales de insectos o de enfermedades; otras son simplemente atractivas y gratas a la vista.
- Los cultivos mixtos pueden ofrecer un ecosistema más equilibrado para tu huerto en macetas y, al mismo tiempo, contribuir a una mayor producción de frutas y hortalizas.

BRÓCOLI *(Brassica oleracea, grupo Italica)*

FORMA: erguido.

VARIEDADES: existen varias variedades de brócoli bastante conocidas, entre ellas: Packman, Everest, Premium Crop y Southern
Comet, similar al Packman.

SEMILLAS O TRASPLANTE: ambos.

TAMAÑO DE LAS MACETAS: mediano.

AGUA: riega el recipiente hasta humedecer la tierra de manera uniforme y que el agua llegue hasta una profundidad aproximada de quince centímetros. Los riegos serán preferentemente por la mañana,
para que las hojas tengan tiempo de secarse antes de que caiga la
noche. El brócoli requiere un suministro asiduo de humedad para
producir un cultivo de gran calidad, ya que, como las espinacas,
contiene un alto porcentaje de agua.

COMENTARIOS: el brócoli es una hortaliza de estación fría que prefiere
temperaturas medias de entre dieciocho y veintitrés grados centígrados. Los cultivos desarrollarán tallos con flores si se los expone
a un periodo prolongado de frío: diez o más días de temperaturas
constantes entre uno y diez grados después de una etapa favorable
de crecimiento. Cuanto más grandes sean las plantas en el momento de estar expuestas al frío, mayores serán las posibilidades de que
florezcan, ya que este es su recurso natural para propagarse. Si se
desea plantar el brócoli en primavera, hay que hacerlo al comienzo
de la estación para que la cosecha se realice antes de que las temperaturas lleguen a ser demasiado elevadas.

SEMILLAS: coloca las semillas a una profundidad aproximada del doble de su grosor, riega y compacta firmemente la tierra. Cubre el
tiesto con un recipiente de plástico transparente, o envuélvelo en
material plástico, y espera a que la planta germine. Mantén la tierra húmeda, pero nunca saturada de agua, y aparta la maceta de la
luz solar directa para evitar el recalentamiento. Destapa la maceta

en cuanto observes los primeros brotes. Separa las plántulas hasta dejar una distancia de unos cuarenta centímetros entre una y otra, aproximadamente.

TRASPLANTE: coloca las plantas en un hoyo que no sea más profundo que la longitud de la masa radicular original y presiona la tierra firmemente alrededor del tallo con los dedos.

SUELO: los suelos adecuados para cultivar brócoli son fértiles, bien drenados y con una textura entre margo-arenosa y margo-arcillosa. El pH del suelo es un elemento muy importante y para conseguir un óptimo crecimiento se debería mantener entre 5,8 y 6,5.

INSECTOS: los problemas suelen ser los gusanos de la col, los taladrillos de la col, las larvas de las mariposas de las coles, los gusanos del maíz y los áfidos de las coles. Las pulguillas pueden causar graves daños en las plantas jóvenes. Es importante controlar los insectos antes de que las plantas comiencen a desarrollar la cabeza o cogollo. SOLUCIONES: pulverizar los áfidos con un jabón biológico no detergente mezclado con agua (aproximadamente una cucharada por cada cuatro litros de agua). Eliminar manualmente los insectos de mayor tamaño.

ENFERMEDADES: en general, la mayoría de las enfermedades que contrae el brócoli no suelen ser muy graves, excepto la putrefacción negra. Otros problemas que se pueden presentar son el mildiú, la putrefacción bacteriana de las cabezas y la putrefacción blanda. SOLUCIONES: mantener las hojas secas durante la noche y aplicar un fungicida natural cuando y como sea necesario (consulta el capítulo 15).

BENEFICIOS PARA LA SALUD: como todas las crucíferas, el brócoli contiene fitonutrientes e inodoles con importantes propiedades anticancerígenas. El compuesto indole-3-carbinol ayuda a desactivar un peligroso metabolito estrogénico (4-hidroxiestrona) que fomenta el desarrollo de tumores, en especial en las células mamarias sensibles a los estrógenos; también aumenta el nivel de 2-hidroxiestrona, una forma de estrógeno que puede ofrecer una protección similar contra el cáncer. Esto convierte al brócoli en una de las

Brócoli (*Brassica oleracea*, grupo *Italica*).

mejores armas contra el cáncer de mama que se pueden encontrar en el arsenal de los horticultores. Además, esta hortaliza ha demostrado ser igualmente efectiva para combatir otros tipos de cáncer. Investigaciones recientes han permitido a los científicos tener un mayor conocimiento de las propiedades de la familia *Brassica* –que incluye el brócoli, la col, la coliflor, las coles de Bruselas y la berza o col rizada– para la prevención del cáncer. Cuando se cortan, mastican o digieren estas hortalizas, uno de sus compuestos –el sinigrín–, que contiene azufre, entra en contacto con la enzima mirosinasa y, como resultado, se liberan glucosa y productos de descomposición, incluyendo compuestos altamente reactivos denominados isotiocianatos.

Se trata de unos potentes inductores de las enzimas hepáticas de fase II, cuya labor es desintoxicar el organismo de los agentes carcinógenos. Además, las investigaciones realizadas recientemente en el *Institute for Food Research* del Reino Unido demuestran que el compuesto alil isoticianato inhibe la mitosis (división celular) y estimula la apoptosis (muerte celular programada) de las células tumorales humanas.[25]

¿Lo has comprendido? Bien. En caso contrario, limítate a recordar lo siguiente: ¡consume brócoli!

LISTO PARA LA COCINA: el brócoli se cosecha entre sesenta y cinco y setenta días después del trasplante. El momento indicado es cuando la cabeza tiene un diámetro aproximado de entre siete y quince centímetros y las unidades florales aún están cerradas. Corta el tallo principal a unos quince centímetros por debajo de la cabeza. Algunas variedades producen florescencias secundarias en las axilas de los tallos después de que se haya cosechado la cabeza principal. Guarda el brócoli en la nevera dentro de bolsas de plástico abiertas o perforadas y durante un máximo de dos o tres semanas. En caso de tener una cosecha abundante, se puede congelar.

AHORRO ANUAL: como media, alrededor de treinta y tres euros al año por persona.

14

Las chinches: ¿qué hacer cuando los extraterrestres atacan?

No puedo imaginar una experiencia más dolorosa en la vida de un horticultor que cultiva sus plantas en macetas que despertarse una mañana y descubrir que las hojas de las tomateras están llenas de agujeros, o grandes manchas marrones en los preciados pimientos picantes, o que las hojas de las plantas de pepinos se han enroscado. Es el final de un camino largo y difícil.

En realidad, quienes cultivan plantas en recipientes en la actualidad tienen la fortuna de que las ciencias hortícolas han avanzado hasta tal punto que las plantas tienen prácticamente una probabilidad del 100% de recuperarse totalmente, aunque estén infectadas por el más insidioso de los insectos.

¿Dices que no hay nada de qué preocuparse? ¿Jamás has tenido problemas con los insectos? De acuerdo. No deberías ser tan confiado porque te garantizo que, antes o después, vas a tener que enfrentarte a ellos.

Hemos de aceptar el hecho de que los insectos están en todas partes. A menos que vivas en una burbuja, en este momento los tienes en tu hogar. Quizás no los veas, pero allí están y es inevitable que, en algún momento, entren en contacto con tus plantas.

Es cierto que cultivar plantas en recipientes te permite controlar su entorno mucho mejor que si estuvieran directamente en la tierra, y más aún si la maceta se encuentra en el interior. Las plantas de interior tienen la ventaja de estar menos al alcance de los insectos nocivos habituales que deben soportar las que se hallan al aire libre, pero nadie puede garantizarte que nunca tendrás problemas.

Y eso se debe a que los huevos microscópicos, y en ocasiones incluso los mismos insectos, están presentes en el aire. Cada vez que abres una puerta o una ventana expones a tus plantas a diversos peligros potenciales. Algunas veces los mecanismos naturales de las plantas consiguen defenderse de las plagas; en otras ocasiones no lo consiguen.

Por suerte, en el interior solo suele haber unas pocas plagas de insectos comunes: hormigas (raro), áfidos (raro), ácaros, mariposas blancas, cochinillas harinosas, saltamontes (raro) y cochinillas. Los insecticidas específicos (en particular los productos biológicos que respetan el medio ambiente) obran maravillas al eliminar los insectos sin causar ningún daño a las plantas ni al entorno. Si estás en contra de utilizar productos químicos, puedes hacer lo mismo que hizo el propietario de una tienda de plantas de Chicago. Aquí tienes su testimonio:

Mi *Schefflera* solía estar plagada de cochinillas algodonosas, cochinillas y arañas rojas, pero yo me negaba a utilizar insecticidas, especialmente en el interior. Entonces tuve la idea de limpiar las hojas con una solución suave de jabón *Ivory* líquido y agua (no utilices un detergente abrasivo, que podría resultar tóxico para las plantas). Después de pasar la esponja por los dos lados de cada una de las hojas, coloqué las plantas en la bañera y abrí el agua de la ducha para lavarlas. Esta es también una forma adecuada de regar abundantemente las plantas cada tres o cuatro semanas, según sea necesario. Desde que comencé a aplicar este método no he vuelto a ver ningún insecto a menos de seis metros de mis plantas.

Mi propia evaluación de este método bastante inusual para controlar los ataques de los insectos es que precisamente se limita a controlarlos, pero no a erradicarlos. Yo tenía una *Schefflera* gigante que, en cierta ocasión, fue atacada por ácaros, e intenté eliminarlos de un modo semejante, es decir, lavando cada una de las hojas y de los tallos con jabón *Ivory* líquido mezclado con agua. Luego probé otra solución que me habían recomendado: frotar las hojas con alcohol (muy diluido) y agua.

Después de cada lavado aclaraba la planta con sumo cuidado. La única mejoría que observé fue que los ácaros parecían estar más limpios.

Por último, decidí aplicar un producto químico sistémico[*] y a continuación pulvericé las plantas con un potente producto inorgánico. ¿El resultado? Me deshice de los ácaros solo unos días antes de que la *Schefflera* se fuera al garete.

No pretendo parecer exageradamente pesimista, solo realista. Creo que habría podido eliminar los ácaros y salvar la *Schefflera* si mi enfoque hubiera sido más sensato. Y creo también que la solución del propietario de la tienda de Chicago es acertada, siempre y cuando el tratamiento se aplique antes de que la planta esté demasiado infectada. Una vez que los ácaros la hayan atacado con toda su fuerza, el contraataque debe ser rápido y firme.

Invasores comunes

Echemos un vistazo a algunas de las plagas de insectos que suelen ser los huéspedes más comunes que se presentan sin invitación en los recipientes de nuestras plantas:

Las HORMIGAS no te darán demasiados problemas a menos que hayan invadido tu casa, que las traslades desde el exterior en las macetas de otros especímenes o que las plantas o arbustos ya estuvieran infectados en el vivero desde donde los has traído directamente a casa —lo cual nunca es una buena idea; es aconsejable mantener las nuevas plantas en el exterior durante un tiempo antes de ponerlas a cubierto o, al menos, mantenerlas apartadas de otros ejemplares hasta que tengas ocasión de examinarlas con atención.

---

[*]. N. de la T.: un producto sistémico es absorbido por la planta y distribuido por la savia.

Las hormigas no dañan las plantas directamente, pero pueden contagiar diversas enfermedades de una infectada a otra que esté sana. Tienen el particular hábito de llevar a cuestas pequeños polizones llamados áfidos y los trasladan a todas las plantas que visitan. Las hormigas estimulan a los áfidos para que devoren su alimento, después de lo cual los áfidos secretan una sustancia llamada «rocío de miel», o mielada, que las hormigas llevan consigo hasta sus nidos. A menudo, el néctar alberga un hongo llamado fumagina que se transmite de una a otra planta a medida que los áfidos hacen sus rondas.

Cuando las hormigas se transforman en un problema, suelo recomendar una trampa para hormigas: una lata cerrada de tamaño pequeño y con varios orificios que contenga algún tipo de alimento cubierto con un veneno de acción lenta. Cuando las hormigas llevan el alimento a su colonia para alimentar a la reina y a las demás compañeras... ¡paf! Puedes ofrecerles un incentivo adicional espolvoreando un poco de azúcar en el interior de la trampa a través de los agujeros.

Si al principio las hormigas no parecen afectadas por la presencia de la trampa, debes tener paciencia. A menudo atraviesan periodos en los cuales no consumen ningún tipo de alimentos. Deja las trampas en su sitio y, antes o después, harán su trabajo.

Los ÁFIDOS atacan todas las partes de una planta y succionan sus jugos. Colonias enteras de estos pulgones se pueden erradicar de forma manual, pulverizando las plantas con un fuerte chorro de agua o tratándolas con un jabón insecticida. Cuando esto no resulta suficiente y se requiere un tratamiento más fuerte, puedes usar un producto como el Maliathon, aunque es bastante desagradable y no muy recomendable, en particular para cultivos de plantas comestibles.

Los áfidos son insectos muy móviles. Se desplazan andando y trepando, y hay algunas especies que vuelan. Eso significa que se trasladarán de una planta a otra con gran rapidez si no se toman las medidas necesarias para aislar los especímenes infectados. Se reproducen velozmente cuando el tiempo es seco y cálido, alcanzando un número sorprendente al cabo de una semana. Los individuos jóvenes maduran en un plazo de dos semanas y muchos son partenogenéticos, es decir, tienen la capacidad de producir vida sin que medie la fertilización, de manera que es muy fácil que las poblaciones aumenten en un santiamén.

Para controlar los áfidos se puede utilizar un jabón insecticida para separarlos de su revestimiento seroso protector, lo que produce su deshidratación. Mezcla una cucharada de jabón con cuatro litros de agua y pulveriza los insectos con esta solución. Asimismo, puedes eliminar áfidos y otras especies de cuerpo blando pulverizándolos con aceite de ajo. Otra posibilidad es espolvorear las plantas con tierra de diatomea, que resulta letal. Cuando la utilices, deberás llevar una mascarilla porque el polvo se dispersa fácilmente en el aire.

Los insectos perforadores de hojas, como los SALTAMONTES, pueden constituir un problema para las plantas que llegan a la casa desde el exterior o desde un centro de jardinería. Estas plagas tienden a adherirse a la parte inferior de las hojas y, desde allí, practican pequeños orificios hasta llegar a la parte superior. Pero el daño que infligen es aún mayor pues, ocasionalmente, transmiten enfermedades víricas a las plantas sanas. Por otra parte, los adultos maduros ponen huevos en una capa de pequeñas burbujas blancas que se asemeja a una saliva espumosa. Si no observas ejemplares adultos ni huevos, puedes pulverizar las plantas con un jabón insecticida.

Las COCHINILLAS ALGODONOSAS son insectos muy molestos que se mueven lentamente y están recubiertos por una capa de cera blanda. Parecen diminutos copos de algodón blanco. Como los áfidos, son insectos que succionan los jugos de las plantas. Cuando la planta es atacada por un número pequeño de insectos, se los puede erradicar utilizando un bastoncillo empapado en alcohol para dar ligeros toques sobre cada uno de ellos. También se pueden eliminar utilizando un jabón insecticida o tierra diatomácea.

Las ARAÑAS ROJAS son criaturas diminutas y prácticamente invisibles de ocho patas que tejen redes casi imperceptibles en las axilas de diversas plantas de hojas carnosas que, a menudo, constituyen la primera indicación de su presencia. Pueden llegar a ser plagas importantes, con un ciclo de vida breve y una tasa rápida de reproducción.

En condiciones favorables, se pueden desarrollar grandes poblaciones que extraen los líquidos vitales de una planta sana hasta aniquilarla. Utiliza un jabón insecticida para controlar esta plaga.

Las MOSCAS BLANCAS se reconocen fácilmente. En general se encuentran en la cara inferior de las hojas. No son realmente moscas, sino parientes de las cochinillas algodonosas, de los áfidos y de las cochinillas. Cuando se las espanta, se apartan volando pero solo para volver a la planta a gran velocidad. Como los áfidos, producen una sustancia llamada «rocío de miel», o mielada, que fomenta el desarrollo del hongo fumagina.

Las moscas blancas extraen los jugos vitales de las plantas. Por fortuna, es posible controlarlas con relativa facilidad pulverizando con jabón insecticida. También se pueden usar caléndulas africanas o francesas para evitar su presencia, pues estas flores desprenden un aroma que resulta desagradable para estos insectos.

Las COCHINILLAS se encuentran entre los insectos más inaceptables. Parecen pequeños percebes marrones y se adhieren a la cara inferior de las hojas, a los brotes y a los tallos principales. Esta plaga se puede controlar mejor cuando los insectos se pulverizan con un jabón insecticida o eliminándolos con un bastoncillo empapado en alcohol.

Estas son las plagas de insectos que pueden entrar en tu hogar y atacar las plantas sanas. Si trasplantas tus propios árboles y arbustos frutales, corres el riesgo de llevar al interior también otros insectos. Para estar seguro de no hacerlo, examina cuidadosamente todas las hojas, las ramas y los tallos, si fuera posible con la ayuda de una buena lupa –apuesto a que Sherlock Holmes hubiera sido un excelente horticultor–. Si entras en casa llevando una planta con las raíces desnudas, observa con atención si hay algún insecto en ellas y, en cualquier caso, lávalas con una solución suave de agua con sal y luego aclárulas meticulosamente.

Si trasladas al interior una planta con las raíces cubiertas de tierra, colócala lo antes posible en una maceta y empapa la superficie de la tierra con un jabón insecticida; así podrás capturar cualquier insecto que salga a la superficie. Luego, mantén la planta aislada durante varias semanas y presta atención a cualquier indicio de posibles problemas.

DAMAS EN LA SALA

Como la mayoría de las personas que tienen huertos orgánicos al aire libre pueden afirmar, las mariquitas son increíbles. Estos atractivos escarabajos tienen un apetito voraz: llegan a comer hasta doscientos áfidos (su plato preferido) al día. Cuando no hay áfidos, no tienen problema alguno en sustituirlos por arañas rojas, huevos de moscas blancas e incluso cochinillas algodonosas. Pero ¿qué tiene que ver todo esto contigo si cultivas tus plantas en el interior?

Si los insectos destructivos son un problema real en tu casa, deja a un lado tus prejuicios y considera la idea de soltar entre cincuenta y cien mariquitas entre tus plantas. Si todavía no tienes un sistema de iluminación para plantas, instala uno encima de los árboles y arbustos infestados y déjalo en marcha desde el amanecer hasta la caída del sol.

Uno de los mejores amigos que tiene un horticultor es la mariquita común, pues consume miles de áfidos al mes.

La luz atraerá a las mariquitas y así evitarás que se paseen por toda la casa. Estos pequeños escarabajos se quedarán entre las plantas, atiborrándose de áfidos hasta que sus «vales de comida» hayan caducado. Luego tendrán un destino similar, a menos que te enternezcas e intentes atraparlas con una red pequeña y luego liberarlas para que sigan alimentándose en el exterior.

Considerando que las mariquitas son económicas, fáciles de mantener (pueden permanecer en la nevera en estado latente hasta que sea el momento de liberarlas entre tus plantas), poco exigentes y muy efectivas, no podrías haber elegido mejor cazador de insectos tanto para el interior como para el exterior. Las mariquitas se pueden comprar por correo o por Internet, pero seguramente también puedes adquirirlas en diversos establecimientos de tu localidad.

REZAR PARA RECIBIR AYUDA

La mantis religiosa es otro de los predadores más comunes de huertos y jardines que se han utilizado muy ventajosamente para las plantas de interior. Recibe su nombre por la posición singular de sus patas delanteras. Aunque es absolutamente inocua para las personas y las mascotas, tiene unas mandíbulas muy filosas gracias a las cuales puede controlar rápida y eficazmente plagas como los áfidos, las cochinillas algodonosas y algunas otras.

Como sucede con las mariquitas, en cuanto las mantis hayan agotado su suministro alimenticio, se deben trasladar al exterior (se pueden tomar fácilmente con la mano) para que continúen con su trabajo.

¿UNA VIDA MEJOR GRACIAS A LA QUÍMICA?

Existe en el mercado una gran oferta de insecticidas, algunos de los cuales se comercializan desde hace décadas. Hay productos que son relativamente inocuos, pero otros pueden provocar la muerte.

Antes de la Segunda Guerra Mundial sabíamos muy poco sobre las sustancias químicas. Después, supimos demasiado. Como resultado, una explosión de investigaciones sobre el control de plagas que se inició en los años cuarenta nos proporcionó un flujo constante de datos y muchos nuevos compuestos realmente eficaces contra todo un ejército de insectos destructivos. Hubo una época en la que el arseniato de plomo, el eléboro y el verde París eran los insecticidas más utilizados en los huertos y jardines. Pero después de la guerra los agricultores descubrieron rápidamente que los hidrocarburos clorados (como el DDT, el clordano y el dieldrín) actuaban con mayor rapidez y efectividad cuando se combinaban con los fosfatos orgánicos. Durante los siguientes treinta años todos ellos, así como otros compuestos

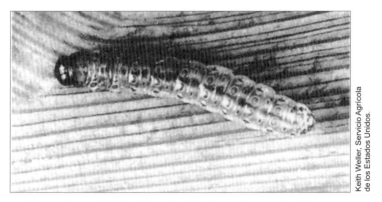

El gusano barrenador del maíz, que también ataca a otras especies, tiene un apetito voraz y una terrible reputación por causar estragos en los huertos.

Keith Weller, Servicio Agrícola de los Estados Unidos.

similares, se utilizaron masivamente. Pero también se abusó masivamente de ellos.

Al igual que muchos investigadores de la emergente ciencia medioambiental, Rachel Carson, autora de *A Silent Spring* (Una primavera silenciosa), opina que muchos insecticidas químicos han producido más daños que beneficios. Muchos de ellos se han prohibido en los estados Unidos y Canadá, pero se siguen utilizando habitualmente en el resto del mundo.

A pesar de su acción potencialmente dañina, antes o después vas a tener que afrontar la siguiente pregunta: ¿debo utilizar insecticidas inorgánicos? Antes de responder, recuerda que todas las sustancias químicas (incluidos los fertilizantes y nutrientes que se pueden adquirir en cualquier tienda) pueden ser nocivos para tu salud y también para el medio ambiente. De manera que lo primero que tienes que saber sobre los pesticidas inorgánicos es que no debes utilizarlos. Pero si decides usarlos, has de tener mucha precaución.

En el caso de que te veas obligado a aplicar este tipo de pesticidas, nunca sobrepases la dosis indicada. Lee las etiquetas detenidamente antes de abrir una lata o botella y sigue las instrucciones al pie de la letra. Utiliza guantes y gafas de protección. Elige insecticidas cuya acción sea específica, en lugar de productos de amplio espectro o múltiples propósitos. Y recuerda que si una pequeña cantidad puede ser muy útil, demasiada tal vez sea letal.

¿ORGÁNICO O SINTÉTICO?

Me considero un horticultor orgánico. Cubro mis plantas con abono orgánico y jamás conseguiría los mismos resultados con un pesticida inorgánico. Pero en el exterior no tengo necesidad de hacerlo, pues cuando los insectos atacan, como sucede todos los años, siempre se puede echar mano de otros recursos naturales. Se pueden soltar mariquitas, crisopas y mantis religiosas en el jardín. Hay pájaros que acuden atraídos por la abundancia de insectos. Se pueden esparcir polvos inocuos (como, por ejemplo, cal cribada o harina de trigo común) sobre las plantas para ahuyentar a los escarabajos del pepino. También se pueden plantar flores que repelen insectos y colocar trampas.

La combinación de todas estas estrategias es muy efectiva y me garantiza que contaré con la mayor parte del cultivo al final de la estación. Y esto ya me parece suficiente.

El cultivo interior es otra cuestión. No tenemos a nuestra disposición la gran variedad de recursos de los que dispone la madre naturaleza para combatir las plagas. Aun así, intento controlar los insectos con un producto orgánico siempre que sea posible.

El mejor plaguicida orgánico, no contaminante y que no reviste ningún peligro, es un jabón insecticida de uso cotidiano. Me refiero a cualquier jabón no detergente que no contenga fosfatos ni otros ingredientes potencialmente dañinos. Un jabón de este tipo se puede adquirir en la mayoría de las tiendas de productos dietéticos, por ejemplo, el jabón ecológico Ecover para la ropa. Está hecho a base de plantas, surfactantes extraídos de especies vegetales, agua, ácido cítrico (vitamina C), citrato y etanol de origen vegetal. Otro ejemplo es el jabón de Castilla. Además de no contaminar el medio ambiente, estos productos también obran maravillas para combatir cualquier insecto, desde las moscas comunes o las cucarachas hasta las hormigas y las cochinillas algodonosas.

Hay otros pesticidas orgánicos igualmente efectivos y relativamente inofensivos para el medio ambiente. Cada día se llevan a cabo más investigaciones sobre nuevos compuestos y técnicas. Por ejemplo, algunas enfermedades orgánicas se pueden utilizar para erradicar insectos nocivos: se han concentrado y empleado las esporas de una bacteria que ataca a los insectos con el propósito de controlar las larvas de los escarabajos japoneses. La bacteria *Bacillus popilliae* provoca una enfermedad fatal en las larvas, que se conoce como «enfermedad lechosa».

Existe otro insecticida orgánico que ataca a las orugas del orden de los lepidópteros que se dedican a devorar las hojas. Entre ellas, el gusano de cuerno del tomate, el gusano de la col, el gusano del saco, el gusano medidor, la oruga galoneada y muchos otros. Este insecticida no contaminante denominado *Bacillus thuringiensis* se incluye en varios productos comerciales.

Otra línea de investigación para el control de plagas se basa en la esterilización de los insectos para evitar que puedan reproducirse en cantidades lo suficientemente grandes como para causar graves daños a las plantas. Algunos tipos de insectos se han esterilizado por medio de radiación; en otros casos se ha utilizado una sustancia química cuya función es bloquear su capacidad de reproducción.

La esterilización por radiación no es especialmente práctica para el horticultor medio, aunque ilustra la amplia variedad de prácticas empleadas para eliminar los insectos destructivos. Sin embargo, del mismo modo que no intentarías matar un elefante con un matamoscas, tampoco usarías un tanque Sherman para aplastar una hormiga. La clave para el uso efectivo de cualquier insecticida es adaptar el método a la tarea que se desea realizar.

D. J. Herda

Es bastante improbable que el gusano cortador llegue a destruir totalmente un cultivo de tomates, pero algunos gusanos pueden causar graves daños a una planta durante la noche, ¡y rara vez viajan en solitario!

Los insecticidas mencionados son solamente algunos de los que pueden adquirir los horticultores que cultivan sus plantas en macetas. Podemos encontrar también insecticidas microbianos, insecticidas botánicos, hidrocarburos clorados, fosfatos orgánicos, carbamatos sistémicos, aceites de pulverización, acaricidas y cebos envenenados. Por diversas razones, algunos son menos indicados para el uso en el interior.

INSECTICIDAS MICROBIANOS

Tanto la bacteria *B. popilliae*, que causa la enfermedad lechosa, como la denominada *B. thuringiensis* constituyen un modo excelente de combatir el ataque de los insectos, aunque solo son efectivas para determinadas especies. La enfermedad lechosa afecta únicamente a las larvas de los escarabajos japoneses y de insectos similares que están estrechamente asociados a ellos. Las esporas causan que el líquido del cuerpo de las larvas se torne de color blanco lechoso; las larvas mueren poco tiempo después.

Las esporas se aplican normalmente sobre la hierba y desde allí se abren camino a través de la tierra, donde son ingeridas por las larvas de escarabajos junto con las raíces de las plantas. Sin embargo, también pueden ser muy útiles para los cultivos en macetas. Si estas se encuentran en el exterior, acaso puedas protegerlas de los ataques de los escarabajos aplicando las esporas sobre el césped, donde las larvas se reproducen.

La bacteria *B. thuringiensis* ha demostrado ser muy efectiva para combatir más de cien especies diferentes de larvas de lepidópteros. Tal como sucede con la enfermedad lechosa, puedes utilizarla en los recipientes de las plantas que tengas al aire libre, donde las larvas podrían representar un problema. Esta bacteria desarrolla su acción después de que las larvas ingieran las esporas mientras se alimentan de las hojas previamente pulverizadas con un insecticida líquido o tratadas con algún producto en polvo. Las plagas mueren de parálisis intestinal al cabo de cuarenta y ocho horas.

Y lo mejor de todo es que tanto la enfermedad lechosa como la bacteria *B. thuringiensis* no implican ningún riesgo para las personas,

los animales silvestres, los peces y los predadores y parásitos beneficiosos que colaboran en la lucha contra los insectos.

INSECTICIDAS BOTÁNICOS

Como su nombre indica, son insecticidas obtenidos de partes de
plantas que se han machacado o pulverizado, o procedentes de otros
productos vegetales. Son inocuos para los seres humanos y para la mayoría de la fauna salvaje. Este grupo incluye la nicotina para eliminar
áfidos y varios tipos de insectos que succionan los jugos de la planta;
el piretro,* para las moscas y los insectos succionadores; la rotenona,
un insecticida general –nocivo para los peces, de modo que no se debe
utilizar cerca de estanques y acuarios– y la sabadilla, otro insecticida
de uso general menos potente que la rotenona.

FOSFATOS ORGÁNICOS

Este grupo de insecticidas actúa bloqueando el sistema nervioso.
Algunos de ellos no se deben utilizar en el interior, pero se pueden
usar con mucha precaución en el exterior, el porche o el garaje. Debes
prestar especial atención al leer las etiquetas de estos productos antes
de comprarlos y emplearlos.

Malathion es el fosfato orgánico más utilizado en la lucha contra
las cochinillas, las moscas blancas, las cochinillas algodonosas y otros
insectos. Diazinon, que se comercializa bajo el nombre de Espectra-
cida, es un insecticida de uso general para una gama muy amplia de
insectos. TEPP, empleado para combatir áfidos, ácaros y otros insectos succionadores, es altamente tóxico para las personas, aunque su
toxicidad se descompone rápidamente.

SISTÉMICOS

Estas sustancias químicas se absorben a través de las raíces y luego
se distribuyen por todo el sistema de las plantas. Los insectos succionadores y los ácaros que se alimentan de dichas plantas mueren por

---

*. N. de la T.: el piretro (Crysantemum Cinerariaefolium) es una planta herbácea de la familia
de las compuestas.

envenenamiento. Aunque no es recomendable para los cultivos de plantas comestibles por razones obvias, las sustancias químicas sistémicas (en especial las que se comercializan en polvo o gránulos) normalmente son un medio efectivo en la lucha contra las plagas de insectos succionadores presentes en plantas no comestibles. No las utilices cuando haya mascotas o niños cerca. En este grupo de insecticidas se incluyen: Bidrín, Demetón (bajo el nombre de Systox), Fosdrín y Forato (bajo el nombre de Thimet).

ACARICIDAS

Como su nombre indica, estos insecticidas se usan expresamente para controlar los ácaros. Quizás el acaricida de uso más extendido para el interior sea el Dicofol (bajo el nombre de Kelthane). Otros son Ovex (bajo el nombre de Ovotran), Aramite y Dimite. Los dos últimos no se deberían utilizar en cultivos de plantas comestibles.

PULVERIZACIONES DE ACEITES INACTIVOS

Este grupo incluye diversos aceites emulsionados para el control de cochinillas y cochinillas algodonosas, así como también para los huevos de muchos insectos y ácaros; se utilizan en árboles aletargados. Estos productos pueden resultar dañinos para los árboles de corteza fina, de modo que te recomiendo que los uses muy ocasionalmente y con extrema precaución. Un buen ejemplo es el aceite mineral (conocido como Superior Oil).

PULVERIZACIONES DE ACEITES MINERALES DE VERANO

Estos insecticidas, que se emplean para determinados árboles durante el periodo de crecimiento, tienen características similares a las pulverizaciones de aceites inactivos. Un ejemplo es el aceite de verano (comercializado con el nombre de Superior Oil). Es especialmente eficaz para combatir los ácaros y las cochinillas de los cítricos.

Menciono todos estos tipos diferentes de insecticida porque creo que debes conocer su existencia y saber algo sobre su forma de acción. No los nombro para sugerirte que recurras a ellos para eliminar los insectos que atacan a las plantas de tus macetas, al menos no antes de que hayas agotado cualquier otro método.

Con frecuencia, la solución más simple para un problema suele ser la mejor. Cuando se trata de controlar las plagas de insectos, por lo general la medida más conveniente es retirarlos de la planta atacada, ya sea manualmente o sirviéndose de la manguera del jardín para lavar la planta con un fuerte chorro de agua.

Si este enfoque no resulta práctico, siempre podemos recurrir al jabón insecticida. Un método eficaz para eliminar las crías de estas pequeñas bestias que martirizan a nuestras plantas es vaporizarlas ligeramente todos los días durante una semana. Lo he usado con éxito para combatir prácticamente cualquier insecto que he encontrado, con la plena seguridad de que no produce ningún efecto dañino sobre el medio ambiente. Pruébalo.

01:00   EN UN MINUTO

- Si cultivas tus plantas en macetas, ya sea en el interior o en el exterior, debes aceptar el hecho de que antes o después tendrás que enfrentarte a los insectos.
- En los comercios existen numerosos insecticidas, pero te aconsejo que utilices únicamente los que no son nocivos para los cultivos de plantas comestibles, las personas, las mascotas y el entorno.
- Utiliza predadores naturales para controlar las colonias de insectos siempre que sea posible, incluso en el interior.
- Cuando intentes eliminar las plagas lavando las plantas infestadas y no obtengas resultados positivos, pulverízalas con una mezcla de agua y jabón insecticida.

ARÁNDANOS ENANOS *(Vaccinium uliginosum)*

FORMA: arbustivo.

VARIEDADES: se han desarrollado diversas variedades para el uso específico en macetas. Las más compactas y prolíficas son Tophat y Northsky.

225

Semillas o trasplante: trasplantes.

Tamaño de las macetas: entre mediano y grande.

Agua: riega copiosamente el recipiente y deja que la tierra se seque entre los riegos. Demasiada humedad puede favorecer el desarrollo de enfermedades producidas por hongos.

Comentarios: los arándanos enanos son una buena opción para hacer cultivos en macetas. Alcanzan una altura de apenas unos cuarenta y cinco centímetros. Tienen una atractiva forma compacta que se llena de pequeñas flores blancas en primavera y de hojas rojizas en otoño. A finales de agosto producen cientos de frutos firmes y sabrosos. Esta planta constituye todo un desafío para quienes prefieren cultivarla en el interior, porque requiere suelos ácidos, bien drenados, sueltos y ricos en materia orgánica —algo difícil de encontrar en la mayoría de los lugares—. Pero por este mismo motivo, cultivar arándanos en tiestos resulta particularmente interesante. Una ventaja de estas plantas es que se polinizan a sí mismas, lo que significa que producirán frutos en el interior sin la ayuda del viento, de los pájaros o de los insectos.

Semillas: sin información.

Trasplante: coloca las plantas en un hoyo que no sea más profundo que la longitud de la masa radicular original y presiona la tierra firmemente alrededor del tallo con las manos.

Suelo: los arándanos requieren un pH bajo (más ácido), como máximo valores de entre 5,0 y 5,3 o inferiores. Debes suministrarles con asiduidad un fertilizante ácido (los arándanos necesitan muchos nutrientes) con la dosis indicada y mantener el suelo suelto y margoso.

Insectos: entre los principales problemas están el gusano de la fruta (que envuelve los racimos de arándanos con seda), los escarabajos japoneses y la oberea, que perfora los tallos. **Soluciones:** pulverizar la planta con un jabón biológico no detergente mezclado con agua (aproximadamente una cucharada por cada cuatro litros de agua). También se pueden eliminar manualmente los insectos de mayor tamaño de uno en uno.

Arándanos enanos (*Vaccinium uliginosum*).

Mike Hillis

Enfermedades: los arándanos pueden presentar manchas foliares producidas por hongos, podredumbre de los frutos o de las raíces y moho gris (consulta el capítulo 15). Evita los suelos excesivamente húmedos y una exposición prolongada a las temperaturas frescas, condiciones favorables para el desarrollo de enfermedades fúngicas.

Beneficios para la salud: casi todo el mundo ha oído hablar de las propiedades saludables de los arándanos. Yo estoy aquí para decirte que esa información no es real. Todo lo que se ha dicho al respecto ha sido subestimado. Por ejemplo: en la Universidad de Tufts se hicieron ensayos con sesenta frutas y hortalizas para conocer sus propiedades antioxidantes. Los arándanos ocuparon el primer lugar. Son los mejor valorados por su capacidad para destruir los radicales libres, tan dañinos para nuestro organismo. Ricos en un tipo de fitonutrientes antioxidantes denominados antocianidinas, estos frutos neutralizan los daños provocados por los radicales libres en la matriz de colágeno de las células y los tejidos, que a su vez pueden causar ciertas enfermedades, como por ejemplo cataratas, glaucoma, venas varicosas, úlceras pépticas, ataques cardíacos y cáncer. Las antocianinas, pigmentos de color rojo azulado presentes en los arándanos, fortalecen las venas y el sistema vascular y potencian los efectos de la vitamina C al incrementar la acción capilar y estabilizar la matriz de colágeno, que es la sustancia básica de todos los tejidos corporales.

El vino tinto es conocido por ser una buena fuente de antocianinas antioxidantes; sin embargo, los arándanos proporcionan una cantidad tres veces superior de estos elementos que combaten los radicales libres. Y no resulta difícil demostrar los efectos beneficiosos de los arándanos para los ojos. Numerosos estudios realizados han demostrado la capacidad del extracto de mirtilo (un primo de los arándanos) para mejorar la visión nocturna. Y las investigaciones han concluido que consumir tres o más raciones diarias de estos frutos puede reducir alrededor de un 36% el riesgo de padecer degeneración macular —enfermedad relacionada con la vejez y causa principal de la pérdida de visión— en comparación con las personas que consumen menos de una ración y media diaria.

Si crees que los arándanos son formidables, no dejes de comerlos: existen muchas pruebas que ponen de manifiesto las propiedades de estos extraordinarios frutos que pueden ayudar a proteger al cerebro del estrés oxidativo y reducir los efectos de enfermedades asociadas a la edad, como pueden ser el Alzhéimer y la demencia senil. Los estudios han demostrado que las dietas ricas en arándanos mejoran las capacidades motoras y el aprendizaje de los animales de edad avanzada, logrando que sus aptitudes mentales sean equivalentes a las de individuos mucho más jóvenes.

Si a todo lo anterior le añadimos el hecho de que los arándanos favorecen la salud gastrointestinal, previenen el cáncer de ovarios y provocan una mayor eliminación de residuos, empezarás a tener una perspectiva global.

No existe una fruta que sea más sana que los arándanos.

LISTOS PARA LA COCINA: los arándanos de mejor calidad son los que se recogen cada cinco o siete días, dependiendo de la temperatura. Debes mantener a las aves alejadas de las plantas para que no compitan contigo por la cosecha. Un método muy efectivo es cubrir los arbustos con redes (de las que se usan para atrapar pájaros) a medida que los frutos comienzan a madurar. Los arándanos enanos están completamente maduros entre los sesenta y los noventa días después de la floración, y la producción aproximada es de uno a tres kilos por arbusto.

AHORRO ANUAL: como media, aproximadamente cincuenta euros al año por persona.

15

Hongos entre nosotros: ya no más plantas marchitas

A diferencia de la mayoría de los ataques de insectos, es bastante difícil prever las enfermedades cuya naturaleza es esencialmente bacteriana o fúngica, y más aún diagnosticarlas. El hecho es que no existen dos enfermedades que sean exactamente iguales, ya se trate del marchitamiento, de la podredumbre o de la sarna, pero muchas son tan similares para los ojos de una persona sin experiencia que se requiere más que una mera conjetura para descubrir al culpable y aplicar el tratamiento adecuado.

Por fortuna, en el mercado existen algunos tratamientos de amplio espectro para enfermedades, gracias a los cuales no es preciso identificarlas con gran precisión. Por lo general, no me gusta usar ese tipo de productos con mis plantas porque tienden a «medicar excesivamente al paciente», pero reconozco que en algunas ocasiones son la mejor (cuando no la única) alternativa para no perder una planta o la cosecha de una estación.

En lo que se refiere al tratamiento de plantas enfermas, los fungicidas comerciales son únicamente la punta del iceberg. A lo largo de los años la ciencia y, en muchas ocasiones, algunos horticultores creativos y observadores, han descubierto varias medidas preventivas y también remedios seguros. Algunos de los mejores son:

231

FUNGICIDA DE VINAGRE DE MANZANA

- Manchas foliares
- Mildiú
- Sarna

Mezclar tres cucharadas de vinagre de sidra (con una acidez normal del 5%) con cuatro litros de agua y pulverizar todas las mañanas las plantas infestadas con esta solución. Es un tratamiento eficaz contra las manchas negras de las rosas y de los álamos, y también de las frutas y hortalizas.

PULVERIZACIÓN CON FUNGICIDA DE BICARBONATO

- Antracnosis
- Tizón temprano del tomate
- Tizón de las hojas
- Manchas foliares
- Mildiú
- Fungicida general

El bicarbonato de sodio tiene propiedades fungicidas. Se utiliza después de lavar con la manguera plantas que están infestadas de mildiú. Se debe aplicar al observar los primeros indicios de la enfermedad.

Mezclar una cucharada de bicarbonato, dos cucharadas y media de aceite vegetal y cuatro litros de agua. Agitar concienzudamente para formar una suspensión. Añadir media cucharada de jabón de Castilla puro y pulverizar las plantas infestadas. Es preciso agitar el pulverizador de vez en cuando para mantener la mezcla en suspensión. Suministrar abundante agua, de modo que la parte superior e inferior de la superficie foliar queden empapadas, y pulverizar ligeramente la tierra. Repetir cada cinco o siete días, según sea necesario.

PULVERIZACIÓN DE FUNGICIDA DE CEBOLLINO

- Sarna del manzano
- Mildiú

Colocar un puñado de cebollinos picados en un recipiente de vidrio resistente al calor o de acero inoxidable y cubrirlos con agua hirviendo. Dejar reposar hasta que se enfríe. Filtrar y pulverizar las plantas dos o tres veces por semana.

TÉ DE ESTIÉRCOL ANTIBACTERIANO

- Tizón
- Antibacteriano de uso general

Llenar con agua un recipiente de unos cien litros de capacidad. Dejar reposar durante veinticuatro horas para que se evaporen los aditivos químicos (o utilizar agua de lluvia). Agregar cuatro palas de estiércol y tapar el recipiente. Dejar reposar la mezcla durante dos o tres semanas, removiéndola una vez al día. Filtrar y pulverizar sobre la tierra y las hojas, según sea necesario. No se debe utilizar para las plantas jóvenes, pues pueden desarrollar una enfermedad fúngica. Nota: existen diversos tés de estiércol que proporcionan una variedad de nutrientes, como se indica a continuación:

- Estiércol de gallina: por ser rico en nitrógeno, se utiliza para plantas que requieren muchos nutrientes como, por ejemplo, el maíz, los tomates y las calabazas.
- Estiércol de vaca: rico en potasa, empleado para los cultivos de raíz.
- Estiércol de conejo: fortalece los tallos y las hojas.
- Estiércol de caballo: utilizado para favorecer el desarrollo sano de las hojas.

TÉ DE COMPOST ANTIBACTERIANO Y FUNGICIDA

- Fungicida/antibacteriano general

Si eres horticultor y no utilizas los residuos vegetales (restos de hierba, hojas, podas vegetales, cáscaras de sandía, etc.) para hacer compost, estás desaprovechando una fuente natural inestimable de nutrientes y un pesticida natural que, por otra parte, es gratuito.

Prepara tu compost de la misma forma que el té de estiércol, aunque sin residuos animales.

PULVERIZACIÓN DE FUNGICIDA/PREVENTIVO DE MAÍZ Y AJO

• Fungicida/preventivo general

Recoger un puñado de hojas de maíz, otro de clemátides (cualquier tipo) y la mayor cantidad posible de las hojas exteriores del ajo, que parecen de papel. Se procesan luego en una batidora mezclados con agua suficiente como para preparar un líquido ligero. Como tratamiento de prevención, dejar reposar el líquido durante una hora, filtrarlo y luego pulverizar las plantas.

FUNGICIDA DE TÉ DEL RIZOMA DE LA GRAMA

• Mildiú

• Fungicida de uso general

Colocar un puñado de rizomas frescos en un recipiente de vidrio o acero inoxidable. Verter aproximadamente un litro de agua hirviendo sobre los rizomas, cubrir y dejar reposar durante diez minutos. Filtrar, dejar enfriar y utilizar de forma inmediata.

PULVERIZACIÓN DE FUNGICIDA DE HOJAS DE SAÚCO

• Manchas negras

• Mildiú

Hervir a fuego lento doscientos veinticinco gramos de hojas en medio litro de agua durante treinta minutos. Agitar bien la mezcla y filtrar. Mezclar medio litro de agua tibia con una cucharada de jabón de Castilla. Añadir la mezcla al agua de saúco y pulverizar las plantas. Nota: el pulverizador debe regularse hasta obtener gotas gruesas o grandes y evitar así que se obstruyan los orificios.

FUNGICIDA DE AJO 1

• Manchas foliares

• Mildiú

• Fungicida general.

Combinar cien gramos de dientes de ajo picados con treinta mililitros de aceite mineral y dejar reposar durante veinticuatro horas. Filtrar y apartar. Mezclar una cucharada de emulsión de pescado con medio litro de agua y añadir una cucharada de jabón de Castilla. Mezclar lentamente el agua de la emulsión de pescado con el aceite de ajo. Se puede guardar en un recipiente de vidrio cerrado en la nevera durante varios meses. Uso: mezclar dos cucharadas de aceite de ajo con medio litro de agua y pulverizar.

Fungicida de ajo 2

- Fungicida general
- Repelente de insectos

Mezclar una cabeza de ajo con tres tazas de agua, dos cucharadas de aceite de canola (para emulsionar la mezcla), cuatro pimientos picantes y un limón entero. Dejar reposar toda la noche. Filtrar con un colador fino o tamiz. Uso: aplicar con una dosis de cuatro cucharadas por cada cuatro litros de agua. Guardar en la nevera la mezcla que no se haya utilizado.

Fungicida de rábanos

- Fungicida general
- Limpiador del medio de cultivo

La Universidad Penn State anunció en 1995 que las raíces picadas de los rábanos son muy eficaces para descontaminar las aguas residuales. Otros hallazgos demuestran que pueden servir de ayuda también para limpiar suelos contaminados.

El Centro de Biorehabilitación y Desintoxicación de la Universidad informó que los rábanos picados combinados con agua oxigenada pueden eliminar totalmente los fenoles clorados y otros contaminantes presentes en aguas industriales. En los experimentos se han probado dos métodos: aplicar la mezcla directamente a los suelos contaminados o cultivar rábanos en dichos suelos y labrar las raíces inmediatamente antes de aplicar el agua oxigenada.

Las propiedades limpiadoras del rábano se conocen desde hace más de una década, aunque crear una forma depurada ha resultado demasiado caro. Se ha demostrado que este método es igualmente efectivo para los cultivos domésticos.

TÉ DE RAÍCES DE RÁBANOS

- Putrefacción marrón
- Fungicida general

Puedes preparar un té de raíces de rábano para pulverizar contra las enfermedades fúngicas, en especial la putrefacción marrón de los manzanos. La pulpa blanca de la raíz de los rábanos contiene cantidades importantes de calcio, magnesio y vitamina C que ayudan a nutrir la planta.

Picar una taza de raíces en una picadora. Mezclar con medio litro de agua en un recipiente de vidrio y dejar reposar durante veinticuatro horas. Filtrar y descartar las partes sólidas. Mezclar con dos litros de agua y pulverizar.

FUNGICIDA/ANTIBACTERIANO DE AGUA OXIGENADA

- Fungicida/antibacteriano general

El agua oxigenada impide que las esporas que producen enfermedades se adhieran a los tejidos de la planta, evitando así el consecuente deterioro de esta y del suelo. Es aconsejable probarla sobre una pequeña parte del tejido de la planta para observar si se producen reacciones negativas, así como también evitar su uso en plantas jóvenes y tiernas.

Durante el clima seco se deben pulverizar las plantas semanalmente con agua oxigenada al 3% sin diluir; si el clima es húmedo, la aplicación se hará dos veces a la semana. Si ya has tenido problemas, puedes utilizar este preparado también como un tratamiento directo.

FUNGICIDA DE LECHE PARA EL MILDIÚ

- Mildiú
- Fungicida general

Utilizar una mezcla de agua y leche en una proporción 50/50. Pulverizar las plantas abundantemente cada tres o cuatro días cuando ya estén afectadas y una vez por semana como tratamiento preventivo. La mezcla también se puede preparar con una dosis de setenta y cinco mililitros de leche y quinientos cincuenta de agua, que se utilizará en forma de pulverización cada siete o diez días para tratar la enfermedad del virus del mosaico en pepinos, tomates, calabazas y lechugas.

Leche y antitranspirante para el virus del tomate

- Virus del tomate
- Antibacteriano general

El antitranspirante protege la superficie de la planta contra las enfermedades producidas por esporas, mientras que la leche desnatada proporciona calcio a las plantas de tomate que, a menudo, presentan deficiencias de este mineral. Los antitranspirantes son inocuos y no obstruyen los poros de los tejidos de la planta.

Mezclar media cucharada de un antitranspirante comercial (Cloudcover, Wiltpruf, etc.) con doscientos cincuenta mililitros de leche desnatada y cuatro litros de agua. Pulverizar las plantas. Limpiar el pulverizador al finalizar la tarea y aclararlo con agua limpia. Nota: la leche desnatada se puede sustituir por leche en polvo. Retirar las hojas inferiores de la planta puede ayudar a reducir las probabilidades de contagio de la enfermedad debido a las esporas que están en el suelo.

Fungicida para enfermedades fúngicas (por exceso de humedad)

- Enfermedad fúngica

Utiliza siempre un medio de cultivo estéril como, por ejemplo, una mezcla de vermiculita y perlita para sembrar las semillas, con el fin de asegurarte de que no contendrá hongos que causan enfermedades. Riega las plántulas con agua a temperatura ambiente (el agua fría estresa las plantas y las hace más vulnerables a las enfermedades.)

Pulverización de camomila

Además de asegurarnos un buen descanso durante la noche, el té de camomila, o manzanilla, se puede suministrar a la tierra donde se siembren las semillas con el propósito de impedir la proliferación de hongos, que antes o después producirán enfermedades. La camomila tiene una gran concentración de calcio, potasio y azufre, además de ser un nutriente eficaz y un potente colaborador en la lucha contra los hongos. Se puede utilizar también como líquido para remojar las semillas antes de sembrarlas, reduciendo así la posibilidad de que contraigan enfermedades fúngicas.

Verter dos tazas de agua hirviendo sobre un cuarto de taza de flores de manzanilla. Dejar reposar hasta que se enfríe y filtrar. Llenar un pulverizador y utilizar de acuerdo con las necesidades. Se puede guardar en la nevera hasta un máximo de dos semanas. Las flores de manzanilla se pueden adquirir en tiendas dietéticas o en supermercados en forma de bolsitas de té.

Pulverización con algas marinas

Las algas marinas son ricas en nutrientes y en todo lo que necesitan las plantas jóvenes; además se pueden utilizar para prevenir las enfermedades producidas por hongos.

Preparar una mezcla con dos tercios de taza de concentrado de algas kelp y cuatro litros de agua y emplearla como pulverización.

Té de cola de caballo (*Equisetum arvense*)

La cola de caballo, muy invasiva en los huertos y jardines, es rica en silicio y aumenta la capacidad de las plantas para absorber la luz, potenciando así su resistencia a las enfermedades producidas por hongos. Se puede utilizar en los melocotoneros para controlar una enfermedad que enrosca las hojas, en la mayoría de las plantas para combatir los hongos, y en las hortalizas y rosas para controlar el mildiú. Es un producto seguro y eficaz para usar en el interior.

Mezclar un octavo de taza de cola de caballo seca y cuatro litros de agua sin cloro en un recipiente de vidrio o acero inoxidable. Llevar al punto de ebullición y cocer a fuego lento durante media hora. Dejar enfriar y filtrar. Guardar el concentrado en un recipiente de vidrio durante un plazo máximo de un mes. Diluir la mezcla añadiendo cinco décimas partes de agua sin cloro por una parte del concentrado. Cada tres o cuatro días, pulverizar las plantas que muestren signos de sufrir enfermedades fúngicas. Como método de prevención, pulverizar el medio de cultivo antes de sembrar.

Musgo esfagno

El musgo esfagno se puede adquirir en centros de jardinería y viveros. Es un buen método de prevención para las enfermedades causadas por hongos y, al mismo tiempo, ayuda a conservar la humedad del suelo.

Distribuir el musgo de turba esfagno finamente molido sobre la superficie del suelo de los semilleros para prevenir las enfermedades fúngicas.

Canela en polvo

El canelo común es un modo efectivo y seguro de prevenir las enfermedades producidas por hongos.

Extender canela en polvo sobre la superficie de un medio de cultivo estéril. No te preocupes si cae sobre las plantas porque no es nociva, ni siquiera para las más jóvenes. Como tratamiento preventivo, es totalmente efectiva para las enfermedades fúngicas.

No te garantizo que todos estos remedios caseros te funcionen al cien por cien, pero han sido ensayados a lo largo del tiempo y se ha demostrado su eficacia en la mayoría de los casos. Espero sinceramente que también en el tuyo. Como sucede con cualquier tipo de plaga, cuanto antes la identifiques y le apliques un tratamiento, mayores serán tus probabilidades de éxito.

01:00   EN UN MINUTO

- Si las plantas no reciben tratamiento, las enfermedades fúngicas, virales y bacterianas pueden dañarlas con gran rapidez.
- Existe una amplia gama de productos comerciales, entre ellos los pesticidas de amplio espectro, pero debes utilizarlos siempre con precaución y como último recurso.
- Muchos remedios naturales se pueden preparar en casa y aplicar a las plantas afectadas con absoluta seguridad y resultados impresionantes sin necesidad de desembolsar dinero.

MELOCOTONERO ENANO *(Prunus persica)*

FORMA: árbol.

VARIEDADES: existen diversas variedades, entre ellas Golden Glory y Bonanza.

SEMILLAS O TRASPLANTE: trasplante.

TAMAÑO DE LAS MACETAS: grande.

AGUA: riegos abundantes dejando que el suelo se seque entre cada uno de ellos. El exceso de humedad puede ser causa de enfermedades fúngicas.

COMENTARIOS: los melocotoneros enanos son muy populares entre los aficionados a los huertos en macetas, producen frutos del mismo tamaño, color y calidad que los árboles normales. Se desarrollan a partir de un portainjertos enanizante o de la manipulación genética. Los espacios que hay entre los nudos de los árboles enanos obtenidos a través de la genética son generalmente más cortos y tienen un follaje más denso; sin embargo, se los debe podar, fertilizar y cuidar como los de tamaño normal.

Los árboles frutales enanos obtenidos genéticamente son compactos y no muy altos; pocos superan los dos metros de altura, con la misma amplitud. Como todas las especies enanas, producen frutos de tamaño normal.

La luz solar es la clave para potenciar la producción de frutos. Planta los árboles en una zona que reciba sol durante la mayor parte del día. Los rayos solares matutinos ayudan a secar el rocío de las hojas, reduciendo así la incidencia de enfermedades producidas por hongos.

SEMILLAS: sin información.

TRASPLANTE: coloca las plantas en un hoyo que no sea más profundo que la longitud de la masa radicular original y compacta la tierra firmemente alrededor del tallo con las manos.

SUELO: aunque los melocotoneros prefieren un tipo de suelo que abarca desde el margo-arenoso hasta un suelo franco arcillo-arenoso,

Melocotonero enano (*Prunus persica*).

también prosperan adecuadamente en una amplia variedad de suelos. Son muy sensibles, sin embargo, a los suelos drenados, donde las raíces mueren y el desarrollo del árbol se detiene hasta que finalmente muere. La mayoría de los frutales, incluidos los melocotoneros, crecen mejor en suelos con un pH 6,5 o de valores próximos.

INSECTOS: hay varios insectos que pueden dañar las flores, las varas, las ramas, los frutos y los troncos de los melocotoneros. Los más destructivos para las plantas de nuestro huerto en casa son los perforadores de troncos y ramas del melocotonero, el gorgojo del ciruelo, la cochinilla, los insectos que afectan a la formación de los frutos (chinches hediondas y chinches yigus), la polilla oriental del melocotonero, los escarabajos japoneses y los escarabajos verdes de junio. SOLUCIONES: pulverizar la planta con un jabón biológico no detergente mezclado con agua (aproximadamente una cucharada por cada cuatro litros de agua). También se pueden eliminar manualmente los insectos de mayor tamaño.

ENFERMEDADES: la más dañina de las enfermedades de los melocotoneros es la putrefacción de las frutas, que se conoce como putrefacción marrón. Otras son la sarna, la descomposición provocada por el *Rhizopus*, el enroscamiento de las hojas, las manchas bacterianas, la falsa *Riquetsia* del melocotonero, el hongo de la raíz del roble y los nematodos. **SOLUCIONES:** pulverizar con un fungicida biológico adecuado (consulta las páginas anteriores). Evitar suelos excesivamente húmedos y una prolongada exposición a temperaturas frías, dos condiciones que favorecen las enfermedades producidas por hongos.

BENEFICIOS PARA LA SALUD: los melocotones y las nectarinas son una buena fuente de caroteno, potasio, flavonoides y azúcares naturales. Ambos frutos, estrechamente vinculados, constituyen también una fuente excelente de licopeno y luteína. Esta última otorga el color rojo, naranja y amarillo a las frutas y hortalizas. Estas sustancias fitoquímicas son especialmente beneficiosas en la prevención de las enfermedades cardíacas, la degeneración macular y el cáncer.

LISTOS PARA LA COCINA: los melocotones se pueden cosechar cuando se tornan amarillos y ceden ligeramente al presionarlos con los dedos, lo que en general sucede a finales de agosto. Para retirarlos del árbol, es preciso agarrar con firmeza cada uno de los frutos y girarlos hasta que se separen del tallo.

AHORRO ANUAL: aproximadamente treinta y seis euros por persona y año.

16

Tiempo de cosecha. La recogida de los frutos es fácil

Wee Willie Keeler, jugador profesional de béisbol de las grandes ligas y el mejor bateador de la historia, en cierta ocasión resumió su éxito de la siguiente forma: «Batea cuando ellos no están».

Bien, en el deporte un poco menos popular de la gran liga del cultivo en macetas, tenemos un dicho similar: «Recógelos cuando estén maduros».

Supongo que habrá ocasiones en las que por algún motivo desearás cosechar algo antes de que esté completamente maduro. Por ejemplo, un pimiento antes de que llegue a su madurez y muestre su hermoso color rojo.

Sin embargo, es habitual que prefiramos que nuestros frutos maduren completamente antes de cosecharlos. O, pensándolo bien, diez minutos antes de llevarlos a la cocina.

¿Por qué tanta prisa para recoger los frutos maduros?

Piensa en la vida de un fruto o de una hortaliza de la misma manera que piensas en un reloj en el cual la hora de la cosecha comienza a las doce en punto. Si definimos la madurez como el punto máximo de desarrollo basándonos en el sabor, todos los frutos recogidos antes del mediodía no habrán llegado a alcanzar su potencial de hacernos la boca agua, y todos los que se recojan depués de la hora del hechizo estarán destinados a ser un desastre gastronómico.

Pero ¿cómo podemos saber cuándo ha llegado la hora del hechizo? Lo que quiero decir es que lamentaría mucho que hubieras trabajado afanosamente con esos preciados pepinos durante tres meses solo para cosecharlos diez días después de que hayan alcanzado la madurez total.

Especies enanas con cualquier otro nombre

Los árboles frutales en miniatura se descubrieron como mutaciones naturales de semillas hace miles de años. Los horticultores querían encontrar un melocotonero enano que se desarrollara de forma natural, de manera que cultivaron millones de árboles en parcelas de ensayo hasta encontrar un pequeño porcentaje de plántulas con el tipo de mutación genética adecuada como para generar un crecimiento compacto. Una vez que se individualizaron dichas plántulas, agricultores como Floyd Zaiger y Fred Anderson (cuyo trabajo continúa en la actualidad gracias a Norman Bradford) polinizaron a mano las plántulas de las variedades de mejor calidad.

Tras muchos años de combinar los genes de dichas progenies de frutos sabrosos y color atractivo, se enviaron los mejores árboles a parcelas de ensayo repartidas por todo el país para observar su crecimiento. Los mejores ejemplares de dichos ensayos se destinaron a la venta minorista.

En total, fueron necesarias dos décadas para completar el primer ciclo de reproducción a partir de la mutación de una plántula natural hasta obtener una fuente fiable de árboles en miniatura que pudiera venderse en los viveros locales.

Existen diversos modos de estimar cuál es el momento de cosechar tus frutas y hortalizas. Si te guías por las instrucciones del paquete de semillas, el cálculo será muy aproximado. Ya sabes, la frase típica: «Cosecha a los sesenta días de sembrar las semillas». Sin embargo, la cosecha está sujeta a una gran cantidad de variaciones dependiendo de las condiciones del cultivo, del estado de las semillas al sembrarlas y otros factores. Por otro lado, esto no te ayudará a saber cuándo debes cosechar un tomate que has trasplantado a una maceta hace tres semanas.

Entonces, ¿cómo puedes determinar el momento correcto para la cosecha? En general, por observación. Los horticultores experimentados saben cuándo un fruto o una hortaliza están listos para la cosecha.

A continuación encontrarás algunas sugerencias que te ayudarán a saber qué es lo que debes recoger, y cuándo y cómo debes hacerlo:

Ajo: este alimento no implica ningún quebradero de cabeza. El ajo está maduro cuando su parte superior se desprende y comienza a adquirir un color marrón. Es como una señal de neón: «¡Sácame de aquí ahora mismo!». En ese momento deberás cavar la tierra para cosecharlos —¡nunca se te ocurra tirar de ellos para arrancarlos!—. Antes de almacenar los ajos deja que los bulbos se sequen completamente para evitar que se pudran. Además, elimina la tierra adherida con un cepillo o paño en lugar de lavarlos.

Albaricoques: la cosecha se realiza cuando el fruto es de color amarillo anaranjado y la piel se hunde ligeramente bajo la presión de los dedos pero el fruto conserva su firmeza. Esto suele suceder entre dos y tres días después de que los pájaros descubran su buena suerte.

Arándanos: comienza a recolectar los frutos cuando los veas grandes y redondos y con un color entre el azul profundo y el púrpura. No todos maduran al mismo tiempo, de modo que tendrás que hacer cosechas diarias durante toda la época de recolección.

Berenjena: los frutos ligeramente inmaduros tienen mejor sabor. Deben ser consistentes al tacto y tener una piel brillante. Para no dañar la planta, es aconsejable cortar el tallo de las berenjenas y no tirar de ellas.

Brócoli: además del fruto principal, puedes cosechar y consumir los brotes de las flores que aún no se han abierto. Para retirar la cabeza principal (que madura prácticamente cuando las flores comienzan a abrirse), córtala con un cuchillo afilado dejando aproximadamente diez o quince centímetros de tallo por debajo de ella.

Calabacines: los frutos se cosechan cuando aún están firmes al tacto, su color es intenso y tienen, como mínimo, diez centímetros.

Cebollas (bulbo): cuando observes que, aproximadamente, la mitad de las hojas superiores se han desprendido de los bulbos y estos ya tienen al menos un diámetro de cinco centímetros, puedes cavar la tierra para retirarlas. Elimina la tierra adherida a los bulbos y déjalos secar al sol.

Cerezas: tendrás que probar uno de los frutos para determinar su grado de madurez. Para cosecharlos deben ser dulces y de color intenso.

Ciruelas: la mejor forma de determinar el momento de cosechar las ciruelas es probarlas; esto se aplica tanto a las variedades japonesas como a las europeas. Los frutos deben estar a punto de tornarse blandos, su sabor ha de ser dulce, y la pulpa jugosa.

Cítricos: los limones, las limas, los pomelos y las naranjas que han alcanzado la plena madurez se deben recolectar cuando hayan adquirido el color más intenso pero sigan siendo consistentes al tacto.

Col: la cabeza o cogollo de la col debe sentirse firme bajo la suave presión de los dedos. Las coles se cosechan cuando alcanzan la madurez pues, de lo contrario, seguirán creciendo y las hojas se abrirán.

Col rizada: las hojas de la col se pueden recoger durante toda la estación. Su color debe ser verde intenso, y su textura firme y resistente. La col rizada tiene mejor sabor cuando se cosecha con temperaturas frías.

Colinabo: para obtener la mejor textura, deberás cosechar los colinabos cuando el tallo carnoso y voluminoso haya alcanzado un diámetro que oscile entre dos y siete centímetros. A medida que

El cultivo en macetas es una tarea mucho más gratificante cuando el horticultor sabe cuál es el mejor momento para cosechar las frutas y hortalizas y así conseguir el mejor sabor y la mayor cantidad de nutrientes.

pasa el tiempo los colinabos se endurecen y se tornan leñosos. Para cosecharlos, extrae la planta o córtala por la base.

ESPÁRRAGOS: corta o parte los espárragos justo a ras del suelo cuando las plantas alcancen una altura de entre quince y veinte centímetros y antes de que se abran las cabezas. No los coseches si su diámetro medio es inferior a seis milímetros.

ESPINACAS: esta hortaliza produce semillas rápidamente. Para cosecharlas debes cortarlas a ras del suelo antes de que veas crecer el pedúnculo de la flor.

FRESAS: se recolectan cuando el fruto está completamente formado y tiene un intenso color rojo carmesí. No todas las fresas maduran al mismo tiempo, de manera que hay que irlas cosechando progresivamente durante la época de recolección.

GUISANTES: los guisantes están maduros cuando se puede constatar a simple vista que las vainas han engrosado. Son más dulces cuando se cosechan antes de haber alcanzado su tamaño máximo. Para decidir si es el momento de cosecharlos, no hay más que probarlos: su sabor dulce y ligeramente áspero indica que ha llegado el momento oportuno.

HIGOS: estos frutos deben permanecer en el árbol hasta que estén maduros. La pulpa ha de ser muy blanda, y su color intenso. Cuando los higos están a punto de madurar, el tallo se dobla y los frutos cuelgan de las ramas. Si al recolectarlos observamos que los tallos exudan un líquido lechoso, esto nos indica que todavía no están listos para la cosecha. Durante los últimos días tendrás que luchar con los pájaros, pues los higos son un deleite excepcional para muchas especies.

JUDÍAS VERDES: recógelas antes de que las semillas abulten en el interior de las vainas. Se deben poder partir en dos fácilmente. Comprueba su crecimiento y recoléctalas a diario durante toda la época de la cosecha. Las semillas tiernas tardan muy poco tiempo en endurecerse. Si esperas demasiado para cosechar algunas vainas, puedes dejarlas secar en la planta antes de recolectarlas, luego pelarlas y utilizarlas como judías secas en la cocina.

LECHUGAS (CABEZA): se cosechan cuando la cabeza se nota consistente al tacto. En climas cálidos las plantas tienden a florecer y producir semillas, de manera que hay que cultivarlas cuando hace frío.

LECHUGA (HOJA): la planta entera se cosecha cuando el clima es cálido; también se pueden retirar solamente las hojas exteriores una vez que la planta ha alcanzado unos diez centímetros de altura, dejando que las hojas más jóvenes de la parte central continúen su desarrollo.

MANZANAS: se cosechan frecuentemente antes de que estén maduras; sin embargo, las que todavía no están a punto para la cosecha presentan un sabor astringente y penetrante y nunca se tornarán dulces ni llegarán a tener un buen sabor. Con excepción de las variedades rojas, las manzanas se pueden recolectar cuando su color verde original se torna amarillo.

Las semillas han de ser de un color bastante oscuro; si están verdes, indican que las frutas todavía no están maduras. Las manzanas que se quieren consumir pronto se deben dejar madurar en el árbol, mientras que las que se van a almacenar se pueden retirar del árbol una semana antes de su plena madurez. Para cosecharlas, agarra la manzana y gírala suavemente hasta que se desprenda del tallo; las que están a punto se desprenden fácilmente de la rama mientras sus tallos permanecen adheridos al árbol.

Melocotones: estos frutos están listos para la recolección cuando su color cambia del verde al amarillo. El color rojo no es un signo de maduración. Para obtener frutos de mejor calidad, es aconsejable dejarlos madurar en el árbol y consumirlos poco tiempo después de la cosecha. Como los melocotones no se pueden almacenar sin que se echen a perder, disfrútalos cuando todavía están frescos y prepara conservas o congela cualquier producto elaborado con ellos.

Melón chino (o Cantaloupe): existen diversas variedades de este tipo de melón. La regla general es que hay que cosecharlos cuando su color cambia al beige y, al recoger el fruto, este sencillamente se «desliza» del tallo. Cuando el melón esté maduro, notarás un aroma dulce.

Nabos: están listos para cosechar cuando la parte superior del bulbo asoma sobre la superficie de la tierra y alcanza un diámetro aproximado de cinco centímetros. Es preciso cosecharlos cuando llegan a la madurez, puesto que rápidamente adquieren una consistencia leñosa.

Nectarina: estos frutos se recogen cuando han alcanzado su tamaño y color máximos y cuando ceden ligeramente al tacto.

Patatas: las patatas «nuevas» se pueden cosechar cuando la parte superior empieza a florecer. Es preciso cavar cuidadosamente en los bordes de los caballones para no dañar las patatas, que habrán alcanzado su mayor tamaño cuando la parte superior de las plantas se seque y adquiera un color marrón. Con el fin de no hacer cortes en las patatas, comienza a cavar por el perímetro externo desplazándote con precaución hacia el centro del cultivo. ¡Trabaja suave y delicadamente!

Pepinos: los pepinos compiten con los calabacines en la época de la cosecha. Obsérvalos diariamente y recógelos cuando aún son jóvenes. La longitud de los frutos y el momento de cosecharlos cambia según la variedad. En general, los frutos deben ser firmes y suaves. Los pepinos excesivamente maduros pueden tener un sabor muy amargo incluso antes de que empiecen a tornarse amarillos, de manera que es preferible equivocarse por cosecharlos antes de tiempo y no después.

Peras: las peras maduran mejor una vez arrancadas del árbol. Se deben recoger antes de su plena madurez pues, de lo contrario, el corazón se deteriora y los frutos desarrollan una textura arenosa. Recoléctalas cuando todavía tienen un color verde amarillento y están firmes al tacto y déjalas madurar fuera del árbol. No obstante, si las recoges cuando aún están muy verdes, nunca llegarán a desarrollar su mejor sabor. Las peras de invierno, como por ejemplo las variedades Anjou y Bosc, requieren al menos treinta días de refrigeración a partir de la cosecha para madurar adecuadamente.

La forma más idónea de determinar el momento correcto para retirar la fruta del árbol es presionarla con suavidad con los dedos. Si la pera «cede» ligeramente, está lista para la cosecha. Si está dura como una piedra, aún no ha madurado. Una pera madura se desprende fácilmente del tallo cuando la agarras con la mano y la haces girar. Estas frutas se deben almacenar a unos cero grados centígrados para que no maduren. A temperatura ambiente, estarán listas para consumir al cabo de tres o cuatro días.

Pimientos (campana o dulces): se cosechan cuando el fruto alcanza su tamaño final y todavía conserva una textura firme, independientemente de que los recojas cuando están verdes o rojos.

Pimientos (picantes): se cosechan cuando el fruto alcanza su tamaño máximo, su color es verde brillante o rojo y su textura firme. Si quieres utilizar los pimientos secos, debes dejar que se tornen rojos y se sequen en la misma planta.

Puerros: se cosechan cuando tienen aproximadamente tres centímetros de diámetro.

Rábanos: los rábanos maduran rápidamente. Podrás observar la parte superior de los bulbos por encima de la superficie de la tierra. Si los dejas en el suelo demasiado tiempo, se endurecerán y finalmente producirán semillas; por lo tanto, coséchalos y utilízalos lo antes posible.

Remolachas: estas raíces muy versátiles constituyen una opción personal en lo que se refiere al tamaño adecuado que deben tener para cosecharlas. Se pueden recoger en cualquier momento una vez que la parte superior de la raíz asome sobre la superficie del suelo. Durante el aclareo del cultivo se pueden recoger las hojas superiores, que también son comestibles.

Tomates: la cosecha de tomates se realiza desde que los frutos tienen un tono rosado hasta que adquieren su intenso color final y están ligeramente blandos al tacto pero sin perder su firmeza. Agarra los frutos y hazlos girar suavemente sobre el tallo hasta retirarlos de la planta.

Zanahorias: puede resultar difícil evaluar cuál es el momento adecuado para cosechar las zanahorias. Es posible estimar su diámetro cuando la parte superior de la raíz asoma sobre la superficie de la tierra. Entonces, teniendo en cuenta la variedad que has plantado, será fácil determinar el momento de cosecharlas. Si el diámetro parece ser adecuado (normalmente entre dos y cuatro centímetros), es muy probable que la longitud también lo sea. De cualquier modo, deberás arrancar una para estar seguro. Las zanahorias se pueden dejar en la tierra una vez maduras. Se dice que una ligera helada mejora su sabor, tornándolo más dulce.

Es preciso añadir un par de comentarios adicionales sobre la cosecha. En algunas ocasiones, cuando un cultivo es particularmente abundante y nos cansamos de consumirlo (como puede suceder por ejemplo con los calabacines), tenemos la posibilidad de secarlo, blanquearlo y congelarlo, o preparar conservas. Si no eres un profesional de las conservas, al menos regala a tus amigos, vecinos y parientes todo lo que no vas a consumir. Ten por seguro que ellos agradecerán enormemente tu amabilidad.

Por otra parte, debes retirar las frutas y hortalizas de la planta con sumo cuidado para evitar dañarlas y tener cuidado para no dañar la misma planta. Siempre tengo a mano un par de tijeras de jardín afiladas precisamente para realizar esta tarea. De este modo, pierdo menos tiempo que si intentara arrancar frutos obstinados que se empeñan en permanecer en la planta –un tiempo precioso que luego aprovecho en la cocina preparando una comida sustanciosa.

¡Salud!

01:00   EN UN MINUTO

- Los años de experiencia nos permiten saber cuándo las frutas y hortalizas están listas para la cosecha.
- Durante la cosecha es preciso tener cuidado para no dañar la planta.
- Algunas frutas y hortalizas se pueden separar fácilmente del tallo; para otras es preciso disponer de unas tijeras bien afiladas para no dañar la planta.

NECTARINO ENANO *(Prunus persica)*

FORMA: árbol.

VARIEDADES: existen diversas variedades, entre ellas Sunglo, Redgold y Garden Delight.

SEMILLAS O TRASPLANTE: trasplante.

TAMAÑO DE LAS MACETAS: grande.

AGUA: riega abundantemente el recipiente, dejando que el suelo se seque entre los riegos. Un exceso de humedad puede favorecer las enfermedades fúngicas.

COMENTARIOS: los nectarinos enanos son un medio fácil de ofrecerle a tu familia frutos grandes, rojizos y sin pepitas durante prácticamente un mes. Ideal para un cantero del jardín o un recipiente grande, la planta te ofrece un premio cada primavera: las hermosas flores rosadas que preceden a los frutos. Algunos árboles enanos alcanzan como máximo un metro ochenta de altura, razón por la cual

Nectarino enano (*Prunus persica*).

es muy fácil tenerlos dentro de casa y también cuidarlos. Garden Delight es una variedad autofértil cuyos frutos maduran en agosto. Para producirlos, la planta necesita quinientas horas de frío invernal, de modo que tiene que estar en el exterior, o en un sitio muy fresco, antes de que produzca hojas en primavera. La planta origina mayor cantidad de frutos cuando está a pleno sol.

SEMILLAS: sin información.

TRASPLANTE: coloca las plantas en un hoyo que no sea más profundo que la longitud de la masa radicular original y comprime la tierra firmemente alrededor del tallo con las manos.

Los nectarinos prefieren un tipo de suelo que abarca desde el margo-arenoso hasta uno franco arcillo-arenoso; sin embargo, prosperan bien en una amplia variedad de suelos, aunque son extremadamente sensibles a los mal drenados, donde las raíces mueren y detienen el desarrollo del árbol hasta producirle la muerte. La mayoría de los frutales, incluidos los melocotoneros, crecen mejor en suelos con un pH 6,5 o de valores próximos.

INSECTOS: muchos insectos pueden causar daños a las flores, los frutos, las varas, las ramas y los troncos de los nectarinos. Entre los más destructivos encontramos los perforadores de los troncos y ramas del melocotonero, el gorgojo del ciruelo, la cochinilla, los insectos que afectan a la formación de frutos (chinches hediondas y chinches Lygus), la polilla oriental, los escarabajos japoneses y los escarabajos verdes de junio. SOLUCIONES: pulverizar la planta con un jabón biológico no detergente mezclado con agua (aproximadamente una cucharada por cada cuatro litros de agua). También se pueden eliminar manualmente los insectos de mayor tamaño.

ENFERMEDADES: la más dañina para los nectarinos es la putrefacción de los frutos, comúnmente conocida como putrefacción marrón. Otras enfermedades son la sarna, la descomposición provocada por el *Rhizopus*, el enroscamiento de las hojas, las manchas bacterianas, la falsa *Riquetsia* del melocotonero, el hongo de la raíz del roble y los nematodos. SOLUCIONES: pulverizar con un fungicida biológico adecuado (consulta las páginas anteriores). Evitar suelos excesivamente húmedos y una prolongada exposición a temperaturas frías, dos condiciones que favorecen las enfermedades producidas por hongos.

BENEFICIOS PARA LA SALUD: las nectarinas son una fuente fiable de caroteno, flavonoides y azúcares naturales, así como también de licopeno y luteína. Estas sustancias fitoquímicas son especialmente beneficiosas en la prevención de las enfermedades cardiovasculares, la degeneración macular y el cáncer.

LISTAS PARA LA COCINA: las nectarinas se pueden cosechar cuando su color se vuelve amarillo (lo que normalmente sucede a comienzos o finales del verano) y cuando ceden ligeramente al tacto. Para retirar los frutos del árbol, hay que agarrarlos firmemente y hacerlos girar hasta que se desprendan del tallo.

AHORRO ANUAL: como media, unos cuarenta euros al año por persona.

17

¿Quién cuida de tus plantas mientras estás de viaje?

Bien, ya tienes todas las jardineras organizadas a tu gusto. Los tomates están empezando a madurar, queda poco tiempo para recolectar los pepinos, los pimientos comienzan a tornarse rojos, los guisantes están engrosando las vainas y los higos casi a punto de poder cosecharse.

Y, de pronto, tienes que abandonar la ciudad.

La fecha para las vacaciones familiares en Disney World está muy próxima —ese viaje con el que has disfrutado enormemente organizándolo con tu esposa y los niños durante casi cuatro meses.

O surge una emergencia imprevista, una boda, un Bar Mitzvah o la muerte de un familiar en una ciudad distante. Y nadie puede faltar.

¿Qué haces?

En principio, relajarte. Puedes contratar a alguien para que cuide tus plantas. Por muy poco dinero regará, pulverizará y fertilizará tus preciadas posesiones. Incluso hablará con ellas.

Pero ¿te sientes tranquilo sabiendo que un extraño entrará en tu casa? Y, por otra parte, ¿no te parece excesivo pagar dinero a una persona para que simplemente se siente a cuidar de tus plantas? No se trata de una mascota a la que tiene que sacar a pasear. ¡Si ni siquiera tienes perro!

¿Y si le pides un favor a tu vecino? ¿Podría acercarse hasta tu casa y regar las plantas un par de veces a la semana? ¿Sería suficiente? ¿Puedes confiar en que tu vecino haga las cosas bien?

También podrías cargar todas tus plantas en el maletero del 4x4 familiar y llevarlas al vivero local, donde seguramente podrían cuidarlas por un coste aproximado de cuarenta euros por semana. Como es evidente, no hay ninguna garantía de que sobrevivan y, por otra parte, tendrías que tomarte la molestia de volver a cargarlas en el coche para llevarlas de vuelta a casa.

Todo esto está empezando a ser un verdadero problema.

Pero espera un minuto, no desesperes. Vamos a considerar nuevamente la situación.

La primera pregunta que surge cuando la familia tiene que marcharse y abandonar las plantas es: ¿durante cuánto tiempo? Si se trata únicamente de un par de días, no hay ningún problema. Solo debes cerciorarte de que están bien regadas antes de partir y a tu regreso encontrarás una casa llena de plantas sanas, aunque ligeramente sedientas.

Pero si vas a estar fuera de casa más de cuatro días, tendrás que apelar a tu creatividad. Pura y simplemente, tus plantas van a necesitar agua. Estas son algunas sugerencias sobre cómo puedes proporcionársela; las soluciones abarcan desde un coste ridículo hasta otro sublime.

EL BARATO

El medio más económico de conseguir que tus plantas se e-s-t-i-r-e-n entre los riegos es también el más sencillo. Toma un plástico transparente y colócalo sobre la parte superior de los tiestos. Sujétalo con gomas elásticas, cinta adhesiva o cuerda, lo que te resulte más adecuado. Coloca la envoltura de plástico lo más cerca posible del tronco, o del tallo principal de la planta, para evitar la humedad. La idea es que cuando el agua se evapora de la mezcla de tierra para macetas, el exceso de humedad se condensa contra la parte interior de la envoltura plástica y vuelve a caer sobre la tierra cuando retorna a su estado líquido. Como es evidente, esto no es una máquina de movimiento perpetuo, puesto que las plantas también extraen la humedad de la tierra y durante su proceso de transpiración la liberan por las hojas. Pero creando este compartimento hermético para la superficie de la tierra se consigue ampliar la periodicidad de los riegos, por ejemplo, de tres a seis días, que puede ser un periodo de tiempo suficiente para ocuparte de tus obligaciones y volver a casa.

Coste: nada.

Otra forma económica de ayudar a tus plantas a sobrevivir durante la próxima sequía es trasladarlas al cuarto de baño, colocarlas en la bañera y abrir la ducha –¡por favor, no olvides que el agua debe estar a temperatura ambiente!– para regarlas copiosamente.

En cuanto hayas terminado, coloca un tapón y llena la bañera hasta alcanzar tres centímetros de agua, aproximadamente. Asegurándonos de que el tapón funciona bien, esa cantidad de agua será más que suficiente –además de la humedad que se genera por evaporación en el aire circundante– para que las plantas se mantengan lozanas hasta tu regreso. Si la bañera tiene una mampara (o cortinas), es aconsejable dejarla cerrada para crear un efecto invernadero.

Coste: nada.

LO BARATO NO ES SUFICIENTE

Si tus plantas no entran en la bañera –y es muy fácil que este sea el caso–, quizás tendrás que construir un espacio mayor donde puedas guardarlas. Esto no es tan difícil como te imaginas.

Aconsejo trasladar todas las plantas a un mismo lugar. Podría servir el rincón de un sótano, o también una habitación de invitados o un trastero, es decir, cualquier espacio donde puedas agruparlas.

Para empezar, hay que construir una estructura de madera a partir de una tabla de diez centímetros de grosor y lo suficientemente larga como para alojar todas las plantas. El sistema no tiene que ser sofisticado: cuatro tablones serán suficientes.

A continuación extiende una lona plastificada de tres milímetros de grosor sobre el suelo y sobre la estructura de madera y sujétala con grapas o con chinchetas. En cuanto hayas terminado de fabricar un

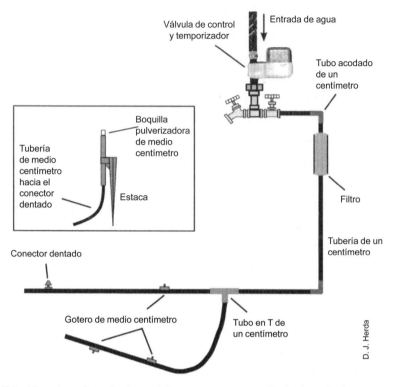

Este sistema de medio centímetro puede llegar a ser un poco complicado, dependiendo del número de plantas que quieras regar y el lugar donde estén ubicadas (dentro o fuera de la casa), pero es mi sistema favorito por su fiabilidad y eficacia.

espacio impermeable, coloca las plantas dentro del marco de madera. Riega abundantemente los recipientes y añade un centímetro y medio de agua a tu nuevo «estanque».

¡*Voila*!

Coste: alrededor de dieciocho euros.

SI ESTÁS DISPUESTO A GASTARTE ALGO MÁS

Si no te apetece realizar todo este trabajo, puedes comprar un temporizador y acoplarlo a la toma de agua de la manguera exterior, programando los riegos con la frecuencia que desees. Por ejemplo, una vez al día a una hora determinada y durante cinco minutos cada vez. Acopla una tubería de aproximadamente medio centímetro al temporizador e introdúcela en la casa por debajo de la puerta —para facilitar las cosas, lo mejor es que las plantas se encuentren todas en el mismo lugar–. Instala un gotero que quede a la altura del primer recipiente y repite el proceso hasta que todas las macetas tengan su propio gotero.

Para asegurarte de que el gotero permanecerá sobre la tierra sin deslizarse hacia uno de los lados, utiliza un soporte o aro metálico (similar a una abrazadera de gran tamaño) para mantenerlo en su sitio. Por último, abre el grifo y prueba tu nuevo sistema. El temporizador debe encenderse a la hora indicada y enviar un flujo de agua a través de la tubería para que cada uno de los goteros suministre agua a sus respectivos recipientes. Todo el proceso finalizará cuando se haya cumplido el periodo de tiempo programado.

Este sistema, aparte de parecer un poco extraño para los amigos y la familia, funcionará perfectamente durante todo el tiempo que estés fuera de casa. Cuando regreses, solo tendrás que desconectar la manguera y los goteros, y utilizar luego el temporizador para regular el riego de las plantas que tienes en el exterior.

Coste: en torno a treinta euros.

En los comercios existen otros sistemas fabricados específicamente para regar las plantas de interior. Uno de ellos, de marca Claber, consiste en un depósito de agua y un temporizador que funciona con pilas. Según el fabricante, con este aparato se puede regar hasta un máximo de veinte plantas. Cuando el temporizador se pone en marcha, se abre la válvula accionada por gravedad y el agua fluye hacia ella. Es baja tecnología, pero funciona.

Coste: alrededor de setenta euros.

Existen otros sistemas que funcionan por la gravedad. En general, se trata de sistemas de riego por goteo mediante los cuales las plantas reciben agua de forma lenta y continuada. Aunque no los he probado todos, no parecen ser la mejor opción porque funcionan basándose en el principio de sustitución. Esto significa que cuando la humedad del suelo es menos densa que la humedad del interior del tubo que se ha introducido en el suelo, la tierra del recipiente absorbe el agua que se encuentra en el depósito y, por tanto, nunca llega a secarse completamente. Esto podría representar un inconveniente si se usa a largo plazo.

01:00   EN UN MINUTO

- Recuerda: antes de marcharte de casa tendrás que organizar el cuidado de tus plantas.
- Si no te apetece pedirles a tus amigos o vecinos que las cuiden y tampoco quieres contratar a un profesional, puedes recurrir a sistemas de riego mecánicos que se encargarán de hacer el trabajo hasta tu regreso.
- En lugar de utilizar sistemas mecánicos, con un poco de planificación puedes fabricar tu propio miniinvernadero para que tus plantas nunca carezcan de agua ni de humedad.

ALBARICOQUE ENANO
(Prunus armeniaca)

FORMA: árbol.

VARIEDADES: existen diversas variedades, entre ellas Stark Golden Glo, Garden Annie y Wilson's Delicious Dwarf.

SEMILLAS O TRASPLANTE: trasplante.

TAMAÑO DE LAS MACETAS: grande.

AGUA: riega copiosamente los recipientes, dejando que la tierra se seque entre los riegos.

COMENTARIOS: de todos los árboles frutales, el albaricoquero es uno de los más ornamentales. Las hojas son muy coloridas, y cuando comienzan a abrirse presentan un tono bronce que cambia gradualmente hasta llegar al verde oscuro a medida que maduran.

Por desgracia, la mayoría de los albaricoqueros florecen tempranamente, razón por la cual son muy vulnerables a las últimas heladas de primavera. Sin embargo, algunas de las variedades más recientes tienen mayor resistencia al frío o florecen más tarde.

Según cuenta la leyenda, George Washington presumía de tener un albaricoquero que florecía a finales de marzo en el monte Vernon.

Para reducir el riesgo de que los árboles sufran daños debido a las heladas, elige cuidadosamente la variedad de albaricoquero que quieres plantar. Puedes colocar las macetas exteriores en la cima o las laderas de una colina, o cerca de lagos o estanques. Si los cultivas en el interior, tienes que situarlos en sitios donde reciban mucha luz.

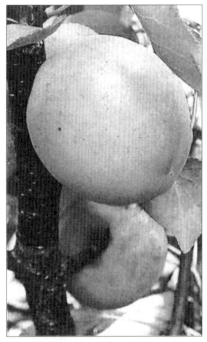

Albaricoquero enano (*Prunus armeniaca*).

SEMILLAS: sin información.

TRASPLANTE: coloca las plantas en un hoyo que no sea más profundo que la longitud de la masa radicular y comprime la tierra firmemente alrededor del tallo.

SUELO: los albaricoques crecen bien en la mayoría de los suelos, siempre que reciban una cantidad adecuada de agua y fertilizante. Pero existe una excepción: los suelos densos y mal drenados.

INSECTOS: los insectos y enfermedades rara vez constituyen un problema serio para los albaricoqueros.

ENFERMEDADES: algunos de los problemas que afectan a estos árboles se relacionan con el clima. La putrefacción marrón es una enfermedad causada por un hongo que puede atacar a la planta durante periodos de mucha humedad y lluvias abundantes. Si las temperaturas superan los treinta y ocho o treinta y nueve grados centígrados antes de que los frutos maduren, estos se pueden quemar. **SOLUCIONES:** aplicar un fungicida apropiado o té de rábanos (consulta el capítulo 15).

BENEFICIOS PARA LA SALUD: los nutrientes que contienen los albaricoques son beneficiosos para el corazón y los ojos. La fibra es eficaz en la lucha contra varias enfermedades. Su alto contenido en betacaroteno ayuda a prevenir la oxidación del colesterol LDL y que, a su vez, es útil en la prevención de las enfermedades cardíacas. Su sabor favorece la salivación.

Los albaricoques contienen vitamina A, buena para la vista, ya que es un poderoso antioxidante que reduce el daño que los radicales libres infligen a las células y los tejidos que componen el cristalino de los ojos. Esto es de vital importancia porque los efectos degenerativos de los radicales libres pueden causar cataratas o afectar al suministro de sangre hacia los ojos, que produce degeneración macular. En un estudio llevado a cabo con más de cincuenta mil enfermeras diplomadas, los investigadores descubrieron que las mujeres que consumían mayores cantidades de vitamina A tenían un riesgo un 40% menor de padecer esta enfermedad ocular que las del grupo de control.[26]

El gran contenido en fibra presente en los albaricoques genera una enorme cantidad de beneficios, entre ellos la prevención del estreñimiento y de los problemas digestivos, como por ejemplo la diverticulosis. La mayoría de los estadounidenses consumen menos de diez gramos de fibra al día y deberían corregir esta deficiencia aumentando el consumo de frutas a tres raciones diarias. Esto puede parecer mucho; sin embargo, podría ser algo tan simple como incluir un plátano en tu licuado de frutas por la mañana, agregar unos trozos de albaricoque a tu taza de cereales, añadir media taza de bayas a tu cuenco de yogur o a tus ensaladas verdes, o tomar un albaricoque o cualquier otra fruta como tentempié.

LISTOS PARA LA COCINA: los albaricoques se cosechan cuando su color es intenso y comienzan a sentirse blandos al tacto. Aunque la cosecha puede hacerse de forma sucesiva, muchas variedades maduran en el breve lapso de unos pocos días. Por lo tanto, no se puede demorar la cosecha una vez que los frutos comienzan a madurar, normalmente a comienzos del verano.

AHORRO ANUAL: como media, alrededor de cincuenta euros por persona y año.

18

Cuidados especiales para árboles y arbustos frutales

No existen reglas infalibles para cultivar especies frutales en el interior. Como sucede con cualquier planta, sea de interior o de exterior, algunas son más fáciles de cultivar que otras. He descubierto que determinados frutales tropicales son muy fáciles de cultivar y también que es bastante sencillo conseguir que produzcan frutos. Entre ellos, los plátanos y las piñas son dos plantas de climas cálidos que se adaptan muy bien al cultivo interior en macetas durante todo el año.

Algunas personas me han comentado que han cultivado con éxito diversas especies de arándanos (*Vaccinium*) y han conseguido que dieran frutos en el interior utilizando un medio de cultivo ácido con un pH aproximado de 5,0. Yo nunca lo he intentado. Una de las especies frutales más difíciles que he cultivado en el interior es el manzano común (*Malus*). Es un árbol muy resistente que florece profusamente tres años después de su plantación y del cual existe un número suficiente de especies y variedades como para satisfacer a los aficionados al cultivo en macetas. Sin embargo, conseguir que las flores se conviertan en frutos es otra historia.

Los manzanos son en su mayor parte autoestériles, como sucede también con muchas variedades de arándanos y algunas plantas de flor. Esto significa que el polen de un árbol no fertilizará sus propios pistilos. En otras palabras, si hablamos de producir frutos, se necesitan dos para bailar el tango. Es preciso hacer una fertilización cruzada de dos o más árboles para que lleguen a dar frutos. Por lo tanto, para impulsar la producción de frutos de los manzanos y también de otros árboles autoestériles cultivados en el interior, tendrás que tener al menos dos árboles (y preferiblemente más) en la misma zona.

Pero como los manzanos (y la mayoría de los arbustos y árboles de flor) necesitan habitualmente que el viento o insectos como las polillas, las abejas y las avispas completen la polinización, el horticultor de macetas se verá obligado a ocuparse personalmente de esa tarea.

Cuando las plantas son autofértiles, el polen se puede diseminar de la flor al pistilo simplemente agitando de forma periódica la planta cuando está en flor. Sin embargo, con estos árboles autoestériles tendrás que pasar un cepillo pequeño sobre las flores de uno de los ejemplares y luego repetir la operación con el otro árbol, trasladando así el polen de una a otra planta.

Este procedimiento requiere algo más que un poco de tiempo y paciencia durante todos los días que las plantas están en flor, ¡y los manzanos pueden tener flores durante dos o tres semanas cada primavera!

Y por último, a la hora de conseguir que los manzanos cultivados en macetas den frutos, el aspecto más complicado es la temperatura ambiente. En los climas subtropicales (y esto incluye el salón de tu casa, una especie de Hawai artificial donde las temperaturas suelen oscilar entre los veinte grados en invierno y los treinta y dos en verano, o más, en los hogares que no tienen aire acondicionado), los manzanos florecen pero no dan frutos. Los estudios han demostrado que las temperaturas invernales deben tener una media de nueve grados durante cuatro meses al año para que el manzano pueda completar su periodo de reposo, que es crucial para la producción de frutos.

A menos que seas un esquimal, esto podría representar un problema en el interior.

DERROTAR AL SISTEMA

Como es evidente, si estás dispuesto y animado, hay formas de ganar el juego. Si vives en una región donde los inviernos son crudos y tienes un garaje sin calefacción, puedes trasladar tus manzanos y dejarlos allí durante toda la estación invernal. Antes deberás asegurarte de que las temperaturas del garaje no son demasiado bajas; de lo contrario, las raíces podrían congelarse.

Y recuerda que no tener los árboles a la vista no significa no pensar en ellos. Deberás regarlos ligeramente de vez en cuando aunque se encuentren en estado latente —quizás tan solo una vez al mes—. Si las temperaturas se desploman y se producen heladas, es aconsejable envolver las macetas para aislar y proteger los árboles. En marzo las temperaturas comenzarán a subir y podrás aclimatarlos gradualmente a su emplazamiento de verano y aumentar la cantidad y la frecuencia de los riegos para que sigan desarrollándose.

Si no tienes un garaje disponible donde tus plantas puedan invernar, es posible que el sótano sea lo suficientemente frío como para guardarlas allí. O, en el peor de los casos, puedes trasladar tus árboles al exterior, enterrar las macetas en la tierra y cubrirlas luego con una gruesa capa de mantillo de heno, o llevar las macetas al patio, envolverlas con un material de aislamiento que se vende en rollos (puedes comprarlo en la mayoría de las ferreterías y empresas que venden madera), enterrar las macetas y cubrirlas con arpillera.

Evidentemente, estas medidas son necesarias exclusivamente si pretendes que tus frutales cultivados en el interior produzcan frutos. Si te conformas con las hojas y las flores y no te apetece tomarte tantas molestias para obtener frutos, no debes preocuparte por los problemas que puedan surgir en invierno, ya que cualquier habitación fresca resultará adecuada.

Si piensas que los manzanos se deberían dejar en el exterior durante el periodo de crecimiento, es muy probable que estés en lo cierto. Cultivar manzanos para obtener frutos es una tarea mucho más complicada en el interior que en el exterior.

LA FERTILIZACIÓN SIGUE A LA FUNCIÓN

Todo el mundo sabe que prácticamente todas las plantas en macetas requieren abonos periódicos, y aunque la mayoría necesita más nutrientes durante el periodo de floración que en ningún otro momento del año, requieren un aporte adecuado de nutrientes dosificado en las proporciones correctas para disfrutar de sus beneficios.

Las plantas a las que se ha suministrado un fertilizante demasiado rico en nitrógeno dejan de producir flores (y más tarde frutos) y, en cambio, se dedican a generar mayor cantidad de hojas. Para evitar que esto suceda, debes regular la dieta de tus árboles y arbustos frutales varias semanas antes de que echen flores.

Reduce la aplicación de nitrógeno y aumenta la disponibilidad de un abono que sea rico en fósforo, mineral necesario para la producción de yemas de flores.

En los comercios existen muchos fertilizantes diferentes que contienen porcentajes de nutrientes muy variados. A lo largo del periodo de crecimiento, tengo por costumbre abonar mis plantas de hojas con té de compost. Para preparar este té, retiro el agua acumulada en la parte superior de la materia orgánica descompuesta (el compost), que puede contener raspaduras de zanahorias, cáscaras de patata, corazones de manzana molidos, cáscaras de manzana picadas, restos de café molido usado y cualquier otro tipo de materiales de origen vegetal que pueda encontrar. En algunas ocasiones, quizás una o dos veces al mes, añado como complemento una dosis completa de fertilizante comercial o un puñado de compost, con el propósito de aportarles a mis plantas una fuerte dosis de nutrientes esenciales que se aproximen a la fórmula 15-30-15.

Entre uno y dos meses antes de que mis arbustos y árboles frutales florezcan, me abstengo de utilizar el té de compost y los fertilizo exclusivamente con Miracle-Grow combinado con un poco de harina de huesos (0-12-0). Y, aunque las instrucciones del paquete indican mezclar media cucharada de Miracle-Grow con dos litros de agua y aplicar cada tres o cuatro semanas, yo les aporto a mis plantas la mitad de la dosis (un cuarto de cucharada para dos litros de agua) y con una frecuencia dos veces mayor, es decir, cada diez días o cada dos semanas.

Miracle-Grow contiene una proporción doble de fósforo (30%) que de nitrógeno (15%), de manera que el fertilizante potencia la producción de flores a expensas de un excesivo desarrollo foliar. En ocasiones también les suministro dosis saludables de harina de huesos, algo que no desearás hacer si hay perros en los alrededores de la casa.

Cuando las plantas terminan de florecer y de dar frutos, vuelvo al programa original: utilizo nuevamente el té de compost y hago aplicaciones ocasionales de Mira-

El cultivo de árboles y arbustos frutales en el interior puede suponer algunos desafíos especiales, tal como sucede con este nectarino enano. Sin embargo, ¡la cosecha demostrará que el esfuerzo ha merecido la pena!

D. J. Herda

cle-Grow. ¿Por qué usar este producto cuando existen muchos otros en el mercado? La mejor razón que conozco es que me resulta muy efectivo. No pretendo afirmar que no haya otro producto que sea igualmente eficaz y, como es evidente, no te disuadiré de encontrarlo. No obstante, yo no tengo ninguna intención de cambiar, porque estoy francamente satisfecho con los resultados.

Sin embargo, quizás en el futuro decida abonar mis plantas frutales con un producto comercial que contenga tres veces más fósforo y nitrógeno, por ejemplo una fórmula 13-10-13. Después de todo, la experimentación es una de las alegrías de la vida —tanto cuando se cultivan plantas como cuando se trata de cualquier otra actividad.

LUZ Y AGUA

Muchas personas descubren que sus árboles y arbustos frutales producen una enorme cantidad de yemas de flores que se desprenden de la planta antes de abrirse. También puede suceder que las yemas lleguen a abrirse pero se marchiten al poco tiempo y se caigan de la planta antes de que tenga lugar la polinización. En estos casos, lo más probable es que la culpa se pueda adjudicar a la escasez de luz o la insuficiencia de agua.

Cuando una planta llega al estadio de floración, necesita una cantidad abundante de luz de espectro completo; esto quiere decir luz que contenga todos los rayos presentes en la luz solar diurna, incluidos los ultravioleta.

Asegúrate de que tus especies frutales reciben entre catorce y dieciséis horas de luz solar diaria durante la época de floración; de lo contrario, utiliza una iluminación adicional, que puede consistir en lámparas fluorescentes o incandescentes. Personalmente prefiero las bombillas fluorescentes porque utilizan menos electricidad y, además de comercializarse en una amplia variedad de formas, generan menos calor. Las lámparas incandescentes también tienen sus méritos; se pueden conseguir con más facilidad, las bombillas son más económicas (aunque el consumo es más caro) y es posible utilizarlas en la mayoría de los portalámparas estándar. Sin embargo, ten en cuenta que algunas bombillas incandescentes, en particular las que tienen mucha potencia, producen tanto calor que solo se deberían utilizar con portalámparas aislados o de porcelana.

El otro ogro de la película, la falta de agua, puede resultar igualmente dañino para las plantas. Sé que prácticamente durante toda mi vida he estado predicando que hay que tener cuidado con los riegos excesivos —es la razón principal por la que los cultivos en maceta pueden fracasar—. Y voy a seguir siendo fiel a este discurso.

Pero durante el periodo de floración se deben mantener húmedos (nunca inundados) incluso esos árboles y arbustos que, por lo general, prefieren que la tierra se seque entre los riegos (una categoría que incluye prácticamente a todas las plantas).

En tus manos está determinar qué cantidad de agua debes aportarle a la planta para que la tierra esté simplemente húmeda. En cuanto tengas un poco de experiencia, no te resultará tan difícil como parece.

En general, el momento indicado para regar es cuando tocas la tierra de una planta que está en flor y descubres que necesitará agua en un par de días. Algunas plantas facilitan la decisión, pues sus hojas caen ligeramente hacia abajo cuando la tierra comienza a secarse. Observando cuidadosamente tus plantas serás capaz de «leer» con exactitud cuándo necesitan agua. Solo debes recordar que la producción de flores y frutos absorbe más rápidamente la humedad que mantiene viva a la planta que el desarrollo de las hojas, de manera que préstale mucha atención al suelo.

01:00   EN UN MINUTO

- Las plantas frutales necesitan abono igual que cualquier otra planta, pero para producir esa cosecha abundante que tanto anhelas deben recibir los nutrientes adecuados en el momento oportuno.
- Los árboles y arbustos frutales requieren más agua y luz durante el periodo de producción de flores y frutos que en ningún otro momento.

PLATANERO ENANO *(Musa)*

FORMA: árbol.

VARIEDADES: existen diversas variedades, entre ellas Gran Nain, High Color Mini, Novak y Dwarf Cavendish.

SEMILLAS O TRASPLANTE: trasplante.

TAMAÑO DE LAS MACETAS: grande a extragrande.

AGUA: riegos abundantes manteniendo el suelo húmedo, pero nunca saturado de agua, durante la etapa de crecimiento. Es preciso reducir los riegos durante el estado latente de la planta en la estación invernal.

COMENTARIOS: el plátano es una planta herbácea tropical que consiste en un tallo tuberoso subterráneo y un tronco (pseudotallo) formado por las capas concéntricas de las vainas de las hojas. A partir de los diez o quince meses desde el brote de una nueva planta, el verdadero tallo crece rápidamente a través del centro de la planta y emerge como una inflorescencia terminal que luego dará frutos. Las flores crecen en grupos a lo largo del tallo y están cubiertas por brácteas de color púrpura que se enrollan y se retraen a medida que se desarrolla el tallo con los frutos. Los primeros racimos en aparecer contienen flores femeninas que se convertirán en plátanos (a menudo comestibles y sin semillas). El número de racimos de flores femeninas que produce la planta varía entre unos pocos y más de diez. Luego aparecen numerosos racimos de flores estériles que se caen sucesivamente, seguidos de varios racimos de flores masculinas que también se desprenden de la planta.

En general, las brácteas se enrollan y caen a medida que se desarrollan las flores, algo que sucede prácticamente a diario.

Los plataneros son árboles de crecimiento rápido y es preciso aplicarles un fertilizante equilibrado una vez al mes. Para obtener los mejores resultados, aconsejo utilizar una fórmula 8-10-8.

SEMILLAS: sin información.

TRASPLANTE: coloca las plantas en un hoyo que no sea más profundo que la longitud de la masa radicular y presiona la tierra firmemente alrededor del tallo.

SUELO: los plátanos crecen en una amplia variedad de suelos, siempre que sean profundos y tengan un buen drenaje interno y en la superficie. El suelo ideal sería rico en compost. El efecto de los suelos mal drenados se puede solucionar parcialmente colocando capas de piedras o guijarros en el fondo del recipiente. ¡Esta planta no tolera un suelo mal drenado ni las inundaciones!

INSECTOS: la araña roja, la mosca blanca y los áfidos disfrutan succionando el néctar de los plataneros. **SOLUCIONES:** debido a la configuración de las hojas, suele ser complicado pulverizarlas de una manera efectiva para eliminar los insectos. Para erradicarlos definitivamente, es aconsejable emplear un producto químico sistémico que sea adecuado.

Platanero enano (*Musa*).

Mike Hillis

Enfermedades: la enfermedad más común de los plataneros se debe a la presencia del hongo *Fusarium,* que marchita las hojas. **Soluciones:** destruir la planta y descartar la tierra donde estaba plantada, con mucha precaución para no infectar el resto de los recipientes.

Beneficios para la salud: los plátanos contienen grandes cantidades de potasio y vitamina B_6 y, además, proporcionan cantidades importantes de magnesio, carbohidratos, vitamina C, riboflavina, biotina y fibra. Contienen mucha menos agua que la mayoría de las frutas, pero tienen más calorías y más azúcar.

El potasio de los plátanos es uno de los electrolitos más importantes, porque ayuda a regular las funciones cardíacas y el equilibrio de los líquidos. Estas dos actividades son factores esenciales para mantener una presión sanguínea saludable. Muchos estudios realizados a lo largo de los años han demostrado la eficacia de los alimentos ricos en potasio para disminuir la tensión arterial y prevenir las enfermedades cardíacas y cardiovasculares, por ejemplo el derrame cerebral.

Los plátanos contienen también una gran cantidad de pectina – una fibra que es soluble en agua y reduce el colesterol–, suavizan el tracto gastrointestinal y normalizan la función intestinal. Diversos estudios han demostrado que pueden ser muy efectivos en el tratamiento de las úlceras pépticas.

LISTOS PARA LA COCINA: los plátanos se recolectan cuando tienen un color intenso y comienzan a estar blandos al tacto. Esto ocurre alrededor de setenta y cinco días después de su formación o cuando las flores que coronan el extremo del tallo comienzan a desaparecer.

AHORRO ANUAL: como media, en torno a unos treinta y cinco euros por persona y año.

19

Poda: los cortes
más amables

«Podar» es una palabra extraña, y sus connotaciones lo son todavía más. Para los horticultores y jardineros modernos, significa tener problemas.

Es bastante probable que solo cinco de cada cien horticultores entienda la necesidad de podar los árboles y arbustos, y también ocasionalmente las plantas anuales pequeñas, para contribuir a su buena salud y mantenerlos bajo control. Y son menos aún los que conocen las reglas y las herramientas básicas para que la poda sea un éxito, hasta el punto de corresponder casi a un arte.

El mero hecho de mencionar la palabra hace que cunda el pánico en muchos horticultores. La primera imagen que acude a su mente es la del señor Brown (un hombre de mediana edad, medio calvo y vestido con pantalones holgados, camiseta de béisbol y zapatillas de deporte) recortando el seto que rodea su vivienda con unas tijeras de podar eléctricas. En apenas veinte minutos se ha deshecho de dos terceras partes de la altura del seto, ha tirado las ramas pequeñas a la basura, ha guardado las tijeras eléctricas en el garaje para usarlas el próximo otoño y, por último, se ha dejado caer en el sillón que está frente al televisor para esperar la llegada del invierno. Eso no es podar, ¡eso es una locura!

Otros piensan en el señor Johnson. Es un vecino que vive al final de la calle y pasa toda la primavera cortando los arbustos y árboles de su jardín con unos diseños perfectamente geométricos (triángulos, cuadrados, corazones, etc.), de manera que cuando llega el verano su césped parece una caja de cereales Lucky Charms vaciada apresuradamente.

Y otros, como el señor Smith, consideran que la poda es una soberana tontería. Después de todo, la madre naturaleza ha colocado las plantas en la Tierra y con toda certeza puede cuidar mejor de ellas que cualquier persona, independientemente de sus amplios conocimientos sobre huertos y jardines.

Bien, el señor Smith se equivoca en dos cosas. En primer lugar, es más que probable que cualquier árbol o arbusto que la madre naturaleza depositara originalmente en la tierra que ahora es propiedad del señor Smith haya sido eliminado por los seres humanos en su permanente búsqueda de expansión. A medida que las excavadoras se abrían camino en dirección al campo, los bosques espesos quedaron reducidos a simples bosquecillos, luego a especímenes ocasionales y, por último, a campos estériles.

Y cuando por fin terminaron las obras de construcción, los empleados del ayuntamiento y los ciudadanos volvieron a plantar la mayoría de los árboles y arbustos. La madre naturaleza no tuvo nada que ver con toda esa vegetación. En el mejor de los casos, era una madre adoptiva. Tampoco consigue ningún reconocimiento por dejar que sus creaciones crezcan sin control; ese no es el objetivo del típico propietario de una casa.

En segundo lugar, las plantas abandonadas a su suerte pueden desarrollarse bastante bien por sí mismas. La luz, el viento, los animales, los insectos y las enfermedades «podan» de manera natural las partes rotas o frágiles, e incluso al árbol o arbusto entero. De este modo, los débiles perecen y los fuertes se desarrollan aún más robustos.

Desafortunadamente, la mayoría de las personas no vive en armonía con los bosques y las arboledas. Los deseos de nuestra comunidad no suelen corresponder con la voluntad de la madre naturaleza. El señor Smith no quiere un jardín con el aspecto de un bosque virgen.

Lo que desea es tener unos cuantos árboles que den sombra y que sean lo suficientemente altos como para pasear debajo de ellos sin tener que agacharse, césped, un jardín de flores, un huerto en una zona lateral, un puñado de árboles frutales alineados junto al garaje, un estanque para pájaros y quizás también un pequeño jardín de hierbas aromáticas justo al lado de la puerta de la cocina.

La madre naturaleza no puede hacer milagros

Asimismo, los enfoques del señor Brown y del señor Johnson a la hora de podar las plantas dejan mucho que desear. Su actitud es derrochadora y estéticamente contraproducente. No hay nada útil ni atractivo en unas plantas que se han cortado de manera uniforme y que, a pesar de sus formas esculturales, tienen una apariencia indiscriminada.

Por fortuna, existe un método mejor, y tú puedes ponerlo en práctica con tus plantas de interior. Una vez que hayas aprendido los secretos de la poda, estarás de acuerdo en que se trata de un conocimiento muy valioso, independientemente de que trabajes en el interior o en el exterior.

Para los horticultores que cultivan sus plantas en el interior, la poda es tan importante y necesaria como el riego, la nutrición y el trasplante. En cuanto se aprenden ciertos principios y procedimientos, podar no es más complicado que enfrentarse a una bolsa llena de fertilizantes y abonos e intentar determinar cuál es el producto que debes comprar. Pero antes que nada, tienes que comprender los objetivos básicos de la poda.

Objetivos

La práctica más acertada de la poda es el sabio proceso de modificar el crecimiento de una planta para satisfacer tus objetivos inmediatos, sin destruir su patrón de crecimiento natural ni su apariencia. Con muy poco esfuerzo, puedes convertir un frondoso cítrico o un magnífico arbusto de arándanos en una rama flacucha y deforme. Lo único que se necesita es un par de tijeras de podar y la dosis exacta de ignorancia.

Algunas plantas de interior requieren menos podas que otras para cumplir con tus objetivos inmediatos o a largo plazo. Hay determinadas plantas que no necesitan que las podes –no te entusiasmes mucho, ¡son una minoría!– y, en cambio, otras requieren un esfuerzo prácticamente constante, dependiendo de su hábito natural de crecimiento. Tendrás que evitar este último grupo de plantas, a menos que dispongas de mucho tiempo libre y grandes dosis de paciencia –y quizás también un pequeño grado de masoquismo– para dedicarte por entero a ellas.

Pues bien, una vez dicho esto, los objetivos de la poda son los siguientes:

CONSERVAR LA SALUD DE LAS PLANTAS: el primer objetivo, y también el más importante, de la poda de plantas de interior es eliminar todo el material enfermo, deteriorado e inerte. Sencillo, ¿verdad? La razón por la cual quieres librarte de todos estos materiales es que si los abandonaras a su propia suerte podrían propagar enfermedades, o incluso introducirse en la planta a través de las heridas de los tallos o la corteza y destruir finalmente la planta. Por lo tanto, las podas son una medida preventiva.

EVITAR EL CRECIMIENTO QUE NO SE AJUSTE A UN FIN DESEADO: es frecuente que los árboles y arbustos obligados a crecer dentro de los límites estrictos de una maceta tiendan a desarrollarse de una forma extraña, no muy atractiva o incluso poco sana. Por ejemplo, podar todas las ramas que se entrecruzan previene posibles daños y lesiones y, al mismo tiempo, abre la estructura de la planta para que reciba mayor cantidad de luz. Esto supone un enorme beneficio, en particular para las plantas que se encuentran en el interior, donde rara vez hay luz natural abundante. Clarear ramas frágiles, dañadas o inertes puede también mejorar la salud de la planta, la calidad de las futuras hojas y, en el caso de frutas y verduras, la cantidad y la calidad de las flores.

CONTROLAR EL CRECIMIENTO DE LAS PLANTAS: el objetivo más evidente de podar las plantas en macetas quizás sea impedir que crezcan y atraviesen el techo, lo cual podría ser un verdadero problema en época de lluvias. La poda impide que las plantas crezcan demasiado, pero esta «cirugía» estimula además un crecimiento adicional allí donde es necesario, es decir, donde tú quieras. En este sentido, podar es como jugar a los dioses: al ser capaz de alterar, acelerar o demorar el crecimiento de algunos brotes y ramas, experimentarás una intensa sensación de poder y una gran satisfacción. No obstante, las recompensas nunca llegan sin pagar un precio.

Las plantas en macetas están totalmente fuera de su entorno natural y, en consecuencia, dependen de ti para seguir viviendo. Esto es especialmente cierto cuando se trata de plantas de interior que pueden ser especies autóctonas de Madagascar, Burma, Australia, China, las montañas Rocosas o el medio oeste de los Estados Unidos. Estos especímenes se hallan tan lejos de sus hábitats naturales, es decir, mesetas, montañas, bosques y desiertos —y ¡además están todas juntas!— que es fácil anticipar que su crecimiento será inicialmente débil y lento, o incluso inviable. Una poda adecuada puede ayudar a restaurar el crecimiento y el vigor que dichas plantas tienen en su entorno natural.

EFECTO DE LA PODA PARA LAS PLANTAS

Para comprender los efectos que tendrá la poda en un árbol o un arbusto, primero tienes que conocer lo que sucede en el interior de la planta.

Un árbol o arbusto típico está compuesto por cuatro elementos: el sistema radicular, la estructura del tronco y las ramas, las hojas y las flores. Todos estos elementos se combinan de una forma bastante sorprendente para producir el crecimiento de la planta. No obstante, cada uno de estos elementos desempeña una función única en su desarrollo.

SISTEMA RADICULAR: estas extensiones subterráneas finas y fibrosas sirven para absorber la humedad y las materias primas (que luego se bombean hacia las hojas y se convierten en alimento), y actúan como soporte y contención para la planta, sujetándola firmemente y protegiéndola del viento pero también de la gravedad.

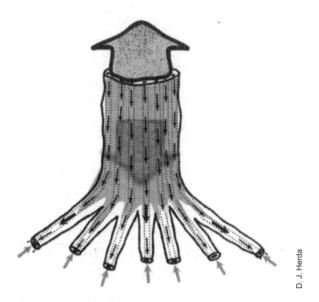

D. J. Herda

El agua y los minerales disueltos pasan desde la tierra hacia las raíces y se desplazan a través del tronco, las ramas y las hojas hasta llegar a la parte central del árbol. El alimento procesado retorna desde las hojas hacia las raíces por una capa existente bajo la corteza.

ESTRUCTURA DE LA PLANTA: todas las plantas, excepto las microscópicas, presentan una estructura principal que, en la mayoría de las especies, consiste en un tronco central con ramas auxiliares y otras más pequeñas. Dicha estructura es similar en apariencia al reverso de un sistema radicular bien desarrollado. Igual que las raíces, las ramas tienen una doble función: mantienen la planta erecta y en equilibrio y actúan como una suerte de sistema de bombeo (muy parecido al sistema de tuberías de tu hogar) que desplaza constantemente los materiales en sentido ascendente y descendente entre las raíces y las hojas. El agua y los minerales se filtran y llegan hasta el núcleo o parte central del tronco y de las ramas, y el alimento producido desciende a través de una capa semejante a una membrana que se encuentra justamente debajo de la corteza.

Al hablar de la poda, me referiré a determinados términos que quizás desconozcas, así que sería una buena idea que te familiarizaras con su significado.

«Líder» es el nombre otorgado a la única rama dominante que apunta hacia el cielo; por lo general, es la continuación del tronco. Se denomina «ramas de sostén» a las ramas más desarrolladas de la planta. Las «ramas laterales» crecen a partir de las anteriores, y son más cortas y más pequeñas. Las ramas muy cortas se llaman «espolones» —en realidad son tocones de rama o muñones— que portan hojas, flores o frutos.

HOJAS: estas fantásticas «fábricas de alimentos» utilizan la energía del sol para ayudar a que el dióxido de carbono del aire se combine con el agua que se ha filtrado a través de las raíces para formar azúcares y almidones que sirven de sostén a la planta. En este proceso intervienen también otras sustancias presentes en las raíces y la clorofila de las hojas.

Cada hoja consiste en una amplia superficie que se conecta a la rama mediante un tallo llamado «pecíolo».

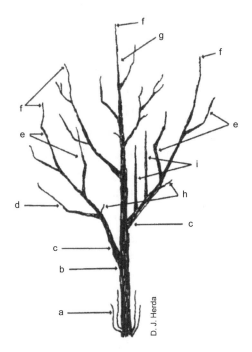

D. J. Herda

Terminología de la poda para la estructura de un árbol, es decir, su crecimiento sobre la superficie del suelo: a) chupones; b) horqueta estrecha o frágil, que tiende a dividirse a medida que el árbol madura; c) ramas de sostén primarias; d) ramas de sostén secundarias; e) ramas laterales que crecen a partir de las ramas de sostén primarias y secundarias; f) crecimiento terminal, que incluye todo el crecimiento que se produce a partir del extremo de una rama; g) rama líder, es decir, una rama más alta que el resto; h) espolones o ramas laterales cortas, que portan los frutos en la mayoría de los frutales; i) brotes adventicios o «chupones».

En condiciones normales, una planta tiene raíces suficientes para proporcionarles a las hojas la materia prima necesaria para producir alimento. Pero cuando se reduce el volumen de las raíces, como ocurre cuando se trasplanta un árbol a un recipiente, el número inferior de raíces no es capaz de enviar la misma cantidad de materiales disueltos para producir el alimento, y el resultado es que la cantidad de hojas disminuye (menos alimento significa menos crecimiento). Cuando hay menos hojas, las raíces tienen menos trabajo y como consecuencia llegan menos materiales disueltos a la parte superior de la planta.

Así, cada vez que se reduce el sistema radicular de una planta, su estructura y sus hojas se ven igualmente afectadas. Con el fin de mantener la salud, el crecimiento y el equilibrio de las plantas, es preciso podar el follaje para reducirlo de forma proporcional. Este es uno de los conceptos básicos de la poda y una de las cosas más importantes que hay que recordar. Siempre que disminuya el volumen de las raíces de una planta, la estructura foliar se debe reducir proporcionalmente.

FLORES: las flores de la mayor parte de los árboles están unidas a las ramas. Su único objetivo es producir semillas que la especie utilizará para perpetuarse. La mayoría de las plantas desaparecerían si no tuvieran flores. Después de ser polinizadas correctamente, las flores producen semillas cuyo tamaño varía desde una mota microscópica, pasando por las dimensiones de una semilla de aguacate o de mango, hasta llegar a la semilla gigante de los cocoteros.

Recuerda que no todas las flores son llamativas ni especialmente decorativas. Algunas son prácticamente imposibles de descubrir incluso a una distancia de escasos metros.

EL CICLO DE CRECIMIENTO

Cada una de las cuatro partes de la planta, a saber, el sistema radicular, la estructura, las hojas y las flores, actúa eficazmente y con precisión en cada momento. En las diferentes épocas del año las raíces, los tallos, las hojas y las flores trabajan de distintas formas para cumplir con sus diversas tareas.

La primavera es el inicio de la época de crecimiento de la mayor parte de las plantas. Los nutrientes que se han almacenado en las raíces y las ramas empiezan repentinamente a fluir. Las raíces comienzan su nuevo ciclo de crecimiento, las yemas se hinchan y los capullos se abren; también las ramas, las hojas y las flores vuelven a la vida.

Las plantas caducifolias, es decir, las que pierden las hojas en otoño, desarrollan un nuevo follaje cada primavera. En los árboles siempre verdes (como, por ejemplo, las coníferas) o en las flores de hojas perennes (como el rododendro o muchas plantas tropicales), nuevas hojas se suman al follaje existente.

Cuando las plantas abandonan el estado latente con la llegada de la primavera, su crecimiento inicial es lento. Las primeras hojas provienen de yemas formadas el año anterior. Estas nuevas hojas comienzan a producir alimento de inmediato para que sirva de complemento a los nutrientes que la planta ha almacenado y que están agotándose de forma gradual.

Finalmente, la planta produce hojas suficientes para sostenerse a sí misma y modifica su fuente de alimentación —casi como si fuera un interruptor eléctrico—, deja de consumir los nutrientes almacenados y comienza a producir nuevo alimento.

La planta sigue creciendo durante todo el verano y, habitualmente, también durante una parte del otoño. A medida que se acerca el clima frío, incluso las plantas de interior sienten el cambio de estación y lentamente dejan de crecer. No obstante, las raíces permanecen activas absorbiendo los nutrientes y el agua que la planta necesita para sobrevivir al invierno que se avecina, y almacenando nutrientes para la próxima primavera.

A finales del otoño o comienzos del invierno, la planta entra en estado latente. Es el momento de reducir la aportación de nutrientes, los riegos y cualquier tipo de iluminación adicional. Si es posible, aconsejo guardar las plantas en un lugar donde la temperatura sea fresca. Permanecerán letárgicas (un estado semejante a la hibernación de los osos) hasta la llegada de la primavera, cuando iniciarán una vez más su ciclo de crecimiento.

DESARROLLO DE LAS YEMAS

Se denomina yema al sitio del tallo donde crecerá una nueva rama, siempre que reciba la estimulación suficiente y las condiciones sean adecuadas. Es importante que los horticultores o jardineros sean capaces de reconocer una yema, porque puede aportarles información muy útil sobre las plantas, incluso acerca de lo que se puede esperar de ellas al podarlas en un punto determinado.

La terminología utilizada para las yemas es relativamente simple. Las «yemas terminales» crecen a partir de los extremos de las ramas, las «yemas laterales» crecen por debajo de las terminales, y las «yemas latentes» son aquellas que no están preparadas para responder a los estímulos de crecimiento. Lo habitual es que sean más pequeñas y menos desarrolladas que las terminales y las laterales.

DÓNDE CORTAR

Hay un único lugar correcto para cortar, o «despuntar», las ramas de árboles o arbustos. Y ese lugar se encuentra justamente por encima de una yema sana y bien desarrollada. ¿Qué puedes esperar que suceda cuando haces un corte en una rama? Vamos a tomar como ejemplo un arce cultivado en el interior.

En general, el corte practicado en una rama solo afectará al desarrollo de las yemas que están muy próximas a él. Si haces dos cortes en el árbol de la figura de la página 283, pueden suceder tres cosas:

- Un nuevo tallo nacerá a partir de la yema superior (la nueva yema terminal) de cada espolón. Sin embargo, las yemas que hay en cada uno de los tallos por debajo del punto de poda permanecerán inactivas.
- Cada una de las nuevas ramas crecerá lo suficiente como para mantener el equilibrio del árbol. La rama de la izquierda, a la que le has cortado quince centímetros, se desarrollará entre quince y treinta centímetros más para seguir el ritmo de crecimiento de todo el árbol. La rama de la derecha, a la que le has quitado unos noventa centímetros, crecerá entre noventa y ciento veinte

centímetros más para acoplarse al crecimiento general. Por lo tanto, el corte en la rama de la izquierda estimula un nuevo crecimiento que puede llegar a los cuarenta y cinco centímetros, mientras que el corte de la rama de la derecha produce un nuevo crecimiento que posiblemente alcanzará un metro con veinte.

- El metro con veinte centímetros que ha crecido la rama de la derecha produce muchas yemas fuertes y nuevas hojas. Los cuarenta y cinco centímetros que ha crecido la de la izquierda produce yemas más pequeñas y menor cantidad de hojas. Esto se debe a que la mayoría de los nutrientes y las hormonas de crecimiento de la planta se dirigen hacia el lado del árbol que ha sufrido el mayor daño, es decir, el que se ha podado más, a expensas del lado izquierdo, que recibe únicamente cantidades mínimas de alimento y hormonas de crecimiento. En el proceso intervienen también otros factores. Sin embargo, lo más importante para

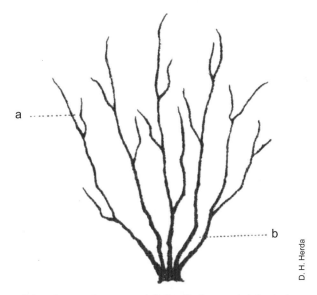

Los efectos de la poda se pueden ver en esta ilustración. La rama de la izquierda, que se ha podado hasta el punto (a), producirá un crecimiento equivalente a la parte que se ha cortado más una modesta cantidad adicional. La rama de la derecha se ha podado hasta el punto (b) y dará lugar a un crecimiento equivalente a la parte que se ha eliminado. Su nuevo desarrollo será mucho mayor que el de la rama de la izquierda, más una modesta cantidad adicional. Como es evidente, una poda severa estimula mucho más el crecimiento de las ramas que una poda ligera.

recordar es que cuanto más severa sea la poda, más intensamente reaccionará la planta con un nuevo crecimiento.

Además de estimular el desarrollo de una planta por medio de la poda, un horticultor inteligente puede también determinar con ella la dirección del nuevo crecimiento. Observa detenidamente las yemas de la planta. Grandes o pequeñas, cada una de ellas apunta en una dirección particular.

Esa dirección puede ser hacia el centro del árbol (una yema interna) o hacia el exterior (una yema externa). Pues bien, su orientación marca hacia dónde crecerá la nueva rama.

Teniendo esto en cuenta, serás capaz de establecer por anticipado no solo la dirección en la que se desarrollará la nueva rama, sino también el crecimiento global que pretendes conseguir a través de la poda. Si, por ejemplo, haces un corte por debajo de una yema interior podrás lograr que la nueva rama crezca en dirección a la parte central del árbol a fin de que llene una zona excesivamente clara. Será un retoque estético maravilloso, ¡y lo habrás hecho tú mismo! Ese tipo de poda reduce también las probabilidades de un nuevo crecimiento hacia el exterior, ya que forzará que la rama se desarrolle hacia el interior.

Por el contrario, si practicas el corte por encima de una yema exterior, puedes conseguir que la nueva rama se dirija hacia la parte externa. De este modo, podrás aumentar las dimensiones generales de la planta y evitar que haya demasiado follaje en la parte interna de su estructura.

PINZADO (O DESPUNTE) *VERSUS* ACLAREO (O SELECCIÓN)

Existen dos técnicas básicas de poda. Una se denomina pinzado, o despunte, y la otra aclareo, o selección. La primera consiste en cortar las ramas junto a una yema, técnica utilizada frecuentemente para controlar el tamaño y la tasa de crecimiento de una planta. La segunda consiste en eliminar completamente las ramas cortándolas por la base, donde se unen con el tronco principal o con una rama lateral.

Por lo general, por medio del pinzado o despunte se obtiene una planta más compacta y arbustiva, porque los cortes, tal como mencioné anteriormente, estimulan un nuevo crecimiento bastante enérgico desde las nuevas yemas terminales. El aclareo o selección produce el efecto contrario: abre espacios en la estructura de la planta y la hace menos compacta. Puedes utilizar cualquiera de las dos técnicas, dependiendo estrictamente de los resultados que quieras obtener con la poda.

PODA DE VERANO O PODA DE INVIERNO

En cualquier momento del año se puede recurrir a la técnica del pinzado o del despunte ligero (una poda menor) sin infligirle ningún daño a la planta. No obstante, una poda más exhaustiva se debe realizar únicamente en momentos concretos de su ciclo de crecimiento.

Los árboles caducifolios pierden sus hojas en invierno y se deben podar en esta estación, es decir, cuando se encuentran en estado latente. En este periodo los tallos y las ramas que sostienen las hojas permanecen inactivos, porque las hojas se han caído y los árboles se están alimentando muy frugalmente de los nutrientes que han almacenado en las raíces. Es el mejor momento para podar todas las partes de la planta que quieras descartar.

Por el contrario, las plantas caducifolias no se deben podar severamente durante los meses de verano porque en el periodo estival están activas produciendo alimentos, no solo para utilizarlos en su desarrollo sino también para almacenarlos de cara al próximo invierno. ¡Las plantas necesitan sus hojas durante el verano! Si en esa época reduces considerablemente su follaje, no serán capaces de producir ni almacenar alimento suficiente para

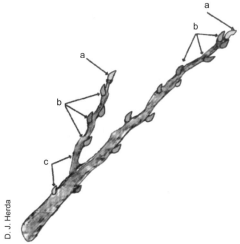

Terminología asociada a las yemas y dirección de su crecimiento: a) yemas terminales; b) yemas laterales; c) yemas latentes o no desarrolladas. A medida que se poda una, la nueva yema terminal producirá el crecimiento en la dirección que indica la punta de la yema.

pasar los meses de invierno y carecerán de energía para iniciar su nuevo ciclo de crecimiento en primavera. Y, como resultado, podrían morir durante el invierno.

Una poda ligera en verano resulta beneficiosa para algunos árboles, como por ejemplo las higueras, que pierden mucha savia cuando se podan a finales de invierno o en primavera. El mejor momento para podar estos árboles es el otoño o el inicio del invierno, después de que ya hayan almacenado nutrientes y antes de que la savia vuelva a fluir en primavera.

Las plantas perennes también se benefician más cuando se podan en verano. Una poda invernal podría reducir en gran medida el desarrollo de las flores; por lo tanto, es aconsejable esperar a que termine el período de floración, lo que muchas veces ocurre a finales del verano, y luego podar la planta según sea necesario.

Independientemente de que hagas una poda ligera en verano o una exhaustiva en invierno, recuerda que no debes cortar demasiadas partes de la planta de una sola vez. El podador prudente sigue el consejo del arquitecto Ludwig Mies van der Rohe: menos es más.

No se trata de cuánto eliminas de un árbol o de un arbusto; lo que cuenta es qué eliminas y en qué momento lo haces.

01:00   EN UN MINUTO

- Casi todas las plantas se benefician de una poda adecuada, pero los árboles y los arbustos frutales la aprovechan más que ninguna otra especie.
- Puedes moldear el hábito de crecimiento de una planta por el mero hecho de saber qué ramas debes podar y en qué lugar.
- Aplica la técnica del pinzado para mantener tus plantas densas y compactas; utiliza el aclareo para que los rayos solares penetren mejor en su estructura,fomentando así una mayor producción.

GRANADO ENANO *(Punica granatum)*

FORMA: árbol.

VARIEDADES: existen diversas variedades. Las mejores son Nana y State Fair.

SEMILLAS O TRASPLANTE: trasplante.

TAMAÑO DE LAS MACETAS: grande a extragrande.

AGUA: el granado es una planta resistente a la sequía, así que solo necesita riegos moderados. Es preciso que el suelo se seque entre los riegos.

COMENTARIOS: los granados han sido muy populares a lo largo de la historia de la humanidad. Últimamente su reputación está resurgiendo debido a los beneficios para la salud asociados con el zumo que se prepara con sus frutos. Los árboles se cultivan por sus frutos comestibles aunque son igualmente apreciados como plantas ornamentales. Su origen exacto es desconocido, pero se considera que son plantas autóctonas de un territorio que abarca desde Oriente Próximo hasta los Himalayas. Las primeras plantas fueron probablemente introducidas en el sureste de los Estados Unidos por los primeros colonos españoles establecidos en San Agustín (Florida). Suelen encontrarse en torno a casas y plantaciones antiguas, en particular en las regiones centrales y en las llanuras costeras del sur del país. Crecen y florecen mejor en las regiones áridas del sureste, a las que se han adaptado particularmente bien.

SEMILLAS: sin información.

TRASPLANTE: coloca las plantas en un hoyo que no sea más profundo que la longitud de la masa radicular y presiona la tierra firmemente alrededor del tallo.

SUELO: los granados son fáciles de cultivar y requieren muy pocos cuidados una vez que se han consolidado. Se adaptan a la mayoría de los suelos pero prefieren los que tienen un pH entre 5,5 y 7,0 y un buen drenaje. Como la mayoría de los arbustos, se benefician de una capa de abono orgánico de un grosor aproximado de entre cinco y siete centímetros y medio.

Granado enano (*Punica granatum*).

ENFERMEDADES: los granados son relativamente resistentes al ataque de insectos y sufren pocas enfermedades. Por lo tanto, requieren escasos cuidados.

BENEFICIOS PARA LA SALUD: las granadas tienen más calorías que la mayor parte de los frutos. Sin embargo, no dejes de consumirlas por este motivo, pues contienen poderosos antioxidantes antiinflamatorios, gracias a los cuales son muy eficaces en la lucha contra las enfermedades. Son cada vez más populares debido a su alto contenido en potasio, que suele ser incluso mayor que el de las naranjas. Diversos estudios han descubierto que retrasan el desarrollo de los tumores de próstata.

LISTAS PARA LA COCINA: cosecha las granadas cuando los frutos tengan un color intenso y sean ligeramente suaves al tacto. Esto sucede entre finales de septiembre y mediados de noviembre.

AHORRO ANUAL: como media, sesenta euros al año por persona.

20

Herramientas *básicas* del oficio

Todos los horticultores y jardineros tienen herramientas idóneas para sus necesidades específicas. La elección de estos utensilios varía de una persona a otra; sin embargo, algunas herramientas son básicas y ningún horticultor debería prescindir de ellas.

HERRAMIENTAS PARA LA PODA

Existen varias empresas que se especializan en la fabricación de herramientas para la poda. Otras firmas las producen únicamente como una línea complementaria de las herramientas de uso general. Ambos tipos de proveedores intentan protegerlas de las imitaciones a través de diversas patentes. Para el comprador esto significa que cada herramienta, por similar que parezca a las de la competencia, es ligeramente diferente en lo que respecta a su construcción o a los materiales utilizados, que no son fácilmente distinguibles para un ojo inexperto.

Solamente mediante el uso podrás saber cuál es el modelo de sierra y de tijeras de podar que te resulta más conveniente y efectivo. Hay herramientas de diferentes tipos y precios, pero te aconsejo que no compres las más económicas pues, a largo plazo, lo barato resulta caro. Con un poco de cuidado, las de buena calidad te durarán toda la vida, mientras que la mayoría de las más baratas estarán inservibles al cabo de poco tiempo. Cuando vuelvas a necesitarlas, el mecanismo del muelle no funcionará, el asa se romperá o ambas partes de las tijeras no encajarán bien.

El resultado es que las herramientas de bajo precio terminan por costar tiempo, dinero y muy probablemente también la vida de tu planta, por no mencionar la frustración que produce utilizar artículos de mala calidad.

Afortunadamente, las plantas en maceta requieren herramientas de podar menos complicadas que sus compañeras del exterior. En general, solo necesitarás cuatro utensilios para podarlas.

TIJERAS DE PODAR DE UNA SOLA MANO

Existen dos variedades: tijeras de yunque y tijeras forjadas gota de puente. Las primeras tienen una cuchilla única de borde recto que se opone a una superficie plana de metal que hace las veces de yunque. Su ventaja es que se suelen fabricar con aluminio o acero laminado, de modo que son más ligeras que las tijeras forjadas gota de puente de un tamaño similar y, en mi opinión, son más fuertes, un factor bastante importante si eres especialmente brusco con las herramientas.

Las tijeras forjadas gota de puente son las más antiguas y, en general, las que más se venden. Funcionan como un par de tijeras, su cuchilla es de acero y cuenta con un gancho más grueso. Cuando están en buen estado, con este tipo de tijeras se puede hacer un corte limpio a unos tres milímetros más cerca de la rama parental que con las de yunque.

TIJERAS DE PODAR DE DOS MANOS

Para las ramas de mayor tamaño que son difíciles de podar sin dañar al resto de la planta, lo más adecuado es utilizar unas tijeras de podar de dos manos. Con ellas se puede cortar una rama de unos tres centímetros de diámetro con relativa facilidad. El mantenimiento normal de esta herramienta incluye aceitar el mecanismo y afilar la cuchilla con una piedra de afilar.

SIERRA DE PODAR

Para cortar ramas cuyo diámetro sea superior a tres centímetros –algo que difícilmente ocurre en el cultivo en macetas, pero que es normal en los árboles grandes– se requiere una sierra de podar. Esta herramienta consiste en una única cuchilla curvada y dentada acoplada a un asa semejante a la de un cuchillo. Suele ser una herramienta ligera y fácil de utilizar incluso en lugares muy estrechos. Funciona por corte a tracción y hace un trabajo rápido y limpio. También se pueden encontrar sierras de podar plegables con un asa que cubre perfectamente la cuchilla; de este modo los dientes quedan protegidos cuando la herramienta no se usa. Es muy práctica para llevar en el bolsillo y se puede guardar en un cajón hasta que sea necesaria otra vez.

CUCHILLO DE PODAR

Para realizar una poda ligera, lo mejor es utilizar un cuchillo de podar bien afilado. Igual que la sierra de podar, esta herramienta tiene una cuchilla curvada que se acopla a un asa pero que, a diferencia de la sierra, no es dentada. El cuchillo de podar es también muy apropiado para cortar rosas u otras flores con las que luego prepararemos ramos para adornar la casa.

VENDAJES PARA LOS CORTES

Los cortes pequeños no requieren una atención especial, pero los más grandes precisan un vendaje después de la poda. Los vendajes protegen la herida y mantienen alejadas las bacterias y otros organismos que causan enfermedades mientras la herida cicatriza lentamente. Hay diversas marcas de vendajes; todos ellos contienen productos no tóxicos que se deben aplicar de acuerdo con las instrucciones del envase. Se pueden adquirir en la mayoría de los viveros y centros de jardinería.

D. J. Herda

(a) Un cuchillo de podar de calidad se rentabiliza con el paso del tiempo. Aquí vemos a una persona que cultiva sus plantas en macetas cortando un boniato en varios trozos para plantarlo.
(b) Prepara el medio de cultivo de la maceta. Como puedes ver, el boniato ya ha desarrollado brotes, lo cual acelerará su crecimiento.
(c) Coloca una de las partes del boniato en la tierra.
(d) Lo cubre justo hasta la base del brote antes de compactar la tierra firmemente con los dedos.
(e) Riega la maceta con una dosis abundante de agua mezclada con una infusión suave de mantillo para evitar que las plantas sufran debido al trasplante.
(f) Un mes más tarde, la planta se ha desarrollado perfectamente. El paso siguiente es trasplantarla a un recipiente más profundo para que los tubérculos tengan espacio suficiente para crecer.

El cuidado de las herramientas de podar

Las herramientas que no funcionan no tienen ningún valor. Las que funcionan mal no producen cortes limpios y, además, tiran de las ramas, provocándoles lesiones. Para mantener las herramientas de podar en condiciones óptimas, es preciso limpiar toda la superficie de metal con un paño aceitado después de cada uso.

Para evitar que las herramientas se oxiden, se deben secar y engrasar todos los componentes y las piezas móviles al menos una vez al año. Cuando pierden el filo, lo mejor es llevarlas a un afilador profesional para que las devuelva a su estado original. A menos que sepas lo que estás haciendo, no te recomiendo afilar las tijeras tú mismo para ahorrar dinero; a menudo la cuchilla no se afila de manera uniforme y, en consecuencia, la poda no resultará satisfactoria.

La mayoría de mis herramientas fueron fabricadas por Seymour Smith & Son, Inc. Son de la marca Snap-Cut y las utilizo por una sola razón: funcionan muy bien. Año tras año tras año. Esto no quiere decir que los artículos de otros fabricantes no sean efectivos. Muchos horticultores hablan especialmente de la durabilidad de las tijeras de podar Wiss. Otros productos pueden ser igual de buenos, aunque no puedo recomendarlos personalmente. Si alguien conocido te aconseja un producto determinado, esa es la mejor razón del mundo para probarlo.

Otras herramientas para el cultivo
de plantas en el interior

Si tienes pensado esterilizar tu propio medio de cultivo en el horno, descubrirás que una pala pequeña y afilada puede ser una bendición. Yo prefiero las que tienen el asa plegable. Puedes encontrarlas en una tienda de artículos para acampada, una ferretería o un establecimiento de suministros para el ejército —probablemente la solución más económica—. Cuando la pala no está en uso, se puede plegar antes de guardarla, lo que resulta muy práctico.

Si la mayor parte de la tierra que recoges tiene grumos de arcilla o piedras, te convendría conseguir un tamiz de malla mediana para cribarla antes de esterilizarla. De este modo podrás filtrar todas las partes desechables antes de llenar la maceta. Debes asegurarte de que la malla del tamiz sea lo suficientemente gruesa como para dejar pasar los pequeños guijarros —que aseguran un buen drenaje y la porosidad del suelo— y los fragmentos de ramas y otras materias orgánicas, mientras impide el paso de los materiales no deseados. Una paleta común de albañil es muy útil para mover la tierra sobre el tamiz.

Otra herramienta imprescindible es un cubo resistente de unos diez litros de capacidad, preferiblemente de metal y no de plástico. En caso de que sea necesario, un cubo de metal se puede utilizar en el horno como recipiente para esterilizar la tierra. Debe tener un asa para que sea más fácil llevarlo cargado de tierra. Una regadera de poca capacidad (alrededor de dos litros) puede ser muy práctica para regar plántulas, esquejes y plantas para cubierta vegetal, que sirven de compañía para las frutas y hortalizas y que no siempre son fáciles de regar. Para superar esta dificultad, la regadera debe tener un pico estrecho que le permita llegar hasta las plantas más escondidas. Un complemento indispensable para la regadera es un rociador de unos siete o diez litros de capacidad. Yo me inclino por los rociadores de plástico porque son más ligeros y no se oxidan. Utilízalo para regar las macetas más grandes y, entre los riegos, para «añejar» el agua clorada del grifo.

Finalmente, ninguna persona que cultive sus plantas en macetas debería prescindir de un pulverizador o nebulizador de calidad para proporcionarles más humedad a las plantas. Puedes elegir desde botellas de plástico con una boquilla regulable que se adapta a todas las necesidades (desde gotas finas hasta chorro de agua) y que no cuestan más de uno o dos euros hasta un equipo completo de pulverizador eléctrico con cargador y batería para plantas de interior. No te rías. Yo tengo uno —aunque debo admitir que yo también me reí cuando oí hablar de él por primera vez—, y debo decir que se ha convertido en uno de mis utensilios favoritos. Existen diversos fabricantes de este producto y también de modelos similares que, en lugar de ser recargables, funcionan con pilas —que también pueden ser recargables, ¡hay que proteger el medio ambiente!—. Dependiendo de cuál sea su fuente de alimentación, estos dispositivos pueden llegar a tener una duración de diez horas de pulverización o incluso más.

Con solo pulsar un botón, el dispositivo produce desde un flujo uniforme de agua hasta la pulverización más fina que jamás he visto salir de una boquilla.

Como es obvio, estos pulverizadores pueden ser un poco caros; su precio oscila entre los veinte y los cien euros, a veces incluso más. Pero si te tomas en serio tu cultivo interior, y para este objetivo en particular, también las plantas que están en el exterior, creo que estarás de acuerdo en que merece la pena pagar por ellos. Si tienes muchas plantas que requieren pulverizaciones frecuentes, te lo recomiendo muy especialmente.

Ten siempre a mano un pulverizador manual para las ocasiones —que siempre llegan— en las que falle tu pulverizador eléctrico. Suelen ser baratos, aumentando su precio según el tamaño y la complejidad.

Como ya he mencionado refiriéndome a otros utensilios, hay varios fabricantes que tienen productos muy fiables en su línea de pulverizadores y nebulizadores. Sin embargo, no todos ellos justifican su precio. Yo tuve un modelo que funcionó solo cuatro meses hasta que se rompió una de las piezas y la compresión comenzó a fallar. A partir de entonces empezó a perder agua como un colador. De manera que a la hora de comprar un pulverizador, debes ser prudente. Es preferible que te dejes aconsejar por una persona de tu confianza.

01:00 EN UN MINUTO

- Como horticultor de plantas de interior, de vez en cuando necesitarás recurrir a ciertos utensilios especiales —útiles que siempre deberías tener en tu caja de herramientas.
- Las herramientas más caras que puedes comprar son las más económicas y de inferior calidad.
- Utilizar las herramientas correctas para la situación adecuada suele marcar la diferencia entre el éxito y el fracaso.

FRESAS *(Fragaria ananassa)*

FORMA: propagación (estolones).

VARIEDADES: se conocen numerosas variedades de fresas, entre ellas Earliglow, Tristar
y Tribute.

SEMILLAS O TRASPLANTE: trasplante.

TAMAÑO DE LAS MACETAS: pequeña a grande.

AGUA: suministra la cantidad adecuada de agua a las fresas para evitar
que las hojas se marchiten, pero deja que la tierra se seque entre los
riegos. Las plantas necesitan más agua mientras están produciendo
flores y frutos.

COMENTARIOS: las fresas pueden crecer prácticamente en cualquier
lugar. Son las primeras frutas que maduran en el exterior en primavera y ningún otro fruto pequeño produce bayas en un plazo tan
breve a partir de la plantación. En proporción con el tamaño de la
planta, las fresas son muy productivas. Si se siembran veinticinco
plantas de fresas en el huerto, estas plantas originales y las que crecen por propagación a partir de ellas pueden producir un total de
veintitrés kilos de fresas.

CICLO DE CRECIMIENTO: la temperatura y la cantidad de horas de luz
diurna afectan muy directamente al desarrollo de las fresas. La
producción por propagación se lleva a cabo durante los días largos
y cálidos del verano. Cuando llega el otoño y los días son más cortos y frescos, la propagación se detiene y los capullos de flores se
forman dentro de la corona de la planta que, básicamente, es un
tallo comprimido. La corona de las fresas produce hojas, estolones y raíces. Los grupos de flores que en otoño se desarrollan en
el interior de la parte superior de la corona de las fresas emergen a
comienzos de primavera.

Los frutos comienzan a madurar entre cuatro y cinco semanas después de que se abran las primeras flores y siguen madurando a lo
largo de tres semanas, aproximadamente. Hacia el final del periodo

Mike Hillis

Fresas (*Fragaria ananassa*).

de cosecha, cuando los días son largos y cálidos, las plantas vuelven a producir estolones que, a su vez, originan nuevas plantas.

El rendimiento de las variedades de las fresas se puede ver afectado por el clima y el tipo de suelo. 'Earliglow' es una variedad de fresa bastante usual debido a su buena adaptación a todo el territorio de los Estados Unidos y Canadá. También es resistente a una enfermedad llamada corazón rojo de la fresa. No hay ningún producto químico que sea verdaderamente efectivo para combatir esta enfermedad de las raíces. La forma más segura y efectiva de abordar este problema es elegir variedades que sean resistentes a ella.

VARIEDADES DE PRODUCCIÓN EN JUNIO: esta forma de describirlas resulta un poco confusa, porque ofrecen su mayor producción en mayo. Producen una cosecha única en primavera.

VARIEDADES DE PRODUCCIÓN CONTINUA: producen frutos de forma constante o son del tipo de día neutro, con una cosecha en primavera y otra a finales del verano que se extiende hasta las primeras heladas del otoño. Todas las fresas de producción continua que se anuncian en los catálogos de los viveros proceden del norte de los Estados Unidos; por lo tanto, crecen mejor en esas regiones y no se adaptan bien a las zonas centrales o del sur. Sin embargo, son plantas muy adecuadas para cultivar en el interior.

Algunas personas que cultivan plantas de interior imitan la práctica de los horticultores comerciales, que tratan a las fresas como plantas anuales. Se plantan en verano o a comienzos del otoño (habitualmente bajo una cubierta de plástico) y no se les permite reproducirse. Después de la cosecha se retiran las plantas y se inicia una nueva plantación. Los beneficios son unas plantas más sanas, menos cantidad de malas hierbas y frutos más grandes.

SEMILLAS: sin información.

TRASPLANTE: coloca las plantas en un hoyo que no sea más profundo que la longitud de la masa radicular y comprime la tierra firmemente alrededor del tallo.

SUELO: es muy fácil cultivar fresas en una amplia gama de suelos y, además, requieren poco mantenimiento una vez que la planta está consolidada. Se adaptan a la mayoría de los suelos aunque prefieren uno rico, margoso y bien drenado, con un pH de 5,5 a 7,0. Colocar una capa de mantillo orgánico de cinco a siete centímetros resulta muy beneficioso para las fresas, y también para la mayoría de las frutas.

INSECTOS: las plagas potenciales son el gorgojo de las raíces, los áfidos, los ácaros, las babosas y los caracoles. SOLUCIONES: pulverizar con jabón insecticida y eliminar manualmente los insectos de mayor tamaño.

ENFERMEDADES: las fresas sufren muchas enfermedades, entre ellas la putrefacción de las raíces (moho gris, antracnosis); enfermedades de las hojas (manchas foliares, tizón de las hojas, quemadura de las hojas); enfermedades de la corona; enfermedades de las raíces (corazón rojo de la fresa, putrefacción negra) y virus. SOLUCIONES: para minimizar los problemas, emplear únicamente plantas certificadas libres de enfermedades, regar solo durante el día para evitar las enfermedades producidas por hongos durante la noche y proporcionar a las plantas maduras un espacio abundante para las raíces y una buena ventilación (se puede utilizar un ventilador cuando resulte conveniente).

BENEFICIOS PARA LA SALUD: las fresas son una fuente excelente de vitaminas C y K, fibra y flavonoides. También contienen vitamina B_1, yodo, manganeso y ácido pantoténico. Son ricas en vitamina B_6, ácido fólico y biotina.

Los flavonoides contenidos en las fresas son responsables de la mayoría de los beneficios que estos pequeños frutos reportan para la salud. Tal como sucede con otras bayas, la antocianidinas de las fresas —pigmentos que les confieren su intenso color rojo— son sus flavonoides más potentes. Los estudios han demostrado que, gracias a su contenido excepcional en flavonoides, las fresas son muy eficaces para prevenir las inflamaciones, las enfermedades cardíacas y el cáncer, y también en la lucha contra la degeneración macular y la artritis reumatoide.

LISTAS PARA LA COCINA: el tiempo que las distintas variedades de fresas necesitan para madurar es muy variable. Por esta razón debes cosecharlas cuando están completamente rojas, con independencia de su tamaño. Las fresas pueden madurar durante la noche, de manera que debes inspeccionarlas diariamente una vez que los frutos comienzan a madurar. Aunque en realidad son una especie perenne, es aconsejable reemplazar las plantas por otras nuevas a medida que su producción comience a declinar, lo que normalmente sucede a los tres años de haberlas plantado.

AHORRO ANUAL: como media, alrededor de cincuenta euros al año por persona.

21

El cielo se viene abajo: cómo *combatir* la contaminación urbana

La próxima vez que visites París (si te pareces a mí, apuesto a que esto no habrá de suceder en las próximas dos semanas), detente junto a la fachada sur del museo del Quai Branly. Allí encontrarás el esfuerzo más reciente que ha hecho la humanidad para combatir la contaminación urbana: el ruido, el calor y las partículas que flotan en el aire, propias de cualquier entorno urbano. Me refiero a un muro cubierto de plantas vivas, más de ochocientos metros cuadrados de plantas. Fue construido por el diseñador Patrick Blanc y contiene más de ciento setenta especies diferentes.

Acaso pienses que se trata de un truco o artilugio. Pero no es así, es algo real construido para demostrar que la vegetación (el movimiento «verde» original) no solamente puede coexistir con el entorno urbano sino también contribuir a su eficacia.

El muro de plantas de Blanc es uno de los más grandes de un número cada vez mayor de «paredes vegetales» o «jardines verticales» que están comenzando a ser muy populares en todo el mundo, ya que los arquitectos buscan nuevas formas de crear hermosos edificios que sean respetuosos con el medio ambiente. Algunos visionarios creen que muy pronto cosecharemos nuestros alimentos en los mismos lugares donde vivimos y trabajamos. ¿Y por qué no?

Ken Yeang es un joven y reconocido arquitecto, apasionado por lo que él llama «vegitectura». Cuando habla sobre sus planes de construir nuevas granjas para alimentar a las personas del futuro, sueña con construir hacia arriba y no hacia fuera. Su concepto de «granjas verticales», donde los residentes podrían cultivar y cosechar sus alimentos en las paredes de sus propios hogares, suena un poco alocado pero, sin embargo, tiene mucho sentido.

El expresidente francés Nicolás Sarkozy solicitó a diez equipos de arquitectos que volvieran a concebir París como una ciudad completamente integrada en la naturaleza. El proyecto contó con el equipo de Roland Castro y del diseñador Richard Rogers. La propuesta del primero fue la construcción de un extenso parque de aproximadamente cien hectáreas y rodeado por rascacielos. Richard Rogers aportó otra idea: una serie de parques y huertos en los tejados de los edificios, así como otros que colgarían suspendidos de las redes ferroviarias de la ciudad. Otras iniciativas incluyeron bosques urbanos y también una organizada red de huertos urbanos.[27]

Los diseñadores afirman que las plantas proporcionan una alternativa más estética y, en consecuencia, más gratificante en comparación con otros materiales de construcción tradicionales. Y, por otra parte, generan beneficios adicionales, entre ellos la reducción del ruido, la refrigeración natural, la purificación del aire y una motivación psicológica muy positiva para todas las personas que utilizan los edificios.

«Son paredes vivas y contienen una enorme variedad de colores, no tienen que ser exclusivamente verdes», comentó Richard Sabin, de Bio Tecture, a una periodista de la CNN.[28] Sabin ha creado numerosos muros vivos, incluyendo un diseño premiado en los jardines de la Exposición de Flores de Chelsea de la Real Sociedad de Horticultura de Londres. «Pueden ser paredes de flores o de plantas comestibles; acabamos de terminar un muro que incorpora todo tipo de hortalizas de hojas para ensalada, como Pak Choi o lechuga –afirma Sabin–. Las futuras aplicaciones son infinitas; estamos considerando la posibilidad de cosechar cultivos biocombustibles e incluso utilizar plantas [de interior] para filtrar las aguas residuales».[29]

Traer la naturaleza al interior también puede proporcionar beneficios para la salud en general. Sabin asegura: «Las plantas absorben toxinas y tienen un impacto francamente positivo en la contaminación del aire. La NASA lleva plantas al espacio para ayudar a limpiar el aire —es más económico y más sensato que un aparato de aire acondicionado—. En este proyecto se aplica el mismo principio».[30]

Los arquitectos y constructores saben desde hace años que los materiales de construcción convencionales pueden afectar al medio ambiente y también a la salud general de todos aquellos que residen o trabajan en los edificios. Las paredes de cemento permiten que el ruido y el calor perturben a las personas, que intentan evitar las molestias cerrando todas las ventanas y encendiendo el aire acondicionado. Los muros de plantas vivas absorben el ruido y el calor, refrescan el aire y, además, invitan a abrir las ventanas con frecuencia para aprovechar la ventilación natural y el aire fresco y también para relajarse mediante la contemplación de su belleza.

Pero en lo que se refiere a los jardines verticales, incluso el aire limpio del exterior es solo la punta del iceberg ecológico. «Podemos construir paredes especiales que purifiquen el aire del interior de los edificios —afirma Sabin—. Podrían lograr que la temperatura descendiera varios grados, de manera que ya no sería necesario utilizar el aire acondicionado».

El diseñador considera que otra ventaja de las paredes vivas es ofrecer a los promotores una «zanahoria importante» con la que pueden cautivar a las autoridades a la hora de conseguir una autorización para nuevas construcciones. «Presentan numerosas ventajas en el tema de la planificación —explica—. Las paredes vegetales mejoran la biodiversidad. Podemos plantar especies locales y también incluir refugios para abejas solitarias en el diseño; esto es algo que estamos deseando hacer y a los funcionarios del gobierno les parece una excelente idea».[31]

En estos tiempos de «vida ecológica» y Al Gore, las autoridades locales no dudan en inclinarse por diseños nuevos que tengan en cuenta el cambio climático y el calentamiento global y, al mismo tiempo, creen un refugio para diversas especies en el entorno urbano.

La tecnología necesaria para sostener los jardines verticales –que, con frecuencia, no son más que un número considerable de recipientes apilados unos sobre otros– es compleja. Aunque durante siglos las personas han colocado plantas en sus tejados para protegerse de la lluvia y en las paredes para refrescar el interior de sus casas, nunca antes se había acometido una cantidad tan enorme de proyectos urbanos. Las grandes extensiones de plantas vivas requieren algo más que tierra levantada por el viento y unas pocas grietas en la estructura del hormigón.

El mero hecho de instalar un sistema de riego para mantener las plantas vivas es, en sí mismo, una tarea de asombrosas proporciones. Y, por otro lado, existe la necesidad de evitar que los muros del edificio absorban y transmitan la humedad y se deterioren debido a las raíces.

Dichos muros se construyen habitualmente a partir de una matriz compleja compuesta de plástico y metal, dispuesta de la forma idónea para promover la circulación del aire y controlar la temperatura. Las plantas se colocan en recipientes de plástico y el suministro de nutrientes y agua se realiza a través de una red de tuberías de plástico. Todo el sistema debe ser lo suficientemente ligero como para quedar suspendido sobre la fachada lateral de un edificio y, al mismo tiempo, lo suficientemente fuerte como para resistir el daño que pueden producir el viento y las tormentas.

Pero la «vegitectura» urbana no está exenta de críticas. La mayoría de las opiniones contrarias a ella se basa en el hecho de que un número tan grande de plantas requiere una cantidad enorme de agua y un coste mucho más elevado de mantenimiento que el de las paredes construidas de forma convencional. Sin embargo, Sabin está decidido a demostrar que dichas críticas están equivocadas: «Las paredes pueden requerir un suministro abundante de agua, pero últimamente hemos estado trabajando con sistemas que recortan la demanda de

Este edificio de oficinas en Francia es un claro ejemplo del emergente arte/ciencia de la «vegitectura».

forma drástica. Por lo general, una contrata de mantenimiento implica tres visitas anuales. En cuanto conozcamos las necesidades de la planta, dos de esas visitas consistirán en una revisión rápida y solo implicarán la sustitución de algunos filtros y de las raras plantas que mueren. Por lo tanto, solo realizaremos un control exhaustivo una vez al año».

Y añade: «Y estos no son los materiales del futuro; estamos hablando del presente, de traer realmente la naturaleza a nuestras ciudades y de contribuir a una sostenibilidad real. Creo que es una idea estimulante».

Aunque los muros verticales pueden resultar muy inspiradores, distan mucho de ser prácticos para la mayoría de los horticultores que cultivan sus plantas en macetas, ni siquiera para los que viven bajo el paraguas de expansión urbana de grandes ciudades como Nueva York, Chicago y Los Ángeles.

Las personas que se dedican a los cultivos en el interior pueden beneficiarse de la propensión natural de sus plantas a absorber las toxinas presentes en el aire, al tiempo que generan oxígeno y refrescan nuestros hogares.

Si colocas las macetas en puntos estratégicos del exterior de tu casa, en particular en las zonas orientadas al sur y al oeste, podrás plantar una gran cantidad de especies, desde pepinos y melones hasta calabazas, judías y guisantes. Es aconsejable colocar un espaldar resistente junto a cada recipiente para que la planta pueda trepar; así evitarás que sus molestos zarcillos encuentren su camino a través del revestimiento de las paredes de la casa y, al mismo tiempo, ofrecerás sombra a los muros exteriores y los protegerás del sol.

En los hogares que tienen dos o más pisos, las jardineras de las ventanas y balcones se pueden colocar en lugares estratégicos para que las especies trepadoras (o colgantes) puedan llegar hasta las espalderas por donde trepan sus primas. De esta forma, también podrás acceder a ellas desde el interior de la casa, tanto para suministrarles agua y nutrientes como para realizar la cosecha.

Los árboles y arbustos plantados en recipientes también son útiles para eliminar los agentes contaminantes del aire y proyectar en la pared una sombra refrescante. Y cuando tengas que trasladar los árboles al interior para evitar los amargos rigores del invierno, solo tendrás que colocar una plataforma con ruedas debajo de las macetas para desplazarlas sin esfuerzo hasta sus nuevos cuarteles de invierno.

01:00　EN UN MINUTO

- Combinar el diseño arquitectónico con jardines vegetales da como resultado lo que algunos diseñadores de «dedo verde» denominan «vegitectura».
- Los nuevos desarrollos urbanos que utilizan jardines en recipientes a gran escala están inundando las industrias del diseño y de la construcción.
- Puedes utilizar ideas de diseño urbano y técnicas contrastadas para crear un ambiente hogareño más ecológico que sea más respetuoso con el medio ambiente.

HIGUERA ENANA *(Ficus carica)*

FORMA: árbol.

VARIEDADES: existen diversas variedades, entre ellas Blackjack, Negronne y Peter's Honey Green.

SEMILLAS O TRASPLANTE: trasplante.

TAMAÑO DE LAS MACETAS: grande.

AGUA: regar abundantemente el recipiente, dejando que la tierra se seque por completo entre los riegos. Las higueras tienen una masa radicular muy desarrollada y pueden resistir las sequías durante largos periodos de tiempo.

COMENTARIOS: cultívalas en recipientes grandes o en una cuba o tina. Necesitan cuatro o más horas de luz solar directa (mucho mejor si son ocho) que entre a través de una ventana que esté orientada al sur. Se debe mantener la tierra húmeda. Los niveles de humedad en el interior han de ser medios y la temperatura diurna, de veintitrés a veintiocho grados centígrados. El árbol no producirá flores si la luz es insuficiente. La piel de sus frutos es de color amarillo verdoso y la pulpa, ambarina y dulce. Suele dar dos cosechas al año: la de otoño es más segura que la de verano. El delicioso fruto de piel verde cuya pulpa es del color de la miel madura a mediados de septiembre.

SEMILLAS: sin información.

TRASPLANTE: coloca las plantas en un hoyo que no sea más profundo que la longitud de la masa radicular y comprime la tierra firmemente alrededor del tallo.

SUELO: aunque las higueras crecen bien en una amplia variedad de tipos de suelo, prefieren uno profundo y ligeramente alcalino. No deben recibir muchos nutrientes, o ninguno, pues podrían fomentar el desarrollo foliar a expensas de la producción de frutos.

INSECTOS: los insectos y las enfermedades rara vez constituyen un serio problema para las higueras. Diversos tipos de insectos xilófagos —que se alimentan de madera— pueden atacar a los árboles débiles

Higuera enana (*Ficus carica*)

o agonizantes. Una buena práctica agrícola ayuda a mantener el vigor de los árboles.

BENEFICIOS PARA LA SALUD: los higos son una referencia frecuente en la Biblia. Contienen grandes cantidades de fibra, azúcares naturales y minerales, y constituyen una fuente excelente de calcio, potasio, magnesio, cobre, hierro y manganeso. Debido a su alto contenido en fibra, se recomienda consumirlos para nutrir y tonificar los intestinos. Por ser una buena fuente de potasio, son muy eficaces para controlar la tensión arterial.

Los higos se encuentran entre los alimentos más alcalinos, motivo por el cual son muy beneficiosos para mantener el pH adecuado del cuerpo que, a su vez, contribuye a nuestra salud general.

Sin embargo, las higueras son mucho más que la mera suma de sus frutos: varios estudios han demostrado que sus hojas tienen propiedades antidiabéticas y pueden reducir la cantidad de insulina que necesitan aquellos que por su enfermedad se ven obligados a inyectarse esta sustancia. Los investigadores han descubierto también que las hojas de las higueras son eficaces para bajar los niveles altos de triglicéridos. Los resultados de los estudios de laboratorio revelaron que las hojas de este pariente de la morera inhiben el crecimiento de ciertos tipos de células cancerosas.

Listos para la cocina: el tiempo que las diferentes variedades de higos requiere para madurar varía considerablemente. Si quieres consumirlos frescos, coséchalos cuando veas que penden de su tallo. Si al recogerlos adviertes que exudan un material lechoso semejante al látex, esto significa que el fruto no ha llegado aún a su punto de maduración total. Si lo que deseas es hacer conservas, debes cosechar los frutos unos días antes de que maduren. Esa secreción lechosa puede resultar irritante para algunas personas, de manera que una opción es usar guantes de goma durante la cosecha. Si recoges los higos antes de que estén excesivamente maduros, tendrás menos problemas con los insectos y las enfermedades. A los pájaros les encanta alimentarse de higos, ¡debes contar con ello! Si los recoges pronto por la mañana, conseguirás reducir los daños que les causan.

También puedes colocar redes sobre las higueras para proteger los frutos de las aves. No obstante, esta medida no resulta muy práctica porque la estructura irregular que tienen estos árboles dificulta la colocación de la red. Otra posibilidad es dejar que los higos se sequen en el árbol para consumirlos a lo largo del año.

Ahorro anual: como media, en torno a unos treinta y cinco euros por persona y año.

Fuentes de información

GardenGuides.com (gardenguides.com/): ofrece miles de páginas de información detallada en línea sobre plantas, plagas, sugerencias y técnicas de jardinería, instrucciones, semillas y bulbos, libros de horticultura y jardinería, viveros y paisajistas, y mucho más.

GardenScape.com (gardenscape.com/GSResources.html): proporciona información sobre los recursos de los horticultores profesionales y aficionados, y la industria de los viveros y paisajes.

iVillage Garden Web (gardenbazaar.com/directory/1-cat_list.html): es un listado muy completo de vendedores minoristas en línea, organizado por categorías y áreas de interés.

KidsGardening.org (kidsgardening.org/): ofrece artículos de información y otros dedicados a motivar a las familias y a los más jóvenes para que cultiven plantas juntos.

National Gardening Association (garden.org/home): es uno de los sitios web más amplios y respetados sobre horticultura y jardinería dirigido a consumidores y educadores, que ofrece desde información general hasta publicaciones sobre lecciones de horticultura y subvenciones.

OrganicGardeningResources.com: contiene gran cantidad de artículos no comerciales que ofrecen información sobre cultivos orgánicos y temas relacionados.

USDA National Agricultural Library (http://riley.nal.usda.gov).

LIBROS

Cramer, James y Dean Johnson. *Window Boxes: Indoors and Out*. Storey Publishing, 2004.

Herda, D. J. *Zen and the Art of Pond Building*. Sterling Publishing Co., Inc., 2008.

Joyce, David. *The Complete Container Garden*. Reader's Digest, 1996.

McGee, Rose Marie Nichols y Maggie Stuckey. *McGee and Stuckey's Bountiful Container*. Workman Publishing Company, 2002.

Schultz, Warren. *Pots and Containers*. Barnes & Noble, 1997.

Spier, Carol. *Window Boxes*. Barnes & Noble, 1997.

Notas

1. Tina Vindum. «Master Your Great Outdoors: How To Make Yard Work A Super Fitness Work Out, by Tina Vindum». Husqvarna.masteryourgreatoutdoors.com/outdoor_authority/tina.aspx (consultado el 7 de septiembre de 2008).
2. Judith Dancoff. «Gardening for Health». MedicineNet.com. 30 de octubre de 2000. medicinenet.com/script/main/art.asp?articlekey=51498 (consultado el 7 de septiembre de 2008).
3. Ibid.
4. Roger S. Ulrich. «Health Benefits of Gardens in Hospitals». Center for Health Systems and Design. 2002. greenplantsforgreenbuildings.org/attachments/contentmanagers/25/healthset t ingsulrich.pdf (consultado el 7 de septiembre de 2008).
5. Ibid.
6. Ulrich
7. Judith Dancoff. «Gardening for Health». MedicineNet.com. 30 de octubre de 2000. medicinenet.com/script/main/art.asp?articlekey=51498 (consultado el 7 de septiembre de 2008).
8. Ibid.
9. Ibid.
10. Ibid.
11. «Prostate Cancer and Diet». *The Progress Report*. Prostate Cancer Genetic Research Study. Primavera de 2005. fhcrc.org/science/phs/progress_study/newsletter/news2005_spsum.pdf (consultado el 1 de julio de 2009).

12. «Green Beans». The World's Healthiest Foods. The Mateljan Institute. whfoods.org (accessed July 1, 2009).
13. «Health Benefits of Apples». *EveryNutrient.com*. Every Nutrient. every nutrient.com (consultado el 1 de julio de 2009).
14. Marjan Kluepfel y Bob Lippert. «Changing the pH of Your Soil». Clemson University Extension. Junio de 1999. clemson.edu/extension/hgic/plants/other/soils/hgic1650.html (consultado el 11 de julio de 2009).
15. Ibid.
16. Ibid.
17. Ibid.
18. Marjan Kluepfel y Bob Lippert. «Fertilizers». Clemson University Extension. Junio de 1999. clemson.edu/extension/hgic/plants/other/soils/hgic1654.html (consultado el 11 de julio de 2009).
19. Ibid.
20. Ibid.
21. «Onions». *The World's Healthiest Foods*. The Mateljan Institute. whfoods.org (consultado el 1 de julio de 2009).
22. Akira Asai, Masaru Terasaki y Akihiko Nagao. «An Epoxide–Furanoid Rearrangement of Spinach Neoxanthin Occurs in the Gastrointestinal Tract of Mice and In Vitro: Formation and Cytostatic Activity of Neochrome Stereoisomers». *The Journal of Nutrition*. The American Society for Nutritional Sciences. Septiembre de 2004. jn.nutrition.org/ (21 de julio de 2009).
23. M.C. Morris et al. «Consumption of Fish and n-3 Fatty Acids and Risk of Incident Alzheimer Disease». *PubMed*. NCBI. Julio de 2003. ncbi.nlm.nih.gov (consultado el 1 de julio de 2009).
24. «Spinach». *The World's Healthiest Foods*. The Mateljan Institute. whfoods.org (consultado el 21 de julio de 2009).
25. «Some Broccoli a Day Keeps the Doctor Away». *Eat for Life: Cancer*. Institute for Food Research. 20 de noviembre de 2008. ifr.ac.uk (consultado el 21 de julio de 2009).
26. «Apricots». *The World's Healthiest Foods*. The Mateljan Institute.whfoods.com/genpage.php?tname=foodspice&dbid=3 (consultado el 1 de julio de 2009).
27. «Green walls: the growing success of 'vegitecture'» CNN.com/Technology. 29 de junio de 2009. CNN. cnn.com/2009/TECH/science/06/28/green.walls/index.html (30 de junio de 2009).
28. Ibid.
29. Ibid.
30. Ibid.
31. Ibid.

Índice temático

Sobre el autor

D. J. Herda es redactor y reportero gráfico *freelance*, profesiones en las que ha sido varias veces galardonado. Tiene en su haber varios miles de artículos y más de ochenta libros, entre ellos *Zen and the Art of Pond Building* (El Zen y el arte de construir un estanque). Es también un amante de la horticultura orgánica que disfruta experimentando nuevas técnicas y cultivos. Hace más de cuarenta años que escribe sobre el cultivo de frutas y hortalizas.

Índice